스마트 치료의 공법학

헌법, 기본권으로 보는
메타버스, 의료인공지능, 디지털헬스케어

편저자/대표저자   엄주희

저 자   강명원 · 권수진 · 김정수 · 박성민 · 박찬권 · 이한주

박영사

....
서 문

    이 책은 스마트 치료에 구현되는 기술이 제기하는 규범적 문제에 대해 헌법을 포함한 공법적 자원을 활용하여 연구하는 것이 유용하든 점을 보여주기 위해 쓰여졌다. 법학에서도 공법은 국가와 개인 간의 관계를 탐구하는 영역으로서, 헌법과 행정법이 중심이 된다. 각 장에서는 구체적인 공법적 쟁점에 집중하고, 이를 스마트 치료와 연관 지음으로써, 스마트 치료 기술과 공법을 연결하고 있다. 공법학이 다루는 기본권, 인권, 정의, 자유, 국가, 권력과 통치, 제도 보장, 규제, 행정입법, 거버넌스 등의 주제들이 스마트 치료 기술의 발전과 더불어 새롭게 생산적인 의미를 가지게 되었다. 공법학은 스마트 치료 기술이 사회에 야기하는 여러 문제들에 대해서 그 의미를 개념화하고 논하는 데 유용하다. 스마트 치료 기술을 인식할 때 공법학의 한 귀퉁이 이슈로 볼 수도 있지만, 공법학을 도구로 하여 스마트 치료 기술의 미래에 대하여 논의할 수도 있다.

    2013년에 개봉한 영화 〈엘리시움〉에서 보면, 엘리시움이라는 행성에 가서 안마의자 같이 생긴 최첨단 의료기술인 힐링 머신 위에 누워있으면 그 사람이 앓고 있는 질병을 진단하고 치료도 한다. 현재 스마트 치료 기술 수준으로 볼 때 영화적 상상을 발휘하기에는 너무 먼 미래로 볼 수도 있지만, 기술이 상상하고 있는 것이 결국 현실로 구현되어 온 인류의 역사에 비추어보면, 엘리시움의 힐링 머신과 같은 수준까지는 아니더라도, 의료기관과 의료진에 의존하는 현재의 의료 시스템을 넘어서 환자 개개인 중심의 건강관리와 치료가 실행되는 날이 오게 하는 데 스마트 치료 기술이 큰 역할을 할 것이라는 점은 분명해보인다. 메타버스, 인공지능, 뇌 신경과학, 바이오 기술, 디지털 기술들이 융합되는 미래 의료는 신기루가 아니라 이미 다가온 현실이다.

공법학은 과거를 규율하는데서 한 걸음 더 나아가, 미래 기술이 제기하는 질문에 답해야 한다. 4차 산업혁명을 넘어 포스트휴먼을 바라보는 과학기술 시대에, 법학도 기술을 함께 생각하지 않고서는 더 이상 가능하지 않게 되었다. (오스트리아 빈 대학의 기술철학 마크 코겔버그 교수가 "정치철학이 정치와 기술과 함께 생각하지 않고서는 더 이상 불가능하고, 그렇게 되어서도 안 된다"라고 얘기한 말에 공감하면서 그의 말을 차용해 보았다.)

이 책은 〈스마트 치료의 법·사회·윤리적 연구〉라는 대주제로 2022년부터 2023년 사이에 건국대학교와 동국대학교 동서사상연구소 주최 콜로키움 시리즈에서 펼쳐진 강연, 학술대회 발표논문 그리고 이 주제에 대해서 함께 연구하고 있는 학자들의 글을 모아서 첫번째 매듭을 지은 것이다.

이 책을 필두로 하여 〈스마트 치료의 법·사회·윤리적 연구〉의 연속간행물로서 융합연구를 통하여 후속 책들이 계속 발간될 예정이다. 의료법이나 기술의 관점이 아니라, 공법학자들이 모여서 공법학의 관점으로 스마트 치료를 연구하고 집필한 최초의 시도이다. 의료인이나 과학기술인이 아닌 법학자들만으로도 의과학기술에 대해서 규범 연구할 수 있다는 것을 보여주었다는데 의의가 있다고 자평한다. 국가와 개인 간의 관계 속에서 거시적으로 스마트 치료의 규범을 통찰하는 것으로 의미가 있는 작업이었다. 저자들이 각 챕터별로 각자 집필했기 때문에 챕터별로 톤이 다르긴 하나, 어떤 챕터든 독자의 관심에 따라 목차 순서에 상관없이 읽을 수 있다. 따라서 챕터별로 서술 톤의 통일성을 기하는 수고를 하지는 않았다. 이 책에 실린 글은 모두 법학 전문학술지의 심사를 통과하고 발간된 논문을 다시 다듬은 것이라 책의 수준과 퀄리티는 담보될 것으로 본다.

　Part 1은 스마트 치료의 규범적 펀더멘털을 이루는 기본권, 인권, 돌봄, 생명, 정신건강에 관한 헌법 이론을 탐구하였다. Part 2는 스마트 치료의 인프라로서 메타버스와 비대면 의료에 관한 법적 쟁점을 다루었다. Part 3는 의료 인공지능과 디지털 헬스케어에 관한 법제를 가지고 있는 프랑스, 미국, 영국, 호주 등과의 비교법적 고찰을 담았다.

　매번 콜로키움, 세미나를 할 때마다 좋은 논평과 코멘트를 해주신 한국교원대 정필운 교수님, 부산대 주지홍 교수님, 고려사이버대 박찬권 교수님, 법무법인 바른 정해영 변호사님, 충북대 김민우 박사님, 디지털 기술 덕분에 지구 반대편에서 참여하여 강연을 해주신 영국 Southampton 대학교 김한성 교수님, 미국 Baylor 대학교 김태일 교수님, 호주 Charitas law firm 양재혁 변호사님, 임상과 연구로 바쁜 와중에 귀한 강연을 해주신 연세 강남세브란스병원 최웅락 교수님과 의료계 · 산업계 · 과학계 · 정부기관의 박사님들, 이외에도 관심 보여주신 여러 분야의 학자들과 학생들, 학술지에 실린 논문들에 좋은 논평을 해주신 익명의 심사위원들, 콜로키움, 세미나 등 각종 행사 진행을 도와주면서 번역, 조사, 원고 교정 등 연구 지원을 하고 있는 부산대 철학과 최백산 군, 동국대 철학과 박사과정생 조규범 군,

장수빈 군에게 감사를 표한다. 이 책이 발간될 수 있도록 힘 써주신 박영사 편집부 사윤지 선생님, 이승현 차장님, 장규식 팀장님의 노고에도 감사를 보낸다. 이 책의 시리즈가 융합연구의 모범적인 전형으로서, 법학의 새 지평을 여는데도 작은 빛을 비추기를 바란다.

저자들을 대표하여,
엄주희

서문

목 차

PART 01

스마트 치료와 공법

01 스마트 치료기기에 관한 법과 윤리 ···························· 3
— 전자약 디지털 헬스를 중심으로 —

02 헌법상 복지국가에서 돌봄의 공법적 의미 ················ 37

03 생명과 헌법 ·· 66
— 정신건강을 위한 보건의료의 헌법이론적 기초 —

04 헌법체계상 인격권과의 관계에서 본 프라이버시권
[사생활의 비밀과 자유]의 내용 및 성격 ·················· 110
— 암호화된 의료정보에 있어 민감정보 범위 및 안전조치 기준에 관한 보론 —

PART 02

스마트 치료의 인프라: 메타버스와 비대면 의료

01 의료에서 메타버스 활용과 법적 쟁점 ····················· 161

02 디지털 헬스케어 발전의 법적 과제 ························· 208
— 비대면 의료를 중심으로 —

PART 03

의료 인공지능과 디지털 헬스케어에 관한 비교법적 검토

01 스마트(Smart) 치료에 관한 프랑스의 입법 동향 ················ 241
02 디지털 헬스케어에 관한 비교법적 검토 ····························· 275

사항색인 ·· 303

PART 01

스마트 치료와 공법

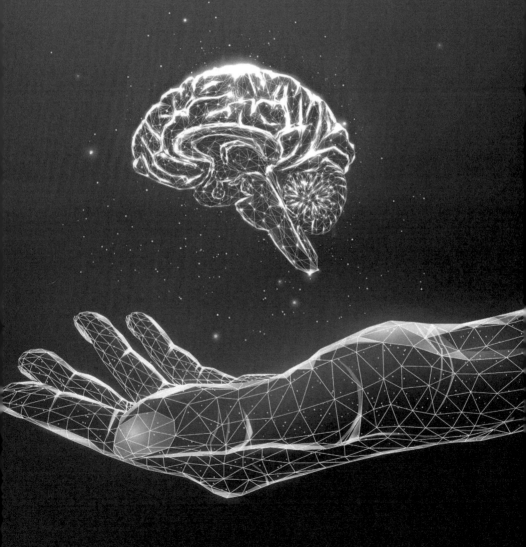

01_ 스마트 치료기기에 관한 법과 윤리 - 전자약 디지털 헬스를 중심으로
02_ 헌법상 복지국가에서 돌봄의 공법적 의미
03_ 생명과 헌법 - 정신건강을 위한 보건의료의 헌법이론적 기초
04_ 헌법체계상 인격권과의 관계에서 본 프라이버시권(사생활의 비밀과 자유)의 내용 및 성격
- 암호화된 의료정보에 있어 민감정보 범위 및 안전조치 기준에 관한 보론

스마트 치료기기에 관한 법과 윤리

— 전자약 디지털 헬스를 중심으로 —

목 차

I. 서론

II. 디지털 헬스 기술에 관한 윤리적
　　원칙

III. 디지털 헬스 기술에 관한 국제
　　인권법상 검토

IV. 스마트 치료기기에 적용되는 공
　　법 원리

V. 스마트 치료기기 규율을 위한 공
　　법적 과제

VI. 결론

국문초록

치료를 목적으로 사용되는 전기적 기기들은 디지털 헬스 내지 디지털 헬스케어(digital healthcare)라고 칭해진다. 디지털 헬스 중 하나로 최근 기술개발이 한창인 전자약(electroceuticals)은 '전자(electronic)'와 '약품(pharmaceutical)'의 합성어로서 인체에 전류나 자기장을 뇌 또는 신경에 적용·자극함으로써 다양한 질환을 치료하는 기술이다. 치료목적으로 사용되는 경두개직류자극기(tDCS), 경피전기신경자극(TENS) 등이 전자약에 해당되는데, 의약품과 의료기기 사이에 놓여진 새로운 유형의 보건의료 행위로서 장기적 안목에서 국민의 건강과 안전에 미칠 영향을 고려한 규율이 필요하다. 본고는 전자약을 포함하여 디지털 헬스에서 사용되는 스마트 치료기기를 규율하기 위한 공법적 기초에 관한 연구를 수행하였다. 윤리적 관점과 국제인권법 관점에서의 디지털 헬스 기술이 가진 원칙과 기본 틀을 검토하고, 헌법적으로는 기본권인 보건에 관한 권리와 국가의 책무를 살펴보았다. 의료행위 규제, 의료데이터 활용과 같은 공법적 쟁점에 관해 검토한 후, 향후 이루어져야 할 법제 개선 방향을 공법적 과제로 제안하였다. 디지털 헬스 기술에 적용되는 선행, 자율성, 동의, 개인정보보호, 참여, 투명성, 차별금지, 형평성, 책무성 등의 윤리적 원칙은 국제 인권적 요소로 연결된다. 또한 건강권, 평등권, 과학적 진보의 혜택을 받을 권리, 프라이버시에 관한 권리, 인지적 자유권 등의 인권은 헌법에서 보장하는 기본권, 의료행위의 규제 등으로 연결된다. 국민의 건강권을 증진하면서도, 개인의 건강데이터 보호와 적정한 활용을 위한 기반으로서 정보보안과 데이터의 기밀성, 신뢰성, 무결성(완전성)을 통한 정보기본권의 보장이라는 헌법적 가치를 실현하는 것이 디지털 헬스의 공법적 과제라고 할 수 있다. 이를 구체화하기 위하여 의료법을 포함하여 관련 법령의 개선이 필요하고, 디지털 헬스 기술의 특성과 유형 및 의사-환자 관계에 적합한 건강보험의 적용을 고려해야할 것이다.

I. 서론

국내 벤처기업인 와이브레인(Ybrain)은 뇌과학 연구개발을 통하여 현대인들이 건강한 정신과 행복감을 누릴 수 있도록 돕는 멘탈 웰니스(mental wellness) 기기를 개발한다.[1] 이 기업이 개발한 두팡(Doopang)과 폴라(Pola)는 스트레스, 우울, 불안, 편두통, 수면장애 등 정신질환

---

[1] 이와 같이 전자약을 개발하는 플랫폼 기업인 와이브레인은 매년 1월에 미국 라스베거스에서 열리는 세계 소비자 가전 전시회, CES(Consumer Electronics Show) 2022에서 전기 및 제약 부문 혁신상을 수상하였다.

을 치료할 수 있도록 신경전기자극이나 경피전기신경자극(TENS: Transcutaneous Electrics Nerve Stimulation) 기술을 이용한다. 미국에서 생산되는 하이드로젤을 사용한 기기를 이마에 접착하는 형태로서, 이마를 통해 전극 표면에서 피부로 전류를 전송하면 삼차신경에 전기적인 자극을 전달하여 신경에 활동전위를 발생시켜 편두통 등을 완화하고 발병 빈도를 감소시킨다. 두팡은 의료기기 3등급으로 식약처 허가를 받았으며, 두팡 앱을 통해 모니터링할 수 있게 되어 있다.[2] 또한 이 기업이 개발한 '마인드 스팀(MINDD STIM)'이라는 경두개직류자극기(tDCS: transcranial Direct Current Stimulation)는 우울증 치료를 위한 전자약으로서 국내 7개 병원에서 임상연구를 시행하여 치료 효과를 확인하였고, 현재는 정신과 전문의의 처방으로 환자들이 사용할 수 있다. 머리띠처럼 머리에 부착하는 기기로서 병원 내에서 사용하거나, 병원으로부터 기기를 대여함으로써 재택 사용도 가능하다.[3]

비침습적이고 비약물 형태로서 치료제용 모바일 디지털 기기를 개발하는 미국 기업인 Theranica Bio-Electronics는 두통 치료기기인 '네리비오 미그라(Nerivio Migra)'를 개발하여 2019년 5월 20일에 미국 식품의약품안전국(FDA: U.S. Food and Drug Administration)으로부터 2등급 의료기기로 승인을 받았다. 이 기기는 머리나 목뿐 아니라 팔뚝, 다리 등 몸 어느 부위든 부착하여 피부를 자극하는 전기자극기로서, 스마트폰으로 제어가 가능하며 앱을 통해 두통의 치료를 관리할 수 있다. 편두통이나 두통이 발생했을 때 즉각적으로 통증을 완화 치료한다.[4] 한국의 연구팀도 반창고처럼 피부에 붙여서 파킨슨

---

2 와이브레인 홈페이지, https://www.ybrain.com/ (최종방문일 2023. 12. 1.).
3 대한뇌자극회, 경두개직류자극 치료 지침- 주요 우울장애, 대한뇌자극회, 2022.2.
4 Theranica 홈페이지, https://theranica.com/ (최종방문일 2023. 12. 1.)

병, 수전증 등 운동 장애 상태를 실시간 모니터링하고 징후를 분석·진단하여 치료까지 하는 신체부착형 전자 패치를 개발했다.[5] 이 전자 패치 안에는 나노박막 센서, 저항 메모리 소자, 치료제 약물, 히터 등 다양한 전자소자가 들어있다. 센서가 운동 장애의 패턴을 상시 측정하면서 메모리 소자에 측정 결과가 저장된다. 히터는 이 정보를 바탕으로 내려진 진단 결과에 따라 피부에 투여하는 약물의 양을 온도로 조절한다. 온도를 높이면 약물 투여량이 늘어난다. 이런 특성 때문에 데이터를 정량적으로 측정해 실시간으로 진단해야 하는 파킨슨병, 수전증, 간질 등의 질환에 적합하다. 이 장치에 쓰인 다양한 전자소자는 피부와 비슷하게 25%가량 늘어날 수 있어서 피부에 붙이기 용이하다. 이처럼 휘거나 늘일 수 있는 전자소자를 만들 수 있는 것은 나노 기술 때문인데, 기존에 사용되던 단단한 고성능 소재를 얇은 나노 막으로 만든 것이다. 스마트폰, 스마트 워치 등과 같은 모바일 기기와 연동을 하면 원격 진료로도 활용할 수 있다. 미국 일리노이 대학 연구팀도 헬스 모니터링과 진단이 가능하도록 피부나 머리에 붙이는 전자 패치를 개발해서 학술지 사이언스(Science)에 발표했다.[6] 이 전자 패치는 피부나 머리에 얇게 붙일 수 있고 잡아당기거나 구부려도 유연한 속성이 그대로 유지되어 파스처럼 사용할 수 있다. 무선베이스의 정교한 헬스 모니터링 기기와 진단용의 마이크로유체(Microfluidics) 칩이 탑재되어 있고 무선으로 충전된다. 따라서 매일 24시간 리얼 타임으로 피트니스 활동, 수면 활동, 다이어트 활동을

---

5 Son et al., "Multifunctional wearable devices for diagnosis and therapy of movement disorders", Nature Nanotechnology, Advance online publication, 23 March 2014, 서울대 김대형 교수팀, 신체부착형 전자 패치 개발.

6 Xu et al., "Soft Microfluidic Assembles of Sensors, Circuits and Radios for the Skin" Science, Vol.344, No.6179, April 2014, pp.70-74.

모니터링할 뿐 아니라, 심전도 검사(EKG: Electrocardiography)와 뇌파 검사(EEG: Electroencephalogram)도 가능하기 때문에 임상 모니터링을 가능하도록 해준다. 예컨대 이 전자 패치를 붙인 대상자의 데이터를 분석하여 파킨슨병과 관련된 모션을 감지할 수 있게 된다.

　미국의 Neurosigma 회사는 유소아의 주의력 결핍 과잉행동 장애(ADHD: Attention Deficit Hyperactivity Disorder)의 치료를 위한 경피 전기신경자극기(Transcutaneous Electrical Nerve Stimulator)인 Monarch sTNS(external Trigeminal Nerve Stimulation)를 FDA에 승인 신청하여 2019년 4월 19일에 2등급 의료기기로 승인받았다.[7] 7세에서 12세의 유소아 중에 ADHD 처방을 받아 약을 먹지 않은 환자를 위한 치료기기로써, 부모의 돌봄하에 재택용으로 유소아가 잠을 자는 동안 사용할 수 있다. 이 기기는 스마트폰 절반 정도의 크기로서, 기기가 미세한 전기 신호를 유소아 환자의 이마에 붙인 패치로 보내서 사용 후 약 4주 이후부터는 치료의 효과가 나타난다.

　이와 같이 치료를 목적으로 사용되는 전기적 기기들은 디지털 헬스 내지 디지털 헬스케어(digital healthcare)라고 칭해진다. 디지털 헬스라는 개념은 2010년대 이후에 등장하며, 기존의 e-health, u-health 등을 대체하는 포괄적인 개념[8]으로 사용되기 시작하였다. 일반적으로 ICT와 보건의료가 결합되어 "언제 어디서나 예방·진단·치료·사후 관리를 할 수 있는 서비스"[9] 또는 "개인 및 의료기관의 관점

---

7 NeuroSigma 회사의 제품 Monarvh eTNS System for Pediatric ADHD를 소개하는 홈페이지, https://www.monarch-etns.com/.

8 최유성·안혁근·심우현·박정원, 4차 산업혁명에 대응하는 규제개혁 연구: 공유(共有)경제와 디지털 헬스케어 분야를 중심으로, KIPA 연구보고서 2017-01, 한국행정연구원, 2017, 5면.

9 박정원·심우현·이준석, "디지털 헬스케어 발전을 위한 규제 개선 방안에 관한 연구", 정보화정책. 제25권 제1호, 2018, 60-81면.

이 아니라 미래의 의료·요양에서 건강관리 등을 포함하여 동 분야에서 발생한 새로운 기술을 포함한 의료IT의 광의적 개념"10으로 정의된다. 산업적으로 보자면 디지털 헬스는 의료서비스 소비자 입장에서 건강·의료정보 생산 주체로써 핵심적인 역할을 수행한다는 점, 의료인의 입장에서는 진료와 의사결정을 위한 다양한 기기로 보조받을 수 있으며, 디지털 헬스가 의료기관의 시스템 및 건강관리서비스의 고도화에 기여할 수 있다는 것이 특징이라고 할 수 있다.11 디지털 헬스 중 하나로 최근 기술개발이 한창인 전자약(electroceuticals)은 '전자(electronic)'와 '약품(pharmaceutical)'의 합성어로서 인체에 전류나 자기장을 뇌 또는 신경에 적용·자극함으로써 다양한 질환을 치료하는 기술이다.12 위에서 설명한 전기·전자적 기기들, 즉 두팡(Doopang), 폴라(Pola), 마인드 스팀(MINDD STIM), 내리비오 미그라(Nerivio Migra) 전자 패치, Monarch sTNS 등과 같이 치료목적으로 사용되는 경두개직류자극기(tDCS), 경피전기신경자극(TENS: Transcutaneous Electrics Nerve Stimulation)이 전자약에 해당된다. 디지털 헬스가 ICT 기술과 이와 연계된 디지털 보건의료 시스템까지 아우르는 광의의 개념이라면, 전자약은 전기·전자적 기기로 사람의 신체와 마음에 치료적 영향을 미치는 기기를 일컫는 것으로서, 디지털 기술들과 연계하여 활용되기 때문에 스마트 치료기기로 명명할 수 있겠다.13 본

---

10 고숙자·정영호·김혜윤·차미란, 건강수명 연장을 위한 사회문제 해결형 보건의료 기술과 정책과제 - 고령자의 의료-돌봄 기술을 중심으로, 연구보고서 2019-03, 한국보건사회연구원, 2019, 10면.

11 이종한 등 4인, 규제 지체 해소를 위한 유연성 제고방안: 신산업 중심으로, KIPA 연구보고서 2020-02, 한국행정연구원, 2020, 27면.

12 최용근, 와이브레인 - 웨어러블 BCI와 전자약, 정보과학회지 제38권 제10호, 2020, 48면.

13 '스마트화'라는 것은 소프트웨어 관점에서의 디지털화와 하드웨어 관점에서 자동

고는 전자약을 포함하여 디지털 헬스에서 사용되는 스마트 치료기기에 관한 공법적 검토를 수행한다. 스마트 치료기기를 규율하기 위해 필요한 기초로서 윤리적 관점과 국제인권법 관점에서의 디지털 의료기술의 프레임워크를 검토하고, 헌법적으로는 기본권인 건강권과 국가의 책무를 살펴본다. 스마트 치료기기에 관하여 이루어지는 의료법상 의료행위 규제, 의료데이터 집적과 활용에서 적용되는 공법 원리를 검토한 후, 앞으로 이루어져야 할 법제적 개선 방향을 공법적 과제로 제안하기로 한다.

II. 디지털 헬스 기술에 관한 윤리적 원칙

현재까지 세계적으로 논의되어 온 디지털 헬스 기술로 인한 잠재적 피해를 해결하기 위한 전략은 윤리적 원칙과 가이드라인의 채택을 강조하는 경향이 강했다. 또한 법적 구속력이 있는 국제 인권 의무의 적용에 대한 논의가 있었다.[14] 원칙에 있어서 일부 개념적 중복

화와 무인화를 모두 포괄하는 것을 의미하는 것이다(신민성, 장소영, 민연주, 국내 물류산업 디지털 기술과 스마트화 수준 진단 연구, 교통연구 제29권 제1호, 2022, 45면). 디지털 헬스는 소프트웨어적으로는 사물인터넷, 인공지능, 빅데이터 등 디지털 기술들이 응용되는 것이고, 하드웨어적으로 인간 의사를 보조하고 대체하는 기능을 하면서 자동화 무인화되는 시스템이 된다. 따라서 디지털 헬스에 활용되는 전자약 같은 기술을 스마트 치료기기라고 명하였다.

14 S. L. M. Davis, K. Esom, R. Gustav, et al., "A democracy deficit in digital health?," Health and Human Rights Journal (January 16, 2020). https://www.hhrjournal.org/2020/01/a-democracy-deficit-in-digital-health/(최종방문일 2023. 12. 1.).
S. L. M. Davis, "Contact tracing apps: Extra risks for women and marginalized groups," Health and Human Rights Journal (April 29, 2020). https://www.hhrjournal.org/2020/04/contact-tracing-apps-extra-risks-for- women-and-marginalized-groups/ (최종방문일: 2023. 12. 1.).

이 있을 수는 있지만, '윤리'와 '인권'은 개인을 보호하고 효과적이고 공정하며 사람 중심의 디지털 헬스 기술을 위하여 책임성을 증진하는 것을 목표로 하는 것으로서, 이 두 가지는 분리되어 있지만 상호 보완적인 것이다.

전기전자공학자협회(IEEE: Institute of Electrical and Electronics Engineers), 세계경제포럼(World Economic Forum), 유럽연합 집행위원회(European Commission)의 인공지능에 관한 고위급 전문가 그룹(High-Level Expert Group on Artificial Intelligence)과 같은 다양한 단체에서 윤리와 디지털 기술과 관련된 원칙들을 개발해왔다.[15] UN 최고 경영 이사회(UN Chief Executives Board)도 인공지능의 윤리에 대한 권고안을 개발했다.[16] 이러한 조직들이 만든 윤리원칙의 핵심에는 선행, 자율성, 동의, 개인정보보호, 참여, 투명성, 차별금지, 형평성, 책무성이 포함되며, 공중 보건과 생의학(biomedical) 연구자에게 친숙한 윤리적 원칙을 강조한다.

윤리적 관점에서 전자약과 같이 뇌에 개입하고 뇌를 자극하는 형태의 기기의 경우에 인간향상, 신경향상의 하나로 사용될 수 있고,

---

15 IEEE Global Initiative on Ethics of Autonomous and Intelligent Systems, Ethically aligned design: A vision for prioritizing human well-being with autonomous and intelligent systems, 1st edition (Piscataway: IEEE, 2019); T. Philbeck, N. Davis, and A. Engtoft Larsen, Values, ethics and innovation rethinking technological development in the fourth Industrial Revolution (World Economic Forum, 2018).
http://www3.weforum.org/docs/WEF_WP_Values_Ethics_Innovation_2018.pdf; European Commission, High Level Excerpt Group on Artificial Intelligence, Ethics guidelines for trustworthy artificial intelligence (Brussels: European Commission, 2019).

16 United Nations, Chief Executives Board for Coordination, First version of a draft text of a recommendation on the ethics of artificial intelligence (July 2020).

스마트 치료의 공법학

사용자의 자율성, 자유 의지, 정체성, 인격성에 영향을 미친다는 점에서 인간의 존엄성과 정신적·인지적 자유과 관련된 문제가 발생할 수 있다.[17] 대부분의 윤리적 원칙의 기본 틀은 디지털 헬스 기술이 "해를 끼치지 않아야" 한다는 원칙(해악 금지)을 강조하며 발생할 수 있는 모든 피해를 인식하고 이를 완화해야 할 의무를 포함하고 있다. 또한 유해한 영향을 최소화하는 것 외에도 기술이 인류를 위한 이익도 극대화해야 한다.[18] 이러한 윤리적 원칙의 기본 틀은 모든 개인이 자신과 개인정보에 대한 대리권(agency)을 갖는 것으로 인식되어야 한다는 점을 강조하고 있다. 수집된 모든 개인정보는 충분한 설명에 입각한 동의(informed consent)하에 이루어져야 한다. 개인정보 데이터의 무결성 내지 완전성(integrity)과 보안성을 보호하기 위한 보호 장치가 있어야 한다.

윤리적 기본 틀은 최종 사용자가 디지털 기술개발에 의미 있게 참여할 수 있도록 개발자와 정부 당국에 요청하면서, 포용성과 대중 참여를 장려하고 있다. 또한 포용성과 대중 참여의 수행 방식은 알고리즘의 투명성을 보장하는 것과 같이, 디지털 헬스 기술의 개발·적용 및 실행은 공개적 피드백, 모니터링 및 대중적인 협의 등으로 공개적이고 발견 가능한 방식으로 수행되어야 한다. 디지털 헬스 기술이 추구해야 하는 차별금지의 원칙과 형평성은 고의적으로 또는 의도하지 않게 개인을 차별해서는 안 된다는 것이다. 즉 평등의 중요성

---

17 엄주희, 디지털과 바이오 융합기술에서 새로운 인권의 형성, 헌법학연구 제28권 제4호, 2022, 312-316, 321면.

18 National Commission for the Protection of Human Subjects of Biomedical and Behavioral Research, US Department of Health, Education and Welfare, The Belmont report: Ethical principles and guidelines for the protection of human subjects of research (1979).

을 강조하고 디지털 기술을 개발하는 사람들이 여성, 어린이, 소수 인종 및 소수 민족, 이민자를 포함하여 취약하고 소외된 그룹의 필요에 부합하도록 할 것을 권장하고 있다. 여기에는 효과적인 비 디지털(非digital) 선택지가 제공되고, 디지털 기술에 대한 대안으로서 모든 사람에게 접근성을 보장할 수 있도록 하는 것이 포함된다.

디지털 헬스 기술에 대한 윤리적 기본 틀을 설정하는 것은 권리를 증진하고 피해를 완화하는 데 중요하며, 이러한 기본 틀은 개인이든 조직이든 관계없이 민간 행위자를 규제하는 데 자주 사용된다. 그러나 윤리원칙은 구체성이 부족하며 집행력이 약하다는 단점이 있다. 따라서 기본적인 윤리원칙을 입법화할 수 있는 인권 규범과 기준을 채택하고 이를 이행함으로써, 윤리원칙의 집행력과 책무성을 제고할 수 있다.

III. 디지털 헬스 기술에 관한 국제 인권법상 검토

디지털 헬스 기술에 대한 글로벌 차원에서의 특정한 인권 협약은 존재하지 않지만, 기존에 형성된 많은 인권의 의무가 적용될 수 있다. 위에서 검토한 윤리원칙을 고려하여 국제인권법에서 규율하는 인권 중에서 디지털 헬스 기술의 적용과 관련성이 높은 것을 뽑아냄으로써 인권법상의 기본 원칙을 설정할 수 있다. 디지털 의료기술에 적용될 수 있는 인권은 건강권(건강에 관한 권리), 평등권(차별금지), 과학적 진보의 혜택을 받을 권리 그리고 프라이버시에 대한 권리이다. 이러한 인권들은 헌법상 기본권으로서도 보장되어야 하는 점이기 때문에 인권과 기본권의 교차점이 되기도 한다.

1. 건강권

건강을 위한 디지털 기술의 적용은 건강에 대한 권리에 부합해야한다. 여러 인권 조약에 명시된 건강권은 가용성, 접근성, 수용 가능성 및 품질의 4가지 핵심 요소를 담고 있다.[19] 건강을 위한 디지털 기술의 사용은 최소한 이 4가지 핵심 요소를 충족해야 한다. 이러한 의무는 정부가 컴퓨터, 휴대폰, 이동 전화 타워, 인터넷 및 광대역 접근성 등의 하드웨어와 애플리케이션 같은 소프트웨어의 양 측면에서 전국적으로 디지털 인프라에 대한 가용성과 접근성을 보장해야 한다는 것을 의미한다. 여기에는 지도자, 의료인, 지역사회 종사자를 포함한 모든 사용자에게 디지털 문해력(literacy) 교육을 제공하는 것도 포함된다.[20] 디지털 헬스 기술의 가용성과 접근성을 다루는 것은 디지털 격차를 해소하려는 노력과 일맥상통한다. 디지털 헬스 기술은 국가가 건강권을 실현할 수 있도록 지원하는 하나의 수단이 된다. 즉, 임상적 목적과 공중 보건의 목적을 달성할 수 있도록 모든 지역

---

19 Committee on Economic, Social and Cultural Rights, General Comment No. 14, The Right to the Highest Attainable Standard of Health, UN Doc. No. E/C.12/2000/4 (2000); for articles on the right to health, see International Covenant on Economic, Social and Cultural Rights, G.A. Res. 2200A (XXI) (1966), art. 12; Convention on the Elimination of All Forms of Discrimination against Women, G.A. Res. 34/180 (1979), arts. 11(1), 12; Convention on the Rights of the Child, G.A. Res. 44/25 (1989), art. 24; International Convention on the Elimination of All Forms of Racial Discrimination, G.A. Res. 2106A (XX) (1965), art. 5; Convention on the Rights of Persons with Disabilities, G.A. Res. 61/106 (2006), art. 25; African Charter on Human and People's Rights, OAU Doc. CAB/LEG/67/3 rev. 5 (1981), art. 16; Additional Protocol to the American Convention on Human Rights in the Area of Economic, Social and Cultural Rights (1988), art. 10.

20 United Nations, Report of the Secretary General: Road map for digital cooperation (June 2020).

사회에서 허용될 수 있어야 하고 좋은 품질을 유지해야 한다는 것을 의미한다.

2. 평등권

새로운 첨단 기술은 차별금지와 관련된 두 가지 주요 범주의 우려를 제기한다. 첫 번째는 기술의 액세스 및 가용성과 관련이 있고, 두 번째는 기술 자체 내의 암묵적인 편향성에 중점이 있다는 것이다. 광대역 액세스, 위성 타워 등의 제한된 기술 인프라, 디지털 문해력의 부족, 비용 그리고 스마트폰, 컴퓨터, 디지털 기기 등의 디지털 하드웨어로의 접근성 부족 등 무수히 많은 문제들 때문에, 디지털 기술을 의료 분야에서 주요 시스템이나 전략으로서 의존하는 것은 의도하지 않게 불평등을 악화시켜 정보격차를 심화시킬 수 있다.[21] 디지털 기술 내의 편향성과 관련하여, 인권과 기술 전문가들은 다양한 기술에는 암묵적이고 우발적 편향이 포함될 수 있다는 것을 인정하고 있다. 엔지니어와 소프트웨어 개발자는 인종, 성별, 사회경제적으로 다양한 배경을 가진 커뮤니티로부터의 제한적인 참여와 의견으로 기술을 설계하는 경향이 있다.[22]

디지털 기술이 적용될 때 차별금지의 권리를 실현하기 위해 국가

---

21 P. Alston, Report of the Special Rapporteur on Extreme Poverty, Digital Technology, Social Protection and Human Rights, UN Doc. A/74/493 (2019), paras. 44-49.

22 Amnesty International and Access Now, Toronto Declaration on the protecting the right to equality and non-discrimination in machine learning systems (2018). https://www.accessnow.org/the-toronto-declaration-protecting-the-rights-to-equality-and-non-discrimination-in-machine-learning-systems (최종방문일 2023. 12. 1.).

와 기술 회사 모두는 기술에 대한 접근성과 가용성에 있어서 차별의 위험을 사전에 식별해야 한다. 위반이 발생하는 경우, 국가는 민간 기업이 차별적 결과를 선점, 식별, 완화 및 시정하도록 책임을 물어야 한다.[23] 또한 국가는 건강을 위한 디지털 기술의 개발, 채택, 구현 및 평가와 관련된 투명성과 책임성을 보장해야 하며, 차별을 받지 않을 권리 또는 기타 권리가 침해된 경우 사법정의를 통해 구제받을 수 있도록 접근성을 제공해야 한다. 마지막으로 디지털 기술을 사용하지 않거나 사용할 수 없는 사람들을 위해 동일한 목표를 달성할수 있는 효과적인 비 디지털 선택지가 있어야 한다.[24]

3. 과학적 진보의 혜택을 받을 권리

과학적 진보의 혜택을 받을 권리는 건강권을 달성하는 데 중요한 요소가 될 수 있다. 국가는 가장 소외된 사람들에게 초점을 맞춰 차별금지의 근거로서 "달성 가능한 최고 수준의 건강을 누리는 데 필요한 것으로 과학적 진보의 가능한 최상의 애플리케이션(all the best available applications of scientific progress necessary to enjoy the high – est attainable standard of heath)"의 가용성과 접근성을 보장할 의무가 있다.[25] 첨단 신생 기술에 대하여 국가는 이익과 위험을 형량해야 한다. 새로운 기술은 투명성, 차별금지, 책무성, 인간의 존엄성 존중의

---

23 Ibid.

24 P. Alston, Report of the Special Rapporteur on Extreme Poverty, Digital Technology, Social Protection and Human Rights, UN Doc. A/74/493 (2019), paras. 44-49.

25 Committee on Economic, Social and Cultural Rights, General Comment No. 25, Science and Economic, Social and Cultural Rights, UN Doc. E/C.12/GC/25 (2020), para. 70.

원칙을 강조하는 것으로서, 포용적이고 권리 기반의 프레임워크 내에서 개발되고 사용되어야 한다. 또한 국가는 민간 영역의 행위자에게 인권 실사 의무를 부과하는 법률을 개발해야 한다. 마지막으로, 국가는 새로운 디지털 기술을 통해 수집된 데이터의 통제권과 소유권을 규율함으로써, 오용 및 착취를 방지하고, 설명에 근거한 동의와 프라이버시를 보장해야 한다.[26]

4. 프라이버시 및 정신적·인지적 자유에 관한 권리

인권법은 개인의 사생활에 대한 자의적이거나 불법적인 간섭으로부터 자유로울 권리를 인정한다.[27] 이 권리에 대한 모든 합법적인 간섭은 관련 법률에 정확하게 명시되어 있어야 한다.[28] 또한 국가는 개인정보의 수집과 저장을 규제해야 한다. 이러한 조치는 반드시 개인정보의 무단 노출이나 사용을 방지하는 데 효과적이어야 한다.[29] 이러한 정보는 인권법의 목적에 어긋나는 용도로도 사용되지 않아야 한다. 또한 개인은 데이터베이스에 어떤 개인 데이터가 저장되는지 그리고 그 저장 목적에 대해 알 권리가 있다. 또한 잘못된 개인정보를 포함하거나 '법률 규정에 반하여 수집 또는 처리된'[30] 파일의 수정

---

26 Ibid., paras. 75-76.

27 International Covenant on Civil and Political Rights, G.A. Res. 2200A (XXI) (1966); Convention on the Rights of the Child, G.A. Res. 44/25 (1989); International Convention on the Protection of the Rights of All Migrant Workers and Members of Their Families, G.A. Res. 45/158(1990), art. 14.

28 Human Rights Committee, General Comment No. 16, Article 17 (Right to Privacy), The Right to Respect of Privacy, Family, Home and Correspondence, and Protection of Hon- our and Reputation (1988).

29 Ibid., para. 10.

30 Ibid.

또는 제거를 요청할 권리가 있다. UN 특별보고관이 2019년에 내놓은 건강 관련 데이터의 보호 및 사용에 대한 권고안(Recommendation on the protection and use of health – related data)도 권리와 관련된 중요한 고려 사항을 다루고 있다.[31] 여기에는 데이터 주체의 권리, 보안 및 상호 운용성, 국가 간 데이터 이전(역외 이전), 데이터 · 성별 · 원주민 · 장애인과 관련된 고려 사항과 같은 주제들을 포함하고 있다. 또한 건강정보 데이터를 수집, 활용, 집적하는 디지털 헬스의 데이터와 관련된 프라이버시권의 문제에 더하여, 전자약의 경우에는 인간 내면의 정신적 프라이버시까지 고려되어야 한다. 뇌에 개입하고 정신 상태에 변경과 조작을 가져올 수 있는 전자약은 정신적 완전성, 심리적 연속성, 정신적 프라이버시권에 침해를 가져올 수 있는 기술이고, 인지적 자유에 대한 권리와 관계가 있기 때문이다.[32]

Ⅳ. 스마트 치료기기에 적용되는 공법 원리

1. 디지털 헬스 관련 국가의 책무와 국민 보건에 관한 권리 보장

디지털 헬스 서비스는 국가의 책무이자 국민의 기본권으로 보장받는 헌법적 근거가 있다. 헌법 제10조의 인간의 존엄과 가치와 행복추구권을 출발점으로 하여 헌법 제34조 제3항의 보건에 대한 권리와

---

31 Mandate of the United Nations Special Rapporteur on the Right to Privacy, Task Force on Privacy and the Protection of Health-Related Data, Recommendation on the protection and use of health-related data (2019). https://ohchr.org/Documents/Issues/Privacy/SR_Privacy/UNSRPhealthrelateddataRecCLEAN.pdf.

32 엄주희, 디지털과 바이오 융합기술에서 새로운 인권의 형성, 헌법학연구 제28권 제4호, 2022, 329-330, 349-353면.

제34조의 인간다운 생활을 할 권리로부터 국가의 보건의료에 대한 책무와 국민 보건에 대한 권리를 보장해야 하는 의무가 도출된다. 디지털 헬스 서비스와 같은 보건의료는 전체 국민에게 중요한 문제이고 어느 한 순간이 아니라 평생에 걸쳐 지속적으로 발생하는 문제이다. 보건의료에 관한 권리가 자유권적 성격과 사회권적 성격을 동시에 가지고 있기 때문에, 국민 일부를 이 서비스로부터 배제하거나 독점하게 해서도 안 되고 모든 국민이 형평성 있는 서비스를 보장받을 수 있어야 한다.[33] 또한 국가에 의해 확인되고 검증되지 아니한 의료서비스는 국민의 건강을 훼손할 수 있기 때문에 국민의 건강을 책임지는 국가로서는 위험 발생을 최소화하는 수준에서 규제를 시행하고, 규제정책과 의료기술의 발전과 의료산업 진흥과 형량하게 된다.[34]

2. 스마트 치료기기에 대한 의료법상 의료행위의 규제

헌법이 보장하는 보건의료에 대한 책무와 디지털 헬스 기술을 통한 국민 건강 유지와 증진의 보장이라는 과제는 이에 걸맞는 의료 법제의 구축으로 나타날 수 있다. 의료법은 '의료행위'에 관하여 적극적인 정의규정을 두지 않고 있다. 의료법 제1조는 "이 법은 모든 국민이 수준 높은 의료 혜택을 받을 수 있도록 국민의료에 필요한 사항을 규정함으로써 국민의 건강을 보호하고 증진하는 데에 목적이 있다"고 규정하고 있고, 같은 법 제2조 제2항은 "의료인은 종별에 따라 다음 각 호의 임무를 수행하여 국민보건 향상을 이루고 국민의 건강한

---

33 엄주희, 스포츠 뇌도핑과 인권: 부패방지의 관점에서 보는 뇌도핑, 부패방지법연구 제6권 제2호, 2023, 163면.
34 헌법재판소 2010. 7. 29. 선고 2008헌가19 결정.

생활 확보에 이바지할 사명을 가진다"고 규정하면서 제1호에 "의사는 의료와 보건지도를 임무로 한다", 제2호에 "치과의사는 치과 의료와 구강 보건지도를 임무로 한다", 제3호에 "한의사는 한방 의료와 한방 보건지도를 임무로 한다"고 규정하고 있다. 또한, 같은 법 제12조는 "의료행위란 의료인이 하는 의료·조산·간호 등 의료기술의 시행"이라고 정의하고 있다. 이와 같은 의료법의 각 규정 내용과 입법 취지 등을 종합적으로 무면허 의료행위를 처벌하는 취지는 의사의 의료행위가 고도의 전문적 지식과 경험을 필요로 함과 동시에 사람의 생명, 신체 또는 일반 공중위생에 밀접하고 중대한 관계가 있기 때문에 의료법은 의사가 되는 자격에 대한 엄격한 요건을 규정하는 한편, 의료법 제27조에서 의료행위를 의사에게만 독점 허용하고 일반인이 이를 하지 못하게 금지하여 의사 아닌 사람이 의료행위를 함으로써 생길 수 있는 사람의 생명, 신체나 일반 공중위생상의 위험을 방지하고자 함에 그 목적이 있다고 해석이 된다. 헌법재판소는 이와 같은 의료법 조항의 해석과 입법취지를 감안하여 "의료행위에는 반드시 질병의 치료와 예방에 관한 행위에만 한정되지 않고, 그와 관계없는 것이라도 의학상의 기능과 지식을 가진 의료인이 하지 아니하면 보건위생상 위해를 가져올 우려가 있는 일체의 행위가 포함된다"고 판시하면서 의료행위에 관한 명시적 규정이 없더라도 명확성의 원칙에 위배되지 않는다고 보고 있다.[35] 대법원도 구 의료법 제25조 제1항의 의료행위라 함은 의학적 전문지식을 기초로 하는 경험과 기능으로 진찰, 검안, 처방, 투약 또는 외과적 시술을 시행하여야 하는 질병의 예방 또는 치료행위 이외에도 의료인이 행하지 아니

---

[35] 헌법재판소 2010. 7. 29. 선고 2008헌가19 결정; 헌법재판소 2013. 6. 27, 선고 2010헌마658 결정(무면허 의료행위 사건).

하면 보건위생상 위해가 생길 우려가 있는 행위를 의미한다고 해석하고 있다.[36]

　전자약 같은 새로운 유형의 보건의료 행위에 대해 규율하기 위해서는 의료행위 개념을 명확하게 하고, 디지털 헬스의 일종인 전자약도 이 의료행위에 해당할 수 있는지를 구분하는 것이 필요하다. 전자약이 용어상이나 외관상 그리고 규제 제도상 식품의약품안전청의 심사 소관이기 때문에 의약품에 속하는 것 같아 보일지라도, 전자약은 넓은 의미에서 신의료기술에 속하고 실제 사용의 양태는 의료기기, 특히 첨단 의료기기와 관련을 맺고 있다는 점에서 우리 사법기관에서는 의료기기를 어떻게 정의하고 있는지 살펴볼 필요가 있다. 대법원의 판단에 의하면 의료기기법상 의료기기에 해당하기 위한 요건으로 객관적으로 의료기기법 제2조 제1항 각호[37]에서 정한 성능을 가지고 있거나, 객관적으로 그러한 성능을 가지고 있지 않더라도 그 기구 등의 형태, 그에 표시된 사용목적과 효과, 그 판매 대상과 판매할 때의 선전, 설명 등을 종합적으로 고려하여 이 조항에서 정한 목적으로 사용되는 것으로 인정되어야 한다.[38] 그리고 의료기기를 업무에서 사용하는 경우에 해당 업무나 활동도 의료행위로 판단받게 될 가능성이 높다.[39] 따라서 의료기관 내에서 또는 의료기관과 연계되어

---

36 대법원 1999. 6. 25. 선고 98도4716 판결(공1999하, 1555); 대법원 2000. 2. 25. 선고 99도4542 판결(공2000상, 903) 등.

37 의료기기법 제2조 제1항 1. 질병을 진단 · 치료 · 경감 · 처치 또는 예방할 목적으로 사용되는 제품, 2. 상해 또는 장애를 진단 치료 경감 또는 보정할 목적으로 사용되는 제품, 3. 구조 또는 기능을 검사 · 대체 또는 변형할 목적으로 사용되는 제품, 4. 임신을 조절할 목적으로 사용되는 제품.

38 대법원 2018. 8. 1. 선고 2015도10388 판결.

39 대법원 1989. 1. 31. 선고 88도2032 판결; '척추바로갖기 운동본부'라는 간판을 걸고 근육이완기구인 전기마사지기(드라이브) 3대와 엑스레이필름 판독기 1대, 척추

원격의료에서 사용되는 전자약의 경우에는 의료행위에 해당될 가능성이 높다. 좀더 명확하게는 의료행위에 해당하는 디지털 헬스 기기의 사용을 의료 관련 법률에 명시하는 것이 바람직하다.

식품의약품안전처는 의료기기의 사용목적과 사용 시 인체에 미치는 잠재적 위해성의 차이에 따라서 의료기기의 등급을 분류해서 지정한다(의료기기법 제3조). 또한 식품의약품안전처의 「의료기기와 개인용 건강관리(웰니스) 제품 판단기준」에 따르면, 의료기기와 개인용 건강관리제품을 나누는 기준은 사용목적과 위해도인데, 사용목적이 '의료용'인 경우에는 의료기기로 판단하고, '비의료용'인 경우에는 의료기기로 판단하지 않는다. 다만 비의료용이라고 하더라도 고위해도에 해당하는 경우에는 의료기기로 판단한다. 건강 상태 또는 건강한 활동의 유지 및 향상을 목적 – 일상적 건강관리용 – 으로 사용되거나 건강한 생활방식과 습관을 유도하여 만성질환 또는 그 상태의 위험이나 영향을 줄이거나 유지할 목적 – 만성질환자 자가관리용 – 으로 사용되는 것으로 사용자의 안전에 미치는 위해도가 낮은 경우를 개인용 건강관리제품으로 보아 규제대상에서 제외한다.[40] 즉 업무로서 사용하는 것이 아니라 개인적으로 사용하는 것이면 의료용 목적이 아니라고 보고 있고, 자가관리의 목적이 아니라 사용목적이 의료용인 경우에는 위해도가 낮더라도 의료기기로 판단될 수 있다는 것이다. 사용목적은 제조자 등에 의해 제공된 규격, 설명서, 정보 등

모형 등의 시설을 갖춘 다음 척추 등 부위에 이상이 있는 환자들이 찾아오면 엑스레이 필름과 환자의 진술에 따라 이상 부위를 확인하고 척추를 교정하는 방법의 행위를 한 사건에 대하여 인체의 근육 및 골격에 위해를 발생할 우려가 있는 의료행위에 해당한다고 판시하였다.

40 식품의약품안전처, 「의료기기와 개인용 건강관리(웰니스) 제품 판단기준」, 2015. 7, 5-8면.

에 표현된 제품의 사용방법 등에 관한 제조자의 객관적인 의도로 판단하며, 표시·광고, 구두 또는 서면으로 주로 표현된다. 제품의 구조와 형태, 그에 표시된 사용목적과 효과, 판매할 때의 선전 또는 설명 등을 종합적으로 고려하여 판단하게 된다.

의료기기 등급분류와 지정에 관한 행정규칙인 의료기기법 시행규칙 별표1에 따르면 의료기기의 잠재적 위해성에 따라서 1등급부터 4등급까지 나뉜다. 잠재적 위해성이 거의 없는 의료기기는 1등급, 잠재적 위해성이 낮은 의료기기는 2등급, 중증도의 잠재적 위해성을 가진 의료기기는 3등급, 승인받기 가장 어려운 고도의 위해성을 가진 의료기기는 4등급으로 구별된다.

3. 스마트 치료기기를 통한 의료데이터의 집적과 활용에서의 공법 원리

(1) 스마트 치료기기에서 집적·활용되는 의료데이터에서 정보 주체의 동의 획득 필요성

디지털 헬스 기기와 연관되어 활용될 수 있는 데이터는 유전체 염기서열분석, 웨어러블 의료기기로부터 실시간 수집될 수 있는 개인생활습관정보(라이프로그, lifelog), 전자의무기록, 의료영상, 제약 연구 등 개인의 건강 상태를 나타내줄 수 있는 건강 데이터의 총체이다. 신경과학기술이 적용된 전자약의 경우에 뇌파 검사(EEG)를 통한 뇌파 데이터를 포함하고 있고, 이는 보건의료 건강 데이터에 속하는 중요한 데이터이다.[41]

---

[41] 문장섭, 정밀의료 시대의 뇌전증 진료 및 연구, Newsletter Vol.06 대한뇌전증학회, 2021 6월, https://www.kes.or.kr/letter06/stroy02.php (최종방문일 2023. 12. 1.).

디지털 헬스와 관련하여 유전체 바이오 정밀의료 분야에 대한 연구는 한국인유전체역학조사사업, 포스트게놈 다부처유전체사업, 정밀의료 기반 암진단 치료법 개발 등으로 정부 주도의 연구 사업이 꾸준히 지속되어 왔다. 그런데 소규모로 특정 질환 연구 목적으로 분산 추진되었고 데이터가 분산되고 파편화되어 있으며, 연구참여자의 데이터 활용 동의 수준도 상이하기 때문에 데이터 접근에 어려움이 있어, 범용적 질환 대상의 정밀의료 연구에 활용되는 데에는 한계가 있다는 지적이 있었다. 정밀의료 연구를 위해서 유전체·임상정보뿐 아니라 국가건강검진 및 예방접종 현황과 같은 공공데이터, 개인생활습관정보[42] 등의 개인 중심의 통합 바이오 빅데이터를 구축하고 이를 지속적으로 추적 관리해야 할 필요성이 있다는 것이다.[43] 이에 정부 보건복지부는 정밀의료기반 혁신형 미래의료 생태계 조성을 위하여 자원통합과 표준화, 지적재산권, 정보보안과 권리보호 등의 내용을 담은 「정밀의료발전특별법」 제정을 추진한 바 있다. 2020년 1월에 열린 이 특별법 제정을 위한 전문가 간담회에서는 정밀의료체계 구축을 위한 방안으로 유전체 정보와 임상정보를 통합한 국가 차원의 데이터베이스 구축이 제안되기도 하였다.[44] 데이터베이스를 위

뇌전증 환자에게 삽입된 전극으로부터 얻어지는 뇌파를 기계학습 혹은 딥러닝 기술을 활용하여 분석한 뒤, 경련발작을 미리 예측하고자 하는 연구들이 많이 이루어지고 있고, 2018년에는 FDA에서 경련발작을 추적관찰 할 수 있는 스마트 워치 등의 웨어러블 기기들을 승인함으로써, 이러한 기기들을 활용한 경련발작 예측 연구들도 앞으로 더욱 활발히 이뤄질 전망이다.

42 라이프로그(lifelog)는 스마트워치와 같은 웨어러블 기기를 통하여 기록되는 수면, 운동량, 체온 등 삶의 모든 기록을 말한다.

43 CHO Alliance, 2022 첨단정밀의료 산업을 위한 차세대 의료기기 및 체외진단기기 시장 전망과 기술개발 동향, CHO Alliance, 2021, 133-134면.

44 "정밀의료 특별법 제정 전문가 간담회…"국가차원 DB확보하고, 임상허가 패러다임 바꿔야"". 국회뉴스ON, 2020.1.21.자. https://www.naon.go.kr/content/html/20

해 필요한 것이 특정한 연구 목적을 위해 모집한 표본 집단인 코호트를 구축하여 연구 참여자의 각종 데이터를 수집하는 것이다. 이 과정에서 연구 참여자에게 이 연구에 대한 충분한 설명을 기반으로 동의를 획득함으로써 민감정보로 이루어진 개인의 건강정보의 활용에 법적 정당성을 얻는 것이 중요하다.[45] 아직 이 법안이 입법화되지는 못했지만 국가 통합 바이오 빅데이터 구축 사업이 2023년 6월에 예비타당성 조사를 통과하여 본격적인 사업이 시작되었고, 의료 마이데이터를 전달 활용하기 위한 플랫폼 '건강정보 고속도로'가 2023년 9월에 본격적으로 가동을 시작하였다.[46]

(2) 보건의료 빅데이터의 활용과 개인정보보호의 조화

정보보호에 관한 일반법인 「개인정보 보호법」은 이용자의 정보 관리와 보호를 수행하고 있고, 각 분야별로는 개별법에 의하여 개인정보보호 운영체계를 가지고 있다. 예컨대 보건의료 분야의 경우에 「의료법」, 「약사법」, 「보건의료기본법」, 「후천성면역결핍증 예방법」, 「감염병의 예방 및 관리에 관한 법률」, 「식품위생법」 등의 개별법이 존재하며, 특별법 우선의 원칙에 따라 이들은 일반법인 개인정보 보호법보다 우선 적용된다. 최근 빅데이터 활용과 관련하여 「위치정보의 보호 및 이용 등에 관한 법률」, 「클라우드 컴퓨팅 발전 및 이용자 보호에 관한 법률」, 「공공데이터 제공 및 이용 활성화에 관한 법률」,

---

20/01/21/aea2584f-b6d3-47af-a9cf-58f87116f6ce.html (최종방문일 2023. 1
2. 1.).

45 IRS Global, 4차 산업혁명 시대, 디지털 헬스케어의 ICT 신기술 융복합 동향 및 시장
전망, IRS Global, 2017, 306면.

46 바이오 빅데이터와 헬스케어 데이터 플랫폼의 효과적인 연계를 위한 관련 동향분석
및 시사점- 바이오 빅데이터 및 헬스케어 데이터 플랫폼 구축 사례를 중심으로, 보
건산업브리프 VOL.389, 한국보건산업진흥원, 2023.10, 2면.

「공공기관의 정보공개에 관한 법률」, 「전자정부법」 등 관련 법률이 시행되고 있다. 그런데 개인정보보호 관련 법률이 빅데이터 등 새로운 산업의 발전을 저해하고 있다는 비판도 있다. 특히 「개인정보 보호법」 등 관련법에서 엄격한 사전고지와 명시적 동의하에서 개인정보의 임의적 이용을 제한하고 있어 빅데이터 산업 육성에 걸림돌이 된다는 것이다.

보건의료 빅데이터 활성화를 위해 우선적으로 고려되어야 할 사항은 빅데이터 활용과 개인정보보호 관련 법률과의 상충관계를 해소해야 한다. 정보의 개방과 공유가 확대되면서 정보의 활용과 개인정보보호라는 양 가치를 조화시키는 방안은 정보가 활용되는 한 고려되어야 할 중요한 화두이다. 데이터는 재화적 특성이 공산품과 같은 일반 재화와는 달리 그 자체로 생산되는 것이 아니어서 관련법과 규제가 애매하거나 상충되는 경우가 많다. 일반 사적 계약 이외에도 국가 간 조약이나 계약을 통한 개인정보보호 문제도 발생할 수 있다.

V. 스마트 치료기기 규율을 위한 공법적 과제

1. 보건의료 빅데이터 활성화를 위한 제도 활용

우리나라는 2013년 「공공 정보 개방, 공유에 따른 개인정보보호 보호 지침」을 통해 단계별로 개인정보의 처리원칙과 기준을 마련하였다. 개인정보보호 관련 법령에서보다 더욱 명확하고 표준화된 비식별화 기준을 제시하였고, 그 자체로서 개인을 식별할 수 있는 정보는 삭제하도록 하였다. 삭제 후에도 정보가 남아 있는 경우에 정보의 추가 가공 등을 통해 제공받는 자가 보유한 정보 및 인터넷과 언론 등에 공개되어 있는 정보와 결합하여 식별할 수 없도록 조치하도록 하였다. 그리고 개인정보 보호법 개정으로 가명 처리할 경우에 정보주체의 동의없이 활용할 수 있는 길을 열어두고 있다. 모든 정보에 대하여 개인정보보호 법체계의 원론적인 방식으로, 정보주체의 동의 획득만을 요건으로 한다면 공공정보 활용의 활성화는 갈 길이 멀다. 물론 공적으로는 빅데이터를 이용하는 기업 등이 관련 법규를 제대로 준수하는지 여부를 감독하고 제재하는 감독시스템을 갖추고, 빅데이터를 활용하는 회사의 정보보호 담당자들로 구성된 정보보호 네트워크를 구축하여 자율적 규제도 보완적으로 운영하는 것도 필요하다. 현재 개인정보보호위원회와 한국인터넷자율정책기구에서 운영하는 자율규제 제도가 이러한 취지에서 운영된다고 볼 수 있는데, 보건의료 분야의 참여는 보이지 않는다. 보건의료의 특수한 전문성을 고려하여 특화된 자율규제 기구를 만들어 운영하는 방안도 고려할 필요가 있다. 보건의료 빅데이터 플랫폼의 경우에 국민의 기본권을 보장하면서도 희귀질환, 글로벌 감염병 재난 상황 등에서 국민의 생명과 안전을 위한 공익상 목적으로 활용될 수 있는 빅데이터에 관한 거버넌스로서,[47] 보건의료 분야에서 개인정보보호와 산업 활성화 촉진이라는 두 가지 공익적 취지를 살리는 데 유효적절할 수 있을 것으로 보인다. 기업 스스로도 이용자 데이터를 활용할 때 식별 가능성이 있는 데이터는 사전에 삭제하는 등 이용자의 프라이버시를 보호하기 위한 자발적인 노력도 필요하다. 유럽의 일반정보보호규정(GDPR: General Data protection Regulation)은 데이터 보호에 대한 기업의 책임을 중요하게 다루고 있으므로, 우리나라도 이를 반영하여 제도화

---

47 엄주희, 코로나 팬데믹 사태(COVID-19)에서 빅데이터 거버넌스에 관한 공법적 고찰, 국가법연구 제16집 제2호, 2020, 18면.

와 법제 개선에 참고할 필요가 있다.[48] 정보기본권은 개인정보자기결정권, 알권리, 정보보안권을 내용으로 하는 기본권으로 헌법에 명시적으로 신설해야 한다는 논의가 계속 되고 있다. 전자약 같은 디지털 헬스 기술을 연구개발하고 산업적으로 활성화하는 데 보건의료 빅데이터는 긴요한 토대가 될 수 있다. 보건의료 빅데이터 플랫폼 구축에서 이러한 기본권이 보장될 수 있도록 보건의료데이터를 수집 보관하는 시스템의 정보보안, 가용성, 기밀성과 무결성(완전성), 신뢰성을 보장할 필요가 있다.[49]

2. 스마트 치료기기의 활용 관련 법제 개선 방향

혁신의료기기는 「의료기기법」 제2조 제1항에 따른 의료기기 중 정보통신기술, 생명공학기술, 로봇기술 등 기술집약도가 높고 혁신 속도가 빠른 분야의 첨단 기술의 적용이나 사용방법의 개선 등을 통하여 기존의 의료기기나 치료법에 비하여 안전성·유효성을 현저히 개선하였거나 개선할 것으로 예상되는 의료기기로서 「의료기기산업 육성 및 혁신의료기기 지원법」 제21조에 따라 식품의약품안전처장으로부터 지정을 받은 의료기기라고 정의되고 있다. 「의료기기산업 육성 및 혁신의료기기 지원법」에 따라 혁신의료기기로 지정된 의료기기에 대해 우선 심사를 신청할 경우, 혁신의료기기로 지정받지 않은 의료기기보다 우선하여 심사받을 수 있도록 하여 종전에 1년에서

---

48 엄주희, 심지원, 김혜경, 데이터 접근성을 통한 보건의료와 인공지능의 융합- 일반 정보호규정(GDPR) 이 정책 입안자들에게 신호등 역할을 할 수 있는가, 인권법평론 제25호, 2020, 278면.

49 엄주희, 뉴노멀 시대의 헌법 상 기본권 규정의 개정 방향, 국가법연구 제18집 제1호, 2022, 144-145면.

4년이 걸리던 의료기기 허가 과정을 2개월 이내로 획기적으로 단축시켰다.[50]

그런데 생체신호를 측정하는 스마트기기, 스마트 워치 등의 웨어러블 기기는 의료기기법과 체외진단의료기기법에 의하면 치료목적의 기기가 아니고 위해도 크지 않기 때문에 의료기기로 허가를 받을 수 없다. 그리고 현행 의료법 제34조에서 정의하는 원격의료는 의료인이 원격지 의사와의 컨설팅·상담을 하는 정도로 협소하게 개념 정의를 하고 있기 때문에,[51] 웨어러블 스마트 기기의 데이터를 바탕으로 원격으로 진료를 하거나 처방을 하는 것은 현행 의료법상 허용되지 않는다. 환자의 스마트 기기 데이터를 근거로 하여 의사가 환자에게 원격으로 내원 안내하는 것만 가능할 뿐이다. 보건복지부는 손목 시계형 심전도 장치 및 심전도 측정에 따른 원격 모니터링은 허용되는데, 의사가 심장수술 환자의 심전도 측정 결과를 토대로 단순히 전원 안내를 하는 것은 의료법에 저촉되지 않는다는 유권해석을 2020년 2월에 과학기술정보통신부에 전달했다. 스마트 기기를 활용해서 전원 안내만 해야지 환자에게 의학적 설명을 해서는 안 된다는 것이다. 보건복지부의 유권해석을 토대로 과학기술정보통신부는 '손목시계형 심전도 장치를 활용한 심장관리 서비스(휴이노)'를 실증특례 1호로 사업화하였고, 서울대병원과 LG전자도 '부정맥 데이터를 통한 의사 내원 안내 서비스'를 실증특례로 인정받았다.[52] 이는 디지

---

50 식품의약품안전처, 혁신의료기기 우선심사 가이드라인, 식품의약품안전평가원 신속심사과, 2021.10, 1-2면.

51 의료법 제34조 ① 의료인(의료업에 종사하는 의사·치과의사·한의사만 해당한다)은 제33조 제1항에도 불구하고 컴퓨터·화상통신 등 정보통신기술을 활용하여 먼 곳에 있는 의료인에게 의료지식이나 기술을 지원하는 원격의료(이하 "원격의료"라 한다)를 할 수 있다.

52 차원용 등 3인, 디지털 헬스(I), 진한엠앤비, 2022, 283면.

스마트 치료의 공법학

털 헬스의 지향점과는 차이가 있는 의료법으로 인한 것으로서, 향후
에는 디지털 헬스 기기로 병원에 내원하지 않고도 진료와 처방이 이
루어질 수 있도록 원격의료의 범위를 환자－의사 간 원격의료로 그
리고 전자약 디지털 헬스를 통한 원격의료로 개선하는 방안을 전향
적으로 검토할 필요가 있다.

3. 스마트 치료기기에 관한 건강보험 적용에서 고려 사항

전자약의 오작동의 경우에는 제품의 제조물책임 원리에 따라 책
임을 물을 수 있겠지만, 현재 기술로 발견할 수 없는 흠결이 발생될
수 있다는 점과 전자약과 같은 신의료기술이 가지고 있는 잠재적이
고 장기적인 위험성이 있다는 점이 충분히 검토되어야 한다.[53] 건강
보험심사평가원은 혁신적 의료기술의 요양급여 여부 평가 가이드라
인을 발표하여 기존급여와 유사성을 판단하기 위하여 행위의 성격과
성능을 확인할 수 있는 근거를 제출하도록 하고, 이 제출된 근거를
통해 기존급여 항목으로 인정할지 여부를 결정하고 있다.[54] 전자약
의 경우도 건강보험에서 이와 같은 절차와 요건으로 수가가 결정될
수 있으므로 사전에 이를 위하여 관련 가이드라인 지침이 마련되어
야 할 것이다. 미국 FDA는 전자약으로 분류할 수 있는 뇌자극기
CES(두개전기자극기 CES, Cranial Electrotherapy Stimulator)를 일찌감

---

[53] 영국과 미국의 경우에 식품의약품안전청 역할을 하는 기구에서의 규제와 별도로,
국가위원회와 같은 국가적 차원에서 법, 윤리, 사회적 영향이 검토되고 공식적으로
권위 있게 채택됨으로써 정책에 반영이 된다. Nuffield Council on Bioethics, Novel
neurotechnologies: intervening in the Brain, 24 June 2013.

[54] 보건복지부, 혁신적 의료기술의 요양급여 여부 평가 가이드라인- AI기반 의료기술
(영상의학분야) & 3D 프린팅 이용 의료기술, 건강보험심사평가원, 2019, 7면.

치 개인 휴대용 의료기기로 승인하였고 불면, 우울, 불안 치료용으로 시판되고 있다.[55] 최근 개발되고 있는 전자약을 포함한 디지털 헬스는 안전성과 유효성에 대하여 임상 근거가 충분하지 못한데 비하여 건강보험 급여화 요구는 높아질 수 있으므로, 국민의 생명과 안전을 보호하기 위해서는 이러한 의료기기의 유형을 분류하여 관리할 수도 있을 것이다. 우선 첫 번째 유형으로 건강보험 보장성 강화를 위하여 치료에 필수적인 의료는 모두 급여화 하되, 향후 연구단계 의료기술이나 희귀질환을 대상으로 하는 의료기기에 대해서는 조건부 예비급여를 통해 건강보험에서 보장할 수 있다. 두 번째 유형으로는 안전성, 유효성이 입증되지 못한 재심사 의료기기에 대하여 통상적 진료에 대해서만 임상연구 요양급여 제도를 통해 보장할 수 있다. 세 번째 유형으로 첨단 의료기기의 기술적 특성, 사회적으로 미치는 영향 등에 대한 논의가 이루어지지 않고 건강보험으로 진입하게 되는 위험을 방지하기 위하여, 요양급여대상, 비급여대상 여부에 대한 확인 단계에서 기술적 특성, 의학적 필수성, 윤리적 · 법적 · 임상적 문제를 포함한 사회적 파장을 함께 논의할 수 있는 협의체를 구성할 필요가 있다.[56]

4. 환자의 자율성 증가와 의사-환자 관계 변화를 반영한 건강보험 설계 필요

병원과 같은 의료기관이 아닌 일상 생활에서 라이프로그를 사용하는 전자약의 경우 의료진의 관리 · 감독 책임이 약화된다는 점과

---

55 박정연, 뇌자극기에 대한 FDA 규제와 시사점 - 국내 의료기기 규제와의 비교법적 고찰-, 생명윤리정책연구 제16권 제3호, 2023, 170-171면.
56 조수진 등, 건강보험 보상을 위한 급여적정성평가 개선방안, 건강보험심사평가원, 2018, 121면.

앞에서 살펴본 건강보험에서의 자기책임의 원리를 고려하면서 전자약에 대한 규제를 설계할 필요가 있다. 의료기관의 처방이나 의료기관에서 치료목적으로 사용하는 것이 아니라, 사용자 본인의 자유로운 선택으로 자기 책임하에 사용하는 전자약의 경우에 건강보험의 적용은 다를 수밖에 없다. 의료기관 내 사용, 원격의료, 본인의 선택이 혼용되어 사용될 수 있는 전자약의 경우에 건강보험 급여는 자기책임의 원리를 고려하여 설계될 필요가 있다.[57] 그리고 인공지능 기술과 융합된 디지털 헬스에서는 의사−환자 간 직접 진료 부분이 줄어드는 대신 의사−환자 간의 인격적 진료와 인간적 상호작용이 중요해질 수 있기 때문에, 전자약 사용에서 의사의 진료 부분이 환자에게 좀더 효과적이고 가치 있게 자리매김할 수 있도록 이에 관한 건강보험 설계에도 반영할 필요가 있다. [58]

VI. 결론

식품의약품안전처는 2021년 4월 환자의 치료 기회를 확대하기 위해 우울증, 공황장애를 개선하는 디지털치료기기 − 의료용 모바일 앱, 가상 증강현실 등 새로운 개념의 소프트웨어 의료기기 − 의 성능, 안전, 유효성에 대한 평가기준을 마련하여 신속한 제품화를 지원하겠다고 발표하고, 가이드라인을 정립하였다.[59] 국가 차원에서 바

57 엄주희, 김소윤, 인공지능 의료와 법제, 한국의료법학회지 제28권 제2호, 2020, 58면.

58 정호경, 강명원, 건강권에 관한 프랑스 패러다임의 변화 연구 -인공지능 의료가 의사와 환자 관계에 미치는 영향을 중심으로-, 사회법연구 제46호, 2022, 176면.

59 식품의약품안전처, 보도참고자료, "식약처, 우울증, 공황장애 개선 디지털치료기기 제품화에 물꼬를 터- 디지털치료기기 평가기준 3개에서 5개로 확대", 2022.4.12. 2022년 올해 내로 안전성·성능·유효성 평가 기준과 방법, 임상시험 설계 방법 등을 담은 '우울증, 공황장애 개선 디지털치료기기의 평가기준 안내서'를 발간하겠다

이오 빅데이터를 구축, 활용하는 사업[60]이나 디지털치료기기의 심사 기준을 설립하는 등의 정책으로서 전자약을 포함한 디지털 헬스 기술을 통해 국민 건강 증진을 위한 노력을 다하려는 공적인 책무에 비하여 이를 뒷받침할 수 있는 법제의 현황은 기술과 정책의 발전 속도를 따라가지 못하고 있다. 디지털 헬스의 발전을 통하여 그리고 디지털 헬스에서의 공공성과 평등의 원리, 국민의 건강권, 국민 개인의 건강데이터의 보호와 적정한 활용을 통한 정보기본권의 보장이라는 헌법적 가치를 실현하는 것이 디지털 헬스의 공법적 과제라고 할 수 있다. 이를 구체화하기 위하여 의료법을 포함하여 관련 법령의 개선과 안전성과 효과성 그리고 장기적으로 윤리적·사회적 파장을 감안한 디지털 헬스 기술의 유형에 적합한 건강보험 적용이 가능하도록 제도를 설계할 필요가 있다.

고 밝혔다.

60 식품의약품안전처, 제10차 BIG3 산업(바이오헬스) 중점 추진과제, 2021, 1면.

참고문헌

고숙자·정영호·김혜윤·차미란, 건강수명 연장을 위한 사회문제 해결형
　　보건의료 기술과 정책과제 － 고령자의 의료－돌봄 기술을 중심으
　　로, 연구보고서 2019－03, 한국보건사회연구원, 2019.

박정원·심우현·이준석, "디지털 헬스케어 발전을 위한 규제 개선 방안에
　　관한 연구", 정보화정책, 제25권 제1호, 2018.

보건복지부, 혁신적 의료기술의 요양급여 여부 평가 가이드라인－ AI기반
　　의료기술(영상의학분야) & 3D 프린팅 이용 의료기술, 건강보험심
　　사평가원, 2019.

식품의약품안전처, 「의료기기와 개인용 건강관리(웰니스) 제품 판단기준」,
　　2015.7.

식품의약품안전처, 혁신의료기기 우선심사 가이드라인, 식품의약품안전평
　　가원 신속심사과, 2021.10.

박정연, 뇌자극기에 대한 FDA 규제와 시사점 － 국내 의료기기 규제와의 비
　　교법적 고찰 －, 생명윤리정책연구 제16권 제3호, 2023.

엄주희, 디지털과 바이오 융합기술에서 새로운 인권의 형성, 헌법학연구 제
　　28권 제4호, 2022.

_____, 뉴노멀 시대의 헌법 상 기본권 규정의 개정 방향, 국가법연구 제18
　　집 제1호, 2022.

_____. 스포츠 뇌도핑과 인권: 부패방지의 관점에서 보는 뇌도핑, 부패방지
　　법연구 제6권 제2호, 2023.

_____, 코로나 팬데믹 사태(COVID－19)에서 빅데이터 거버넌스에 관한
　　공법적 고찰, 국가법연구 제16집 제2호, 2020

엄주희·김소윤, 인공지능 의료와 법제, 한국의료법학회지 제28권 제2호,
　　2020

엄주희·심지원·김혜경, 데이터 접근성을 통한 보건의료와 인공지능의 융
　　합－ 일반정보호규정(GDPR) 이 정책 입안자들에게 신호등 역할을
　　할 수 있는가, 인권법평론 제25호, 2020.

이규식, 보건의료정책 – 의료보장 패러다임, 계축문화사, 2018.

이종한 등 4인, 규제 지체 해소를 위한 유연성 제고방안: 신산업 중심으로.
　　　KIPA 연구보고서 2020－02, 한국행정연구원, 2020.

이종결, 헌법상 사회보장수급권, 고시계 제63권 제8호, 2018. 8.

오상호, 독일 사회보험법상 보험원리 – 독일 연방헌법재판소 판례를 중심
　　　으로, 법학논문집 제35집 제1호, 2011.

전광석, 한국헌법론 제14판, 집현재, 2019.

정　철, 사회보장의 헌법적 실현방식, 세계헌법연구 제23권 3호, 2017.

정호경·강명원, 건강권에 관한 프랑스 패러다임의 변화 연구 – 인공지능
　　　의료가 의사와 환자 관계에 미치는 영향을 중심으로－, 사회법연구
　　　제46호, 2022.

차진아, 사회보장수급권의 헌법적 근거와 제한사유의 합헌성에 대한 검토
　　　– 사회보장수급권을 중심으로, 사회보장법학 제2권 제2호, 2013.

차원용 등 3인, 디지털 헬스(Ⅰ), 진한엠앤비, 2022.

최유성·안혁근·심우현·박정원, 4차 산업혁명에 대응하는 규제개혁 연구:
　　　공유(共有)경제와 디지털 헬스케어 분야를 중심으로, KIPA 연구보
　　　고서 2017－01, 한국행정연구원, 2017.

최용근, 와이브레인 – 웨어러블 BCI와 전자약, 정보과학회지 제38권 제10
　　　호, 2020.

Amnesty International and Access Now, Toronto Declaration on the
　　　protecting the right to equality and non－discrimination in ma－
　　　chine learning systems (2018).

Committee on Economic, Social and Cultural Rights, General Comment
　　　No. 14, The Right to the Highest Attainable Standard of Health,
　　　UN Doc. No. E/C.12/2000/4 (2000).

Committee on Economic, Social and Cultural Rights, General Comment
　　　No. 25, Science and Economic, Social and Cultural Rights, UN
　　　Doc. E/C.12/GC/25 (2020).

European Commission, High Level Excerpt Group on Artificial Intelligence, Ethics guidelines for trustworthy artificial intelligence (Brussels: European Commission, 2019).

Frederik J. Zuiderveen Borgesius (2020) "Strengthening legal protection against discrimination by algorithms and artificial intelligence", The International Journal of Human Rights, 24:10, pp. 1572－1593.

IEEE Global Initiative on Ethics of Autonomous and Intelligent Systems, Ethically aligned design: A vision for prioritizing human well－being with autonomous and intelligent systems, 1st edi－tion (Piscataway: IEEE, 2019).

I. Chen, P. Szolovits, and M. Ghassemi (2019) "Can AI help reduce dis－parities in general medical and mental health care?," AMA Journal of Ethics 21:2, pp. E167－E179.

IRS Global, 4차 산업혁명 시대, 디지털 헬스케어의 ICT 신기술 융복합 동향 및 시장 전망, IRS Global, 2017.

Mandate of the United Nations Special Rapporteur on the Right to Privacy, Task Force on Privacy and the Protection of Health－Related Data, Recommendation on the protection and use of health－related data (2019).

National Commission for the Protection of Human Subjects of Biomedical and Behavioral Research, US Department of Health, Education and Welfare, The Belmont report: Ethical principles and guide－lines for the protection of human subjects of research (1979).

Nuffield Council on Bioethics, Novel neurotechnologies: intervening in the Brain, 24 June 2013.

P. Alston, Report of the Special Rapporteur on Extreme Poverty, Digital Technology, Social Protection and Human Rights, UN Doc. A/74/493 (2019),.

S. L. M. Davis, K. Esom, R. Gustav, et al., "A democracy deficit in digital health?," Health and Human Rights Journal (January 16, 2020). https://www.hhrjournal.org/2020/01/a−democracy−defi−cit−in−digital−health/

S. L. M. Davis, "Contact tracing apps: Extra risks for women and margi−nalized groups," Health and Human Rights Journal (April 29, 2020). https://www.hhrjournal. org/2020/04/contact−trac−ing−apps−extra−risks−for−women−and− marginal−ized−groups/

T. Philbeck, N. Davis, and A. Engtoft Larsen, Values, ethics and in−novation rethinking technological development in the fourth Industrial Revolution (World Economic Forum, 2018).

United Nations, Chief Executives Board for Coordination, First version of a draft text of a recommendation on the ethics of artificial in−telligence (July 2020).

United Nations, Report of the Secretary General: Road map for digital cooperation (June 2020).

Xu et al., "Soft Microfluidic Assembles of Sensors, Circuits and Radios for the Skin" Science, Vol.344, No.6179, April 2014.

02

헌법상 복지국가에서 돌봄의 공법적 의미

목 차

I. 서론

II. 헌법상 복지국가와 돌봄

III. 돌봄에 관한 헌법재판소 판례 분석

IV. 대전환 시대에 요구되는 헌법상 돌봄

V. 결론

국문초록

대전환기의 국가의 역할과 공법의 대응에 대하여 2020년부터 공법학계와 행정법학회 등 국가적 담론을 다루는 학회를 중심으로 논의되어 왔다. 본고는 대전환기에 중요성이 두드러진 헌법 의제로서 "돌봄(care)"의 역할과 기능에 대해 살펴본다. 돌봄은 의료의 영역에서도 치료와 구분한다. 정상으로의 회복을 목적으로 행해지는 치료와는 달리, 돌봄은 치료를 돕는 역할과 함께 독립적으로 일상적인 필요를 채우면서 개인의 삶의 질과 밀접한 관련이 있다. 경우에 따라서는 의료진이 개입할 수도 있지만, 의료진과 의료인 아닌 자들이 독립하여 또는 협동하여 돌봄 제공자로서 역할을 할 것이 요구된다. 팬데믹과 같이 특별히 취약한 상황에서 질병에 취약한 사람에게 있어서 돌봄은 그 자체로 생명 유지에 결정적인 역할을 하기도 한다. 인간의 생애적 관점에 보면, 영아, 어린이와 같은 생애 초기에 그리고 노년층에 접어드는 생애 말기에 돌봄이 요구되며, 임산부, 환자, 장애인과 같이 신체적 ·

정신적으로 취약한 상태로 말미암아 돌봄의 수요가 발생한다. 돌봄은 본질적으로 스스로를 돌보기 어려운 취약한 상태에 놓인 인간을 보살피는 것이기 때문에 그 내용과 범위도 광범위하지만, 돌봄이 필요한 사람에게 단순히 사회복지 서비스를 이용할 수 있는 접근성을 제공하는 것만으로는 돌봄의 수요를 충족할 수 없다는 점에서 그 복잡성이 존재한다. 그러나 대전환기를 거치면서 돌봄의 이슈를 사회 자율의 영역에 맡겨두기에는 인간으로서 보장받아야 할 기본적 인권으로 인식해야 한다는 문제의식이 드러나게 되었고, 헌법적인 권리와 복지국가 실현의 과제로서 헌법적 이슈로 인식해야 할 시점에 이르렀다. 돌봄은 의료 중에서도 간호의 영역이나 사회보장제도에서 일부를 차지하는 정도로 취급되어 왔으나, 대전환기에 국가에게 특별히 요구되는 책무와 국민의 기본권이라는 관점에서 우리 헌법이 바라보아야 할 이슈로서 인식할 필요가 있다. 돌봄은 국가가 어떠한 사회보장제도를 구축할지의 작위 내지 급부행위를 요구하기 때문에, 복지국가 원리를 헌법상 핵심 원리를 삼고 있는 법체계 안에서 돌봄은 복지국가 원리 속에서 작동하여야 한다.

I. 서론

코로나19 팬데믹(COVID−19 pandemic)이 대전환기를 가져오는 데 한몫을 했다.[1] 사회의 전면적인 디지털화가 촉발되었고, 언제든지 발생할 수 있는 전 지구적인 감염병 공중보건 위기상황을 대응할 바이오 기술의 중요성을 깨우치게 되었으며, 저출산·초고령화 흐름과 맞물리는 저성장 추세와 불평등 현상 속에서 4차 산업혁명 기술을 가지고 사회문제를 해결하고자 하는 국가적 관심과 의지가 발현되는

---

[1] 협동연구총서 21-34-01, 대전환기 국가 역할 재정립과 정부운영전략 탐색, 경제 인문사회연구회, 2022, 52면.

시기이기도 하다.[2] 대전환기 국가의 역할과 공법의 대응에 대하여는 2020년부터 공법학계와 행정법학회 등 국가적 담론을 다루는 학회를 중심으로 논의되어 왔는데, 이번에 다루려고 하는 주제는 대전환기에 중요성이 두드러진 헌법 의제로서 "돌봄"의 역할과 기능이다. 돌봄(care)은 의료의 영역에서도 돌봄과 치료는 구분한다. 정상으로의 회복을 목적으로 행해지는 치료와 달리, 돌봄은 치료를 돕는 역할과 함께 독립적으로 일상적인 필요를 채우면서 개인의 삶의 질과 밀접한 관련이 있다. 경우에 따라서는 의료진이 개입할 수도 있지만, 의료진과 의료인 아닌 자들이 독립하여 또는 협동하여 돌봄 제공자로서 역할을 할 것이 요구된다.[3] 팬데믹과 같이 특별히 취약한 상황에서 질병에 취약한 사람에게 있어서는 돌봄 자체로 생명 유지에 결정적인 역할을 하기도 한다. 인간의 생애적 관점에 보면, 영아, 어린이와 같은 생애 초기에 그리고 노년층에 접어드는 생애 말기에 돌봄이 요구되며, 임산부, 환자, 장애인과 같이 신체적·정신적 취약한 상태로 말미암아 돌봄의 수요가 발생한다. 돌봄은 본질적으로 스스로를 돌 볼 수 없는 취약한 상태에 놓인 인간을 보살피는 것이기 때문에 그 내용과 범위도 광범위하지만, 돌봄이 필요한 사람에게 단순히 사회복지 서비스를 이용할 수 있는 접근성을 제공하는 것만으로는 돌봄의 수요를 충족할 수 없다는 점에서 그 복잡성이 존재한다. 그러나 대전환기를 거치면서 돌봄의 이슈를 사회 자율의 영역에 맡겨두기에는 인간으로서 보장받아야 할 기본적 인권으로서의 인식해야 한

---

2 엄주희, 뉴노멀 시대의 헌법 상 기본권 규정의 개정 방향, 국가법연구 제18집 제1호, 2022, 133면.

3 Morse JM, Solberg SM, Neander WL, Bottorff JL, Johnson JL. Concepts of caring and caring as a concept. ANS. Advances in Nursing Science. 1990 Sep;13(1):1-14.

다는 문제의식이 드러나게 되었고, 헌법적인 권리와 복지국가 실현의 과제로서 헌법적 이슈로 인식해야 할 시점에 이르렀다. 돌봄은 의료 중에서도 간호의 영역이나 사회보장제도에서 일부를 차지하는 정도로 취급되어 왔으나, 대전환기에 국가에게 특별히 요구되는 책무와 국민의 기본권이라는 관점에서 우리 헌법이 바라보아야 할 이슈로서 인식할 필요가 있다. 돌봄은 국가가 어떠한 사회보장제도를 구축할지의 작위 내지 급부행위를 요구하기 때문에, 복지국가 원리를 헌법상 핵심 원리를 삼고 있는 법체계 안에서 돌봄은 복지국가 원리 속에서 작동하여야 한다.

포스트 코로나의 대전환기를 리스크국가, 위험국가, 포용국가로 설명하기도 하는데,4 여기에 대한 대응으로 돌봄국가라는 패러다임은 응답이 될 수 있다고 판단된다. 자율적, 주체적, 성숙한 인간상을 전제로 판단해 왔던 헌법재판소의 법리에서 보자면,5 돌봄(care)이라는 개념은 무기력하고 비주체적인 개념으로 보이지만, 대전환 시대에 복지국가의 정의를 구현하기에는 더없이 적합한 개념이다. 현재까지 논의되고 있는 강학상의 복지국가 개념의 허상과 이상적 인간

---

4 김남진, 사회국가와 보장국가와의 관계, 법연 제36권, 2012. 행정법에서는 사회국가를 복지국가와 동일한 개념으로 사용하기도 하고, 본고에서 사용하는 복지국가 원리를 사회국가 원리라고 칭하기도 한다.

5 헌법재판소 2002. 10. 31. 선고 99헌바40 결정; 헌법재판소 2004. 4. 29. 선고 2003헌바118 결정 등; 전광석, 한국헌법론, 집현재, 2023, 282면: 뇌물죄의 가중처벌을 규정한 특정범죄가중처벌등에관한법률 조항의 위헌소원 사건의 반대의견 등에서는 자기결정권의 의미와 개인의 책임성과 형벌 간의 비례성을 설시하면서 '우리 헌법의 인간상을 자기결정권을 지닌 창의적이고 성숙한 개체'로 보았고, 혼인빙자간음죄 위헌소원 사건의 반대의견 등에서는 여성의 자기결정권의 내용을 판단하면서 헌법이 예정하는 인간상을 '개인 스스로 선택한 인간관, 사회관을 바탕으로 사회공동체 안에서 각자의 생활을 자신의 책임 아래 스스로 결정하고 형성하는 성숙한 민주시민'이라고 전제하고 있다.

스마트 치료의 공법학

상의 공허함을 메꿀 수 있는 개념이라고 판단된다. 자기결정권을 행사하는 인간은 이성적 판단능력을 가진 성숙한 인간이어야 되겠지만,[6] 인간은 생애주기에서 탄생 때부터 보호자의 돌봄과 양육 없이는 생존 자체가 불가능하다는 시기를 겪어야 하고, 장애, 노령 등 때문에 신체적·정신적 취약성이 존재하는 시기에는 타인으로부터의 적절한 돌봄이 수반되지 않으면 생존이 어려울 수 있다. 또한 재해, 빈곤, 실업, 질병 등의 사회적 자연적 위험에 상시 노출되어 있으며, 특히 대전환기가 유발하는 사회적 위험성으로부터의 돌봄의 수요와 필요에 대한 대응은 국가에게 요구되는 것이다. 돌봄은 타인의 개입이 필요한 영역이기 때문에 국가의 작위 내지 급부행위를 요구하게 되기 때문이다.[7]

이하에서는 헌법재판소 판례를 가지고 복지국가 이념과 원리 속에서 나오는 헌법상 돌봄의 개념, 헌법상 기본권으로 보호의 필요성 그리고 헌법상 돌봄이 가지는 위치와 의미를 탐구함으로써 규범통제의 관점에서도 의미있는 통찰을 제공하고 향후 분쟁으로 발생가능성이 있는 돌봄국가와 관련한 헌법 실무에도 참고할 만한 지침을 주고자 한다.

II. 헌법상 복지국가와 돌봄

광의의 복지국가 개념은 널리 국민의 복지증진을 통치의 목적으로 하는 국가를 의미한다. 근대시민사회에서 발전하게 된 자본주의

---

6 엄주희, 낙태와 관련한 자기결정권의 행사와 그 한계에 대한 재조명, 성균관법학 제30권 제4호, 2018, 20면.

7 김희강, 돌봄 민주국가, 박영사, 2022, 133면; 전광석 , 복지국가론 - 무엇을 어떻게 연구할 것인가, 한국사회정책, 2008, 166-167면.

경제의 여러 가지 모순과 이로 말미암아 발생하게 되는 사회문제를 근본적으로 해결하기 위하여 그와는 이질적인 경제체제와 법질서를 확립하고, 이로써 국민 전체의 복지를 증진시키는 것을 목표로 하고 있다는 점에서 사회주의국가도 포함하는 넓은 의미에서는 복지국가라고 할 수 있다. 이에 비해 현대의 복지국가 개념은 협의의 복지국가 개념으로서 종래의 자본주의경제의 모순을 시정하기 위하여 그 동질성을 유지하면서 제도적 개량에 의하여 국가가 적극적으로 사회복지, 사회보장, 공중위생의 향상·증진에 노력하고, 근로자에 대한 사회적·경제적 기본권을 보장하여 국민생활을 안정·향상시키는 것을 근본방침으로 하고, 이를 위한 구체적 시책을 실행하는 국가체제이다. 이런 협의의 복지국가는 자본주의국가에 대한 사회주의국가와 같은 국가유형으로서의 국가개념이 아니라, 자본주의국가의 테두리 안에서의 체제 개념으로 이해된다.[8] 그리고 헌법상 복지국가의 원리는 헌법의 근간을 이루는 구조적인 원리이고 개인의 중요한 경제적 기초가 된다. 복지국가 원리가 구체적으로 실현되기 위한 제도에 대해서 헌법은 개방성을 가지고 있고, 국민에게 어떤 제도를 구축하여 복지국가를 형성할지 대해서는 사회과학적 기초에 입각한 가치판단을 요구한다.[9]

사회과학적으로 우리나라가 돌봄이 필요한 사회라는 진단은 대전환기에 맞는 국가의 과제를 살펴보면서 도출된 것이다. 사회보장제도 속에서의 돌봄은 헌법적 가치를 지닌다. 인간이 개인의 자율과 책임으로 자기결정을 하던 존재에서 타인의 돌봄을 필요로 하고 요

---

8 김경재, 논설- 복지국가의 개념과 본질, 법제, 2009; 김연식, 사회헌법론: 국가-정치 헌법에서 초국가적 사회 헌법으로, 법철학연구 제21권 제1호, 2018, 220면.

9 전광석, 앞의 논문, 163-169면.

구하는 존재로서의 의미를 찾음으로써, 돌봄에 관한 권리가 헌법의 기본권으로 인정받고 사회보장제도로 확충되는 계기가 될 뿐 아니라 개개인이 국가에게 돌봄을 요구할 수 있는 규범적 근거가 되기 때문이다.[10] 여기에 적용되어야 하는 헌법적 도그마틱은 돌봄 사회를 위한 제도 설계에서 평등의 원리, 형평성을 구현하고, 돌봄에 관한 기본권의 실효성 있게 보장하기 위하여 국가의 책임과 의무 및 개인의 자율성을 조화롭게 구현하는 것이다.

III. 돌봄에 관한 헌법재판소 판례 분석

헌법재판소는 복지국가 원리를 나타낼 때 사회복지국가[11] 내지 민주복지국가[12]라는 용어를 사용하고 있는데, 교육을 받을 권리와 관련하여 헌법상 복지국가 원리를 칭할 때는 특히 '문화'복지국가 또는 문화국가·민주복지국가 이념으로 설명하였다.[13·14] 복지국가에서 필요한 돌봄의 수요는 입법화된 사회보장법제에 나타나 있다.

---

10 구은정, 돌봄 가치를 반영하는 개헌을 위하여: 개인의 권리와 의무로서의 돌봄, 경제와사회 통권 제127호, 2020, 77면.

11 헌법재판소 2000. 4. 27. 선고 98헌가16등 결정(학원의 설립 운영에 관한 법률 제22조 제1항 등 위헌제청); 헌법재판소 2001. 8. 30. 선고 2000헌마668 결정(국민건강보험법 제5조 등 위헌확인).

12 헌법재판소 1990. 1. 15. 선고 89헌가103 결정(노동쟁의조정법 제13조의2 제45조의2에 관한 위헌심판); 헌법재판소 2008. 4. 24. 선고 2005헌마857결정(공직선거 및 선거부정방지법 제266조 제1항 제4호 위헌확인).

13 헌법재판소 1991. 7. 22. 선고 89헌가106 결정(사립학교법 제55조 등에 관한 위헌심판); 헌법재판소 1992. 10. 1. 선고 92헌마68등 결정(1994학년도 신입생 선발 입시안에 대한 헌법소원); 헌법재판소 1992. 11. 12. 선고 89헌마88 결정((교육법 제157조에 관한 헌법소원); 헌법재판소 2017. 12. 28. 선고 2016헌마649 결정(서울대학교 등 2017학년도 수시모집 임시요강 위헌확인).

14 전광석, 헌법재판소가 바라 본 복지국가원리, 공법연구 제34집 제4호 제1권, 2006.

「사회보장기본법」은 사회보장을 사회보험, 공공부조, 사회서비스로 분류하고 있는데, 이 중에 돌봄은 사회서비스 중의 하나에 속하게 된다.[15] 아래에서는 헌법재판소의 결정에 나타난 헌법재판소의 돌봄을 바라보는 시각을 점검하고, 돌봄을 통해 가능한 복지국가의 윤곽을 가늠해 보도록 한다.

1. 아동 돌봄: 아동학대범죄처벌특례법 사건

아동학대 신고의무자 중 초·중등교육법상 교원이 자신이 보호하는 아동에 대하여 아동학대범죄를 범한 때에는 그 죄의 정한 형의 2분의 1까지 가중하도록 규정하고 있다. 따라서 아동학대 신고의무자라는 이유로 초·중등학교 교원을 가중처벌하는 것이 정당한지, 설령 가중처벌 자체는 정당하다고 하더라도 일률적으로 법정형의 2분의 1을 가중하도록 한 것이 지나치게 과한 형벌을 부과하는 것은 아닌지가 이 사건에서 문제가 되었고, 이 사건의 심판대상조항이 책임과 형벌 간의 비례원칙에 반하여 헌법에 위반되는지 여부를 다루었다.[16] 부모의 자녀에 대한 보호와 양육은 가정이라는 공간에서 자발적으로 이루어지는 사적 돌봄인 반면에, 아동복지시설 종사자 등 아동학대 신고의무자의 아동에 대한 보호와 양육은 국가의 보육과 교육체계와 직·간접으로 연계되어 이루어지는 공적 돌봄에 해당된

---

[15] 사회보장기본법 제3조(정의) 4. "사"회서비스"란 국가·지방자치단체 및 민간부문의 도움이 필요한 모든 국민에게 복지, 보건의료, 교육, 고용, 주거, 문화, 환경 등의 분야에서 인간다운 생활을 보장하고 상담, 재활, 돌봄, 정보의 제공, 관련 시설의 이용, 역량 개발, 사회참여 지원 등을 통하여 국민의 삶의 질이 향상되도록 지원하는 제도를 말한다.

[16] 헌법재판소 2021. 3. 25. 선고. 2018헌바388 결정(아동학대범죄의 처벌 등에 관한 특례법 제7조 위헌소원).

다고 보고 있다. 초·중등교원은 「아동복지법」상 아동학대 신고의무
자가 되는데다가 아동과 함께 지내면서 아동을 보호하고 근거리에서
관찰이 가능한 관계로서, 아동학대를 방지하기는커녕 오히려 이들이
보호하는 아동에 대하여 아동학대 범죄를 저지르는 행위에 대해서
높은 비난가능성과 불법성이 존재한다고 보았다. 따라서 심판대상조
항이 책임과 형벌 간의 비례원칙에 어긋나지 않는다고 보아 합헌으
로 선언하였다. 법률상 아동학대 신고의무자는 공적으로 아동 돌봄
의 의무를 가지고 있다고 보는 헌법적인 시각을 보여준 사건으로서
의의가 있다.

또한 지역아동센터 시설별 신고정원의 80% 이상을 돌봄취약아
동으로 구성하도록 정한 '2019년 지역아동센터 지원 사업안내' 제3
장 지역아동센터 운영 2. 이용아동 선정기준 나. 선정기준별 이용아
동 구분 3) 이용아동 등록의 '시설별 신고정원의 80%이상은 돌봄취
약아동이어야 하며, 일반아동은 20% 범위 내에서 등록가능' 부분(이
하 '이 사건 이용아동규정'이라 한다)이 법률유보원칙을 위반하여 지역
아동센터 운영자와 이용 아동인 청구인들의 기본권을 침해하는지 여
부를 다룬 사건에서 법률유보원칙 위반으로 기본권 침해라고 할 수
없고, 과잉금지원칙 위반이 아니라고 판단하고 있다.[17] 지역아동센
터 이용에 있어서 돌봄취약아동과 일반아동을 분리하려는 것이 아니
라 돌봄취약아동에게 우선권을 부여하려고 한다고 설명하면서, 돌봄
취약아동이 일반아동과 교류할 기회가 다소 제한된다고 하더라도 그
것 때문에 아동들의 인격 형성에 중대한 영향을 미친다고 보기 어렵
다고 판단하였다.

---

[17] 헌법재판소 2022. 1. 27. 선고 2019헌마583 결정(2019년 지역아동센터 지원 사업
안내 제1장 1, 목적 등 위헌확인).

2. 가정 내 돌봄과 노인 돌봄: 근로자퇴직급여보장법 및 노인장기 요양보험법 사건

　　가정 내 사적 공간에서 가사사용인이라는 형태로 근로가 이루어지는 '가구 내 고용 활동'에 대해서는 근로자퇴직급여 보장법이 적용되지 않도록 규정한 근로자 퇴직급여보장법 제3조 단서 부분이 평등원칙에 위배되는지 여부를 다루었던 사건[18]에서 가사사용인 이용 가정의 경우에 일반 사업장과 달리 퇴직급여법이 요구하는 사항들을 준수할 만한 여건과 능력을 갖추지 못한 경우가 대부분인 현실을 감안하여, 가사사용인을 일반 근로자와 달리 퇴직급여법의 적용범위에서 배제하고 있는 것이 합리적인 이유가 있는 차별이라고 보아 평등원칙에 위배되지 않는다고 판시하였다. 이 사건에서는 법정의견뿐 아니라 반대의견과 보충의견에서 가정 내 돌봄의 의미를 짚어내고 있다. 가구 내 고용 활동은 경제활동가구에서 누리는 편의제공 서비스로서 가사관리와 아동 노인을 비롯한 취약계층을 위한 도움 제공 서비스인 돌봄으로 구분할 수 있는데, 퇴직급여법 적용에 따른 추가적인 비용을 오롯이 이용자에게 부담시키게 되면 가사사용인의 이용을 위축시켜 각 가정에 돌봄 공백을 발생시킬 우려가 있다는 점을 지적한 것이다. 맞벌이 가구, 한부모 가족, 고령의 1인 가구 등 취약계층에 대한 가사서비스는 돌봄의 역할과 의미도 가질 수 있다. 법정의견에서도 보육, 간병, 가사관리 서비스는 누구나 접근 가능해야 하는 필수적인 "돌봄 서비스"라는 점을 설시함으로써 헌법적으로도 돌봄의 범위를 명확히 하고 있다.

---

[18] 헌법재판소 2022. 10. 27. 선고 2019헌바454 결정(근로자퇴직급여 보장법 제3조 단서 위헌소원).

"가사사용인도 근로자에 해당하지만, 제공하는 근로가 가정이라는 사적 공간에서 이루어지는 특수성이 있다. 그런데 퇴직급여법은 사용자에게 여러 의무를 강제하고 국가가 사용자를 감독하고 위반 시 처벌하도록 규정하고 있다. 가구 내 고용활동에 대하여 다른 사업장과 동일하게 퇴직급여법을 적용할 경우 이용자 및 이용자 가족의 사생활을 침해할 우려가 있음은 물론 국가의 관리 감독이 제대로 이루어지기도 어렵다. 퇴직급여법을 적용할 경우 이용자에게는 퇴직금 또는 퇴직연금 지급을 위한 직접적인 비용 부담 외에도 퇴직급여제도 설정 및 운영과 관련한 노무관리 비용과 인력의 부담도 발생한다. 그런데 가사사용인 이용 가정의 경우 일반적인 사업 또는 사업장과 달리 퇴직급여법이 요구하는 사항들을 준수할 만한 여건과 능력을 갖추지 못한 경우가 대부분인 것이 현실이다. 이러한 현실을 무시하고 퇴직급여법을 가사사용인의 경우에도 전면 적용한다면 가사사용인 이용자가 감당하기 어려운 경제적·행정적 부담을 가중시키는 부작용을 초래할 우려가 있다. 최근 제정된 '가사근로자의 고용개선 등에 관한 법률'(이하 '가사근로자법'이라 한다)에 의하면 인증받은 가사서비스 제공기관과 근로계약을 체결하고 이용자에게 가사서비스를 제공하는 사람은 가사근로자로서 퇴직급여법의 적용을 받게 된다. 이에 따라 가사사용인은 가사서비스 제공기관을 통하여 가사근로자법과 근로 관계 법령을 적용받을 것인지, 직접 이용자와 고용계약을 맺는 대신 가사근로자법과 근로 관계 법령의 적용을 받지 않을 것인지 선택할 수 있다. 이를 종합하면 심판대상조항이 가사사용인을 일반 근로자와 달리 퇴직급여법의 적용범위에서 배제하고 있다 하더라도 합리적 이유가 있는 차별로서 평등원칙에 위배되지 아니한다.…"

또한 헌법재판소는 노인의 경우 의료적인 치료나 처치보다는 간병이나 돌봄의 요구가 높다고 보고 있다. 시설급여의 경우 급여비용의 수준을 정함에 있어 비의료적 측면의 각종 비용과 시설 운영 현황 등도 고려할 필요가 있으므로 시설 급여비용을 포괄적으로 산정하는 입법 형성권을 넓게 인정하고 있다. 따라서 이 사건의 요양급여비용의 산정방법과 항목 등을 보건복지부령에 위임한 것이 포괄위임금지의 원칙에도 위배되지 않는다고 판단하였다.[19]

> "…가입자인 국민이 납부하는 보험료와 국가의 재정지원으로 이루어지는 장기요양보험제도하에서는 한정된 재원으로 최적의 요양급여를 제공하면서도 국민에게 재정적으로 과도한 부담을 지우지 않아야 한다. 따라서 급여비용의 산정방법과 항목을 정함에 있어서는 부적절한 급여 제공이나 급여의 과잉 제공을 방지하고 동시에 요양급여의 일정한 수준을 담보할 수 있는 기준을 설정하여야 한다. 급여비용을 정함에 있어서는 요양보험의 재정 수준, 가입자의 보험료 및 본인부담금 등 부담

---

19 헌법재판소 2021. 8. 31. 선고 2019헌바73 결정(노인장기요양보험법 제39조 제1항 등 위헌소원).
"결정요지 두 번째: 법의 전반적인 체계와 다른 조항들을 종합하면 급여비용은 기본적으로 급여종류 및 수급자의 장기요양등급에 따라 정해지되, 급여의 제공이 법의 입법목적 및 급여 제공의 기본원칙에 부합하고 급여 제공의 기준·절차·방법이 관련법령에 따라 적정하게 이루어졌는지 등에 따라 급여비용이 달리 산정될 수 있음을 알 수 있다. 특히 시설급여의 경우 포괄수가제를 채택하고 있으므로 요양기관들이 정해진 수가 안에서 비용을 최소화하려는 유인이 클 수밖에 없어 일정한 수준의 요양급여가 제공되도록 담보하기 위한 수단이 필요하다. 따라서 하위법령으로 정하여질 급여비용의 산정방법으로는 관련법령상 급여제공에 관한 기준을 준수하였는지 여부에 따라 급여비용을 가산하거나 감액하는 경우가 포함될 수 있음을 예측할 수 있다. 나아가 심판대상조항의 주된 수범자는 장기요양기관으로서 이 법과 장기요양보험 제도 전반에 대한 전문성을 가지므로 심판대상조항에 따라 위임될 내용의 대강을 예측하기 용이하다는 점도 고려되어야 한다. 따라서 심판대상조항이 포괄위임금지원칙에 위반한 것으로 볼 수 없다."

수준, 요양급여의 수요와 요구되는 요양급여의 수준 등을 종합적으로 고려하여 정하여야 할 것이고 이러한 요소들은 사회적 · 경제적 여건에 따라 변화할 수 있다. 따라서 요양급여비용의 구체적인 산정방법 및 항목 등을 미리 법률에 상세하게 규정하는 것은 입법 기술상 매우 어렵다. 노인장기요양보험법(이하 '법'이라 한다)은 요양급여의 실시와 그에 따른 급여비용 지급에 관한 기본적이고도 핵심적인 사항을 이미 법률로 규정하고 있다. 따라서 '시설 급여비용의 구체적인 산정방법 및 항목 등에 관하여 필요한 사항'을 반드시 법률에서 직접 정해야 한다고 보기는 어렵고, 이를 보건복지부령에 위임하였다고 하여 그 자체로 법률유보원칙에 반한다고 볼 수는 없다.…"

3. 신생아에 대한 양육과 돌봄: 낙태죄 및 출생신고 조항 헌법불합치 사건

헌법재판소는 자기낙태죄 조항이 임신기간 전체를 통틀어 모든 낙태를 전면적 일률적으로 금지하고, 이를 위반할 경우에 형벌을 부과함으로써 임신의 유지 · 출산을 강제하고 있기 때문에 임신한 여성의 자기결정권을 제한, 침해한다고 판단하고 헌법불합치 결정을 하였다.[20] 통계청 조사에 따르면, 기혼여성 취업자 중에는 결혼, 임신, 출산, 육아, 자녀교육, 가족 돌봄 등 이유 때문에 퇴직으로 이어지는 경우가 많아서 사회적 경제적 삶의 단절, 소위 경력단절을 초래할 수 있다. 이처럼 판례에서는 임신, 출산, 육아가 여성의 삶에 근본적이고 결정적인 영향을 미칠 수 있는 중요한 문제이고, 본인의 인생관이나 사회관을 바탕으로 본인이 처한 신체적 · 심리적 · 사회적 · 경제적

---

[20] 헌법재판소 2019. 4. 11. 선고 2017헌바127 결정(형법 제269조 제1항 등 위헌소원).

상황에 대한 깊은 고민을 한 결과를 반영한 전인적 결정이라고 인정하고 있다. 그런데 낙태 행위가 음성적으로 될 수밖에 없어서 낙태 수술 과정에서 의료사고나 후유증이 발생해도 법적 구제가 어렵고 낙태갈등 상황에 처한 여성은 수술 전후로 적절한 의료서비스나 상담, 돌봄을 제공받기가 어렵다고 하면서, 임산부 돌봄의 필요성을 지적하고 있다. 또한 이 판결에서 낙태의 안전성에 영향을 미치는 요소로 낙태 이후의 돌봄과 관리를 지적하고 있으며, 안전한 낙태를 위해서는 임신 제1 삼분기에 잘 훈련된 전문 의료인의 도움을 받아 낙태가 시행되고, 낙태 전후로 적절한 의료서비스와 돌봄이 제공되는 것이 중요하다는 점을 강조하고 있다. 낙태 전후에 임산부에 대한 돌봄은 생명과 건강에 취약한 상황에 놓인 국민에 대한 필수불가결한 보호이며, 헌법에서 보장하는 개인의 자기결정권과 건강권이라는 기본권의 문제이고, 임부에 대한 돌봄을 통하여 초기 생명의 보호도 함께 도모할 수 있다는 점에서 중요한 의미를 가진다.[21]

초기 생명에 대한 돌봄의 필요성은 출생신고에 관한 법률 규정에 대해서 헌법불합치 결정한 사건(「가족관계의 등록 등에 관한 법률」 제46조 제2항 등 위헌확인)에서 다시 확인한 바 있다.[22] 혼인 중 여자와 남편 아닌 남자 사이에서 출생한 자녀에 대한 생부의 출생신고를 허용하도록 규정하지 아니한 「가족관계의 등록에 관한 법률」 조항이 혼인 외 출생자들의 출생등록될 권리를 침해하여 헌법에 위반된다는 것이다. "태어난 즉시 '출생등록될 권리'는 출생 후 아동이 보호를 받을 수 있을 최대한 빠른 시점에 아동의 출생과 관련된 기본적인 정보

21 엄주희, 낙태와 관련한 자기결정권의 행사와 그 한계에 대한 재조명, 성균관법학 제30권 제4호, 2018, 면.
22 헌법재판소 2023. 3. 23. 선고 2021헌마975 결정(가족관계의 등록 등에 관한 법률 제46조 제2항 등 위헌확인).

를 국가가 관리할 수 있도록 등록할 권리로서, 아동이 사람으로서 인격을 자유로이 발현하고, 부모와 가족 등의 보호하에 건강한 성장과 발달을 할 수 있도록 최소한의 보호 장치를 마련하도록 요구할 수 있는 권리"라고 판시하고 있다. 여기에서 출생등록은 아동으로서의 권리와 복지를 누리고 사회 안전망에 편입될 수 있도록 만드는 돌봄의 출발점이 된다.

Ⅳ. 대전환 시대에 요구되는 헌법상 돌봄

1. 대전환 시대적 요구

환경문제, 에너지문제, 감염병문제, 디지털전환 문제, 일자리 문제, 인구 문제, 양극화 문제, 국가불균형 발전문제 등의 상시적 문제 상황과 위험을 가진 대전환기에는 국민들의 생애 주기별로 헌법적으로 돌봄의 요구를 보장해야 할 필요가 있다. 대전환기 사회에서 돌봄이 필요하였을 때 국가가 이를 보장하는 형태가 되어야 한다. 우선 사회적으로 돌봄의 요구를 살펴본 후, 이에 대한 국가적 대응으로서 돌봄에 관한 기본권과 제도보장을 논하기로 한다.

(1) 생애주기에서 헌법적 돌봄

인간은 생애 시작부터 돌봄의 요구를 가지고 태어난다. 태어날 때부터 자급자족하고 본인이 필요한 자원을 스스로 충당하며 자율적이고 창의적으로 자기 결정을 하는 인간은 존재하지 않는다. 세상에 나오는 최초의 순간부터 입속의 양수와 이물질을 제거해주는 누군가의 돌봄을 받지 않으면 생존할 수 없는 취약하고 의존적인 존재로 생을 시작한다.[23] 돌봄 없이는 생존할 수도 없는 취약한 상태의 신생아에 대하여 돌봄이 시작되는 지점으로서 출생신고가 필요하다는 점을, 위에서 살펴본 출생신고 관련 법률규정의 헌법불합치 결정에서 확인한 바 있다. 이 헌법불합치 결정에 따라서 의료기관 출생통보제도가 시행되고 있다(「가족관계의 등록 등에 관한 법률」 제44조의3 출생사실의 통보). 그리고 임산부가 출산 사실의 노출을 꺼려서 신생아를 출산 직후 유기하거나 신생아가 베이비박스에 맡겨질 위험을 방지하기 위하여, 임산부가 본인의 신분을 비식별화 정보 처리하여 신분 노출 없이 안전한 출산이 가능하도록 하는 익명출산, 익명인도의 내용이 담긴 「위기 임신 및 보호출산 지원과 아동보호에 대한 특별법」 제정안이 2023년 10월 국회를 통과하여 2024년 7월부터 시행된다. 생애 시작에서의 돌봄의 요구는 출생등록의 권리라는 기본권으로서 보장받고, 보호출산이라는 제도로 구현되는 것이다.[24]

생존하는 동안에는 언제든 질병에 걸릴 수 있고, 장기간 간병을 요하는 환자가 발생하였을 때에는 가정 내에서만 돌봄의 문제를 해결하기도 어렵다. 가정 내에서 간병을 담당하는 사람은 돌봄의 가치가 평가 절하된 사회 속에서 간병으로 인해 사회·경제활동을 포기해야 하거나, 경제활동에 참여하더라도 경쟁력을 잃게 버리기 쉽다.

---

23 김희강, 돌봄 민주국가, 박영사, 2022, 122, 245면.

24 필자가 초안을 축조한 법률안 "임산부 지원 확대와 비밀출산에 관한 특별법안"이 2018년 2월7일 20대 국회에서 오신환 의원 대표발의로 국회에 입안된 바 있는데 임기만료로 폐기되었고, 21대 국회에서 2020년 12월 김미애 의원, 2021년 5월 조오섭 의원, 2023년 8월 김영주 의원 등에 의하여 다시 입안됨으로써 "위기임산부 및 아동 보호 지원에 관한 특별법안"이라는 법명으로 2023년 국회를 통과하였다. 2017년부터 비밀출산(익명출산, 익명인도)에 대해 헌법적인 연구를 진행하면서, 임산부와 아동의 생명과 안전, 전인격적인 삶을 동시에 보호하고자 노력했던 필자의 노고가 헛되지 않았다는 데 보람을 느낀다.

간병살인이나 고독사라는 사회현상이 발생하는 이유도 가정 내에서만 돌봄의 문제를 해결할 수 없다는 원인이 크게 작용하기 때문이다. 최근에는 경기 침체로 실업률이 증가하고 코로나19(COVID–19) 사태를 겪으며 사회적인 관계가 약해짐으로써 미취업 청년들이 사회적으로 고립되어 발생하는 사회적 손실과 1인 가구의 고독사 발생에 대한 대응 문제가 심각해지고 있다.[25] 이는 돌봄의 수요가 단지 신체적인 질병, 빈곤, 연령 때문에만 발생하는 것이 아니라 경제적·심리적·사회적·정신적 영역에서도 다차원적으로 발생할 수 있다는 점을 보여주는 것이다.

생애 마지막에 이르러서는 마지막 기본권으로 연명의료 중단의 자기결정권이 보장된다. 대법원과 헌법재판소 결정[26]으로 생애 마지막 기본권으로 인정된 것은 고무적이나, 연명의료를 중단하는 것만으로 생애 마지막 시기의 돌봄 요구를 충족시키지는 못한다. 생애 마지막에 연명의료를 중단하고 죽음에 이르기까지 방치하는 것을 존엄한 죽음이라고 할 수는 없기 때문이다. 임종 돌봄으로도 표현되는 호스피스 완화의료가 기본적으로 모든 국민에게 제공될 수 있어야 하는 이유이다.

(2) 팬데믹과 과학기술의 발전에 발맞추는 헌법적 돌봄

바이오 융합기술을 비롯하여 4차 산업혁명 속에서 개발되는 의

---

25 "고립은둔청년 54만명, 세상 나오도록 정부가 돕는다", 연합뉴스, 2023.12.13.자, https://www.yna.co.kr/view/AKR20231212151400530 (최종방문일 2023.1 2. 13.) 2023.12.13.에 고립, 은둔 청년에 대한 지원 방안으로 정부가 처음으로 범정부적 종합 대책을 내놓았는데, 여기에는 청년마음건강 서비스의 심리상담과 "일상돌봄 서비스"를 통한 "돌봄", 가사, 식사 등의 지원도 포함되어 있다.
26 헌법재판소 2009. 11. 26. 선고 2008헌마385 결정(입법부작위 위헌확인); 대법원 2009. 5. 21. 선고 2009다17417 판결;.

료 과학기술의 발전은 사회적으로도 새로운 돌봄의 필요를 만들어내고 있다. 디지털 대전환기에서 사회 인프라가 모두 디지털화되면서 디지털 기술로부터 뒤처지는 국민들에 대한 보호의 문제와 편향성과 같은 디지털 기술의 한계 때문에 돌봄의 수요가 발생한다.[27] 후자의 돌봄은 과학기술개발에 참여하거나 과학기술개발의 직접적인 혜택을 입고 있는 국민에 대한 돌봄이고, 전자는 디지털 기술이 사회 각 영역에 적용될 때 이에 적응하지 못하거나 기술의 혜택으로부터 소외되고 사회적으로 고립됨으로써 상대적으로 피해를 입게 되는 국민에 대한 돌봄이 될 것이다.

후자를 구체적으로 살펴보면, 누구나 연구대상자로서 과학기술개발에 참여할 수 있고, 환자이자 임상연구의 대상으로서 과학기술개발에 참여할 수도 있다. 이때 연구대상자인 사람과 환자의 자기결정권에 입각하여 설명 동의(informed consent)가 이루어져야 하고, 이와 동시에 환자 중심적 치료와 돌봄이 필요해진다.[28] 전자의 경우는 코로나19 팬데믹에 발생한 취약계층에 대해 돌봄이 발생한 사례에서 극명하게 드러난다. 코로나19 팬데믹에서 가장 많은 사망자가 발생했던 곳은 요양병원과 같이 코로나 바이러스에 취약한 계층이 밀집 거주하는 시설이었고, 독거노인이나 고령층 만성질환자와 같이 돌봄이 필요한 계층에서 대다수의 희생자가 발생하였다. 팬데믹과 같은 공중보건 위기 상황이 아니어도 상시 돌봄이 필요한 계층인데 위기상황을 맞아 그 취약성이 극명하게 나타난 것이다.[29] 국민의 생

---

27 김재호, 고령화 시대의 진전과 생명과학 및 의학기술의 변화, BRIC, 2023, 26-27면.
28 엄주희, 뇌신경과학 연구에서 연구대상자 보호: 인격주의 생명윤리적 고찰, 인격주의 생명윤리 제9권 제2호, 2019, 88면.
29 김희강, 앞의 책, 267-268면.

명을 보호하는 것이 국가의 기본 책무인데, 단순히 기초연금과 생필품을 지원하는 수준의 인간다운 생활을 할 권리를 보장하는 것이나 의료기관에 접근할 수 있다는 보건에 관한 권리만 가지고는 팬데믹과 같은 공중보건 위기 상황에서 돌봄의 사각지대에 놓인 국민의 생명을 보호하기에는 역부족이다. 공중보건 위기 상황은 의료진의 치료도 필요하지만 다학제적이며 종합적인 돌봄이 더 요구되는 상황일 수밖에 없다. 인간다운 생활을 할 권리 이외에도 돌봄에 관한 권리가 보장되어야 하며, 이는 결국 인간의 생명을 보호하는 생명권 보장과도 연결된다.

2. 대전환 시대 헌법상 돌봄의 실현구조

헌법상 돌봄은 주관적 공권으로서 돌봄을 요구할 권리와 사회적 인프라와 법제도를 구축하는 제도보장으로 실현될 수 있다. 우선 주관적 공권으로서 살펴보면, 인간의 존엄과 가치를 바탕으로 보건에 관한 권리[30]와 인간다운 생활을 할 권리의 사회권적 기본권 그리고 혼인과 가족생활의 보호라는 헌법적 요청으로부터 구체적인 기본권인 '존엄한 돌봄을 받을 권리'를 도출할 수 있다.[31]

존엄한 돌봄을 받을 권리를 구성하는 내용으로는 아동, 노인, 환자, 장애인 등 취약층과 생애 주기에서 돌봄이 요구되는 시기에서의 돌봄의 권리가 된다. 국제인권법에서는 출생등록에 관한 권리와 호

---

[30] WHO fact sheet No.31 - The Right to Health, Office of the United Nations High Commissioner for Human Rights(2008).

[31] Conor O'Mahony, There is no such thing as a right to dignity, International Journal of Constitutional Law, Volume 10, Issue 2, 30 March 2012, pp. 551-574.

스피스 완화의료의 권리를 인권으로 받아들이고 있다.[32] 우선 국제 인권규범으로서 인정되는 출생등록에 관한 권리는 아동이 태어난 즉시 출생이 등록될 권리로서, UN 아동권리위원회 등의 국제인권협약 기구는 모든 아동의 출생사실이 국가에 등록되어 이들의 법률상 신분을 증명할 수 있게 하는 제도로서 '보편적 출생등록제'를 권고한다. 앞서 살펴본 바와 같이 우리나라의 경우에도 2023년 7월 「가족관계의 등록 등에 관한 법률」이 개정되어 의료기관에서 출생이 있는 경우에 출생일부터 14일 이내에 건강보험심사평가원에 출생정보를 제출하고, 건강보험심사평가원이 시·읍·면의 장에게 출생사실을 통보하도록 하는 의료기관 출생통보제가 도입되었다. 두 번째로 임종기에 누구나 보장받아야 할 기본권 인권의 내용으로 호스피스 완화의료의 권리가 있다.[33] 호스피스 완화의료의 권리가 바로 존엄한 돌봄을 권리의 한 내용이 될 수 있다. 실정법 차원에서는 미국 연방대법원이 의사조력자살에 관해 심리한 사건[34]에서 O'Connor 대법관은 보충의견을 통해 호스피스 완화의료를 받을 권리를 헌법상 권리로 인정한 바 있다. 말기환자는 죽음이 앞당겨지거나 무의식 상태(진정요법)를 유발하게 되더라도 고통을 완화하기 위한 완화의료를 자격이 있는 의사로부터 제공받을 권리가 있다는 것이다. 즉 호스피스 완화의료를 받을 헌법적 권리가 있다고 판시하였다. 의사조력자살이 환자 본인이 원하는 때에 즉각적인 죽음을 맞이할 수 있도록 조력하

---

32 Palliative Care and the fundamental right to die with dignity 2022.1.1. https://ehospice.com/india_posts/palliative-care-and-the-fundamental-right-to-die-with-dignity/ (최종방문일 2023. 12. 1.).

33 Frank Brennan, Palliative Care as an International human right, Palliative Care as a Human Right Vol. 33 No. 5 (2007).

34 Washington v. Glucksberg , 521 U.S. 702(1997) 780.

는 활동을 의미하는 것이라면, 호스피스 완화의료는 존엄한 돌봄을 받으며 자연스러운 죽음에 이를 수 있도록 돕는 활동이다.

의사조력자살의 헌법상 권리 인정 여부를 두고 현재까지 논란이 계속되고 있어 의사조력자살은 헌법상 판단보다는 미국과 같이 입법화를 통해서 사회적으로 해결될 가능성이 있다.[35] 의사조력자살의 사회적 수용의 성공 여부와는 무관하게, 의사조력자살에 대한 사회적 수용의 전제 조건은 존엄한 돌봄이 될 수밖에 없다.[36] 존엄하고 적절한 돌봄이 배제된 채 이루어지는 의사조력자살을 제도화하는 것은, 생명권이 보장되는 입헌민주주의국가에서 사회적으로나 국가적으로나 허용될 수 없는 자살을 제도적으로 허용하는 것이기 때문이다. 호스피스 완화의료는 의사조력자살의 대안으로 제시되기도 하지만, 호스피스 완화의료 자체로도 임종기의 모든 인간에게 필요한 돌봄의 형태이다.

제도 보장으로서의 존엄한 돌봄을 받을 권리는 돌봄 취약층에 대해서 적절한 사회안전망을 구축하여 생애 주기별, 계층 및 영역별, 돌봄 수요의 특성 별로 필요한 최소한의 돌봄이 제공될 수 있도록 하는 것이다. 사회보험의 범위에 돌봄의 종류와 내용을 포함시키는 제도화가 될 수도 있고, 지역사회 돌봄 사업 등의 제도로 구현할 수도 있다. 헌법적으로 존엄한 돌봄을 받을 권리는 사회적 기본권적 성격을 가지고 있어, 과소보장금지 원칙에 따라서 국가적 제도적 뒷받침으로 최소한의 보장을 담보하여야 할 필요가 있다.[37]

---

35 엄주희, 의사조력자살에 대한 헌법적 고찰, 헌법학연구 제27권 제2호, 2021, 123면.

36 Is There a Constitutional Right to Physician-Assisted Suicide? https://www.findlaw.com/healthcare/patient-rights/is-there-a-constitutional-right-to-physician-assisted-suicide.html (최종방문일 2023. 12. 1.).

37 한수웅, 헌법학, 법문사, 2022, 245면.

3. 대전환 시대 행정법상 돌봄

돌봄은 가정과 같은 사적 영역만으로 사회적 수요를 감당하기 어렵다. 2025년이면 65세 이상 노인인구가 전체 인구의 20.6%를 차지하는 초고령사회에 진입하고, 사회적 고립이나 자살이 드물지 않은 현실이 될 정도로 돌봄의 수요는 증가하고 있다. 사회적 돌봄의 필요성과 가치는 높은 반면, 돌봄 종사자들이 사회적으로 공적 가치는 저평가되고 있고, 돌봄 서비스를 통합적으로 관리하며 제도적으로 개선해나갈 수 있는 행정 법제는 부족한 현실이다. 사회적으로 돌봄의 빈 공간을 메우는 행정 법제는 노령, 질병, 장애, 사고, 가족의 해체와 같은 사회적 재난, 신생아·아동과 같은 선천적 취약성, 대전환기에 맞이하는 사회적 고립 등으로 돌봄의 수요를 홀로 감당할 수 없는 국민들을 위한 제도보장의 한 방편이다. 영국 정부의 경우에 돌봄의 수요를 정부 차원에서 감당하기 위하여 돌봄에 관한 행정 법제(The Care Act 2014)를 마련하고, 고독청(Ministry of Loneliness)을 신설하여 대응하면서 제도적으로 국민 돌봄의 권리를 보장하는 데 전력하고 있다.[38] 이 돌봄에 관한 행정 법제의 핵심은 지역사회의 안전망을 구축하여 신체적·정신적 고립을 막고 돌봄의 사각지대를 해소하고자 하는 것이기 때문에 지역사회에서의 돌봄이 중요하다. 우리나라도

---

[38] "Care Act 2014" https://www.legislation.gov.uk/ukpga/2014/23/contents/enacted (최종방문일 2023. 12. 1.). 영국은 돌봄품질위원회(CQC: Care Quality Commission)가 지역사회의 의료, 보건, 사회적 돌봄을 관할·감독하고, 거주시설, 비거주시설에 따라 각각 감독기준을 달리 정하여 독립적으로 감독기능을 수행한다. 전용호, 영국 성인돌봄서비스 시장에 대한 감독 개혁과 한국 장기요양의 시사점, 한국산학기술학회논문지 제19권 제4호, 2018, 205면.

스마트 치료의 공법학

최근 지역사회 돌봄 안정망 구축을 위한 법제 구축을 위해 다음과 같이 국회가 움직이고 있다.

(1) 지역사회 돌봄 안전망 구축에 관한 법제

지역사회 통합돌봄에 대한 법안이 2020년 이후에 다음과 같이 국회에 발의되어 있는 상황이다. 이를 구체적으로 살펴보면 지역사회 통합돌봄법안(정춘숙 의원 대표발의, 2020.11.4. 의안번호: 2104946), 지역사회통합돌봄법안(전재수 의원 대표발의, 2021.7.6. 의안번호: 2111356), 지역돌봄보장법안(남인순 위원 대표발의, 2023.5.11. 의안번호: 2121940) 지역사회통합돌봄에 관한 법률안(신현영 의원 대표발의, 2023.5.26. 의안번호: 2122302), 노인 돌봄 등의 통합지원에 관한 법률안(최영희 의원 대표발의, 2023.7.13. 의안번호: 2123246) 등이 있다. 이 법안들에서 말하는 통합돌봄은 하나의 서비스가 아니라 기존의 보건 복지 영역에 산재되어 있는 각종 서비스들을 수요자의 필요에 따라 시설이 아닌 지역사회에서 직접 제공하려는 정책 패러다임이다. 2019년부터 2022년까지 수행한 지역사회 통합돌봄 선도사업(커뮤니티 케어)의 대상자가 노인, 장애인, 아동 등을 포괄하고 있었는데, 2023년 7월부터 통합돌봄의 대상자를 노인으로 축소한 것이다. 즉 이때부터는 '재가 의료서비스 확충과 보건·복지 연계 체계의 구축'을 골자로 하는 노인의료 돌봄 통합지원 시범사업이 전국 12개 지방자치단체에서 실시되고 있다. 이러한 대상자의 축소에 대해서는 사회적 논의와 검토가 필요해 보인다. 전 연령대를 포괄적으로 아우르는 통합적 돌봄으로 수요자 중심의 서비스 제공을 지원하는 것이, 위에서 살펴보았듯이 생애주기별로, 대전환기의 과학기술의 발전과 발맞추면서 돌봄의 수요 발생에 부응하는 합당한 돌봄이 될 것이다. 돌봄의 필요는 연령에 구애받지 않고 언제든 인간의 취약성을 나타내는 시기에 발생할 수 있다는 점이다. 사회적 안전망으로서의 돌봄 제도가 되어야 헌법적 의미를 가지는 돌봄으로 인정받을 수 있게 될 것이다. 면밀한 검토와 사회적 합의와 논의를 통하여 돌봄에 관한 기본법 역할을 할 수 있는 지역사회 통합돌봄 법제가 구축되는 것이 바람직하다고 사료된다.

(2) 사회보험으로 돌봄의 재정적 기여와 법제 정비 필요성

현재 돌봄에 관한 제도보장에 재정기여도가 가장 큰 것은 건강보험과 장기요양보험과 같은 사회보험이다. 그 밖에 공공부조인 의료급여기금, 지역자율형 사회서비스투자사업에 대한 국가균형발전특별회계 지역지원계정, 국민건강증진기금 등의 재원이 투입되고 있다.[39] 위 지역사회통합돌봄 제정안들에서는 돌봄보장기금의 설치 운영 근거를 마련하고 있는데, 「국가재정법」 제5조에서는 기금이 무분별하게 설치되는 것을 방지하기 위해서 동법 별표2에 규정된 법률에 의하지 아니하면 설치할 수 없도록 하고 있다. 돌봄 보장의 안정적인 추진을 위해서 기금을 조성할 필요가 있고 그 법적 근거의 마련도 필요하기 때문에, 사회적 합의를 거쳐 「국가재정법」 별표2에 위 지역사회통합돌봄 제정안을 추가하는 개정을 필요가 있다.

---

[39] 지역사회통합돌봄 어디까지 왔나? 복지타임즈, 2023.7.20.자. https://www.bokji times.com/news/articleView.html?idxno=35193 (최종방문일 2023. 12. 1.).

V. 결론

코로나 3년을 지나며 우리는 돌봄이라는 논제의 관점에서 우리 나라를 복지국가라고 부르기에는 부족한 어두운 단면을 경험하였다. 이는 비단 우리나라만의 문제가 아니다. 코로나와 같은 글로벌 보건 의료 위기 상황에서 돌봄의 문제는 우리나라뿐만 아니라 국경을 넘 어 전 세계가 공감할 글로벌 이슈가 되었다. 그래서 대전환 시대의 헌법적 대응은 한 국가적 차원에서 그치는 것이 아니라 국제협력과 글로벌 거버넌스를 요구하는 세계적인 차원이어야 하고, 상시적 위 험에 노출된 위기 사회에 대응하는 이른바 '돌봄국가'가 되어야 한다. 이런 의미에서 헌법에서 칭하는 현대적 의미의 복지국가는 돌봄국가 라고 할 수 있을 것이다.

대전환 시대에서 특별히 요구되는 돌봄의 가치와 의미 그리고 이 와 연관된 헌법적 개념과 헌법학에서의 위치를 살펴보았다. 이로써 입헌민주주의 헌법을 이루는 세 가지 기둥[40] 중 하나인 복지국가 개 념을 포스트 코로나 현시점에서 정립하고자 하였고, 주관적 공권과 제도보장으로서의 기본권 차원을 넘어선 헌법에서 요구하는 돌봄의 의미를 짚어보았다. 인간의 취약성을 인정하는 바탕 위에서 돌봄에 관한 기본권의 존재를 인식하지 않는 복지국가는 공허한 사상누각에 지나지 않을 것이다. 굳이 구체적 기본권으로 헌법에 명시하지 않더 라도 인간의 존엄과 가치에 터잡아 열거되지 않은 기본권으로부터 돌봄에 관한 기본권을 인정할 수도 있다. 이제까지 국가 후견주의를 배제하고 자신의 책임 아래 스스로 결정하고 형성하는 성숙한 민주

---

[40] 전광석, 한국헌법론, 집현재, 2023, 223면; 법치주의, 민주주의, 복지국가 원리를 헌법을 이루는 세 가지 기둥이라고 할 수 있다.

시민[41] 내지 자기결정권을 지닌 창의적이고 성숙한 개체로서의 국민을 바람직한 인간상[42]으로 상정한 헌법재판소의 판단은 대전환기 이전까지는 유효했을지라도 몰라도, 대전환 시대의 복지국가를 이루는 데 있어서 충분하지 않다. 돌봄의 방식과 범위를 적극적으로 선택할 수 있는 민주시민이라는 인간상[43]을 전제로 하여 돌봄의 수요와 필요를 받아들이는 성숙한 사회, 이를 위해서 발굴된 돌봄의 수요에 대응하기 위한 선제적 안전망을 구축하는 국가를 만드는 것이 대전환 시대적 요구에 부합하는 복지국가라고 판단된다. 언제든 다시 올 수 있는 팬데믹과 이에 못지않게 상존하는 사회적 위험에 대비해야 하는 대전환기의 복지국가 원리의 사명은 돌봄에 대한 기본권을 인정함으로부터 출발한다.

---

41 헌법재판소 2002. 10. 31. 선고 99헌바40 결정(형법 제304조 위헌소원); 헌법재판소 2015. 3. 26.선고 2013헌마517 결정(게임산업진흥에 관한 법률 제12조의3 제1항 제1호 등 위헌확인).

42 헌법재판소 2004. 4. 29. 선고 2003헌바118 결정(특정범죄가중처벌 등에 관한법률 제2조 제1항 제1호 위헌소원).

43 이은선, 숨겨진 빈곤과 공공부조에서의 보충성 원칙, 헌법논총 제31집, 2020, 194면. 이 논문의 저자는 사회법이 예정하는 인간상은 각자 생활을 자신의 책임 아래 스스로 결정하고 형성하는 인간이면서도 동시에 일시적 혹은 영속적으로 사회적 위기 상황 아래에 놓여 있어서 언제라도 사회나 국가의 부조를 요할 수 있는 인간상이라고 정의하였다.

참고문헌

김연식, 사회헌법론: 국가 – 정치 헌법에서 초국가적 사회 헌법으로, 법철학
　　연구 제21권 제1호, 2018.

김남진, 사회국가와 보장국가와의 관계, 법연 제36권, 2012.

김경재, 복지국가의 개념과 본질, 법제, 2009.

김재호, 고령화 시대의 진전과 생명과학 및 의학기술의 변화, BRIC, 2023.

김희강, 돌봄 민주국가, 박영사, 2022.

구은정, 돌봄 가치를 반영하는 개헌을 위하여: 개인의 권리와 의무로서의 돌
　　봄, 경제와사회 통권 제127호, 2020.

노진철, 불확실성 시대의 국가의 역할, 헌법재판연구원 제139회 발표회,
　　2014.

문재영, 신용섭, 중환자실 임종기 돌봄, 대한중환자의학회지 제28권 제3호,
　　2013.

박상돈, 김일환, 헌법상 국가책임에 대한 이론적 고찰, 성균관법학 제28권
　　제2호, 2016.

안경진, 삶의 마지막 시기 돌봄 의사결정과 노인 인권, 법과인권교육연구 제
　　13권 제3호, 2020.

엄주희, 낙태와 관련한 자기결정권의 행사와 그 한계에 대한 재조명, 성균관
　　법학 제30권 제4호, 2018.

＿＿＿, 뇌신경과학 연구에서 연구대상자 보호: 인격주의 생명윤리적 고찰,
　　인격주의 생명윤리 제9권 제2호, 2019.

＿＿＿, 의사조력자살에 대한 헌법적 고찰, 헌법학연구 제27권 제2호, 2021

엄주희, 뉴노멀 시대의 헌법 상 기본권 규정의 개정 방향, 국가법연구 제18
　　집 제1호, 2022.

이은선, 숨겨진 빈곤과 공공부조에서의 보충성 원칙, 헌법논총 제31집,
　　2020.

전광석, 한국헌법론, 집현재, 2023.

_____, 국민의 안전권과 국가의 보호의무, 법과인권교육연구제8권 제3호, 2015.

_____, 복지국가의 기원－복지국가 개편 논의의 유형화를 위한 기초, 법학연구, 2009.

_____, 헌법재판소가 바라 본 복지국가원리, 공법연구 제34집 제4호 제1권, 2006.

_____, 복지국가론－무엇을 어떻게 연구할 것인가, 한국사회정책, 2008

_____, 공법학연구 및 과제의 시대적 상대성과 통시적 계속성, 법학연구 제26권 제3호, 2016.

정영훈, 사회보장에 대한 헌법상 권리의 침해여부에 대한 심사기준, 헌법재판연구, 2015.

최규환, 인간다운 생활을 할 권리의 심사기준, 헌법재판연구원, 2019

한수웅, 헌법학, 법문사, 2022.

Adam Chilton, Mila Versteeg, Is a science of comparative con－stitutionalism possible?, Harvard Law Review Vol.135, (2020).

Conor O'Mahony, There is no such thing as a right to dignity, International Journal of Constitutional Law, Vol. 10 No. 2, 551－574, (2012).

Courtney Megan Cahill, THE NEW MATERNITY, Harvard Law Review Vol.133, (2021).

Frank Brennan, Palliative Care as an International human right, Palliative Care as a Human Right Vol. 33 No. 5 (2007).

Jingru Huo, Constitutionalizing Access to Health Care and Its Impacts, Columbia University Graduate School of Arts & Sciences Human Rights Studies Master of Arts Program, (2019).

Sandra Huenchuan, Luis Rodríguez－Piñero, Ageing and the protection of human rights: current situation and outlook, ECLAC － Project Document Collection, (2011).

Paulius Čelkis, Relationship between the right to dignity and the right to healthcare, International Journal of Arts and Commerce, Vol.3 No.5, (2014).

Yung−Yung Chang, The Post−Pandemic World: between Constitutionalized and Authoritarian Orders−China's Narrative−Power Play in the Pandemic Era, Journal of Chinese Political Science 26:27−65 (2021).

WHO fact sheet No.31−The Right to Health, Office of the United Nations High Commissioner for Human Rights (2008).

03

생명과 헌법

― 정신건강을 위한 보건의료의 헌법이론적 기초 ―

목 차

I. 서론
II. 4차 산업혁명과 생명, 의료
III. 스마트 치료와 디지털 치료제

IV. 정신건강 관련 법제 그리고
    헌법의 역할
V. 결론

국문초록

코로나19 팬데믹 상황에서 대면 접촉이 지양되고 정신건강 측면에서 시급한 대응의 필요성이 제기되면서 보건의료 분야에서 디지털 헬스케어 내지 스마트 헬스케어가 부상하고 있다. 이에 본고에서는 국민의 생명과 건강을 보장하기 위한 국가의 보호의무를 다시 한번 확인하기 위해 새로운 사회 변화에 부응하기 위한 헌법의 역할을 제고해 보고자 하였다.

다양한 정보통신기술을 이용하여 시간과 공간에 구애받지 않고 언제 어디서나 건강과 생활과 삶을 유지하기 위한 새로운 형태의 서비스인 디지털 헬스케어가 4차 산업혁명과 디지털 혁신의 배경하에 많은 주목을 받고 있다. 갈수록 고령화 추세와 사회환경의 변화로 산업구조는 급격히 변경되고 있으며, 의료산업의 구조도 개편되고 있다. 보건의료 관련 분야는 지금까지 진단 및 치료에만 치우쳐 있던 한계에서 벗어나 적극적이고 선제적인 관점에서 다양한 빅데이터, 인공지능 기술 등과 조회를 통해 치료 중심에서 사전적 질병 예방과 건강관리 중심으로, 나아가 디지털 헬스케어 의료시장으로 점차 변화되고 있다.

보건의료는 사람의 생명과 건강을 다루는 중대한 분야이다. 건강한 국민만이 행복을 추구하고 자유롭게 인격을 발현할 수 있다. 우리 헌법은 보건이란 건강을 지키고 유지하는 것이라고 해석하고 있으며, 보건에 관한 헌법의 내용과 적용 범위는 궁극적으로 국민의 보건 내지 건강에 대한 국가의 적극적인 보호의 의무에 기초를 두고 있다. 따라서 향후 정신건강 및 스마트 치료, 디지털 치료제 영역에 있어서 관련 기본권 주체들이 적극적으로 요청했을 때, 국가는 헌법규범적 기반하에서 국민의 건강을 배려하고 급부를 제공할 수 있도록 보다 구체적인 법적·제도적·정책적 토대를 마련하여야 할 것이다.

Ⅰ. 서론

코로나19 팬데믹은 기존의 사회생활과 인간들 사이의 관계를 변화시켰다. 1차적인 의료 문제뿐 아니라 정치적·경제적 측면 그리고 사회적·문화적 차원에서 복합적인 문제와 다양한 파급효과, 위험을 야기시켰다. 무엇보다 '건강(健康)'에 대해서 이전과는 다른 인식이 생겨났는데, 일례로 코로나19를 직접 경험하거나 그렇지 못한 사람들 모두의 정신건강에 부정적인 영향을 끼쳤다는 점을 지적할 수 있다.[1] '코로나 블루'[2]라는 신조어가 그 대표적인 현상이다. 정상적인

---

[1] 최근 정부 발표에 따르면, 국민 정신건강관리를 강화할 필요성이 커지면서 정신질환 예방부터 조기 발견, 치료, 복귀까지 전 주기에 걸친 연계성을 강화하고 투자를 대폭 확대한다. 예방 면에서 스트레스와 우울, 불안 상담을 하는 '전국민 마음건강 투자·상담' 프로그램이 2024년부터 새롭게 도입될 예정이다. https://www.yna.co.kr/view/ (최종방문일 2023. 8. 29.).

[2] http://hosp.ajoumc.or.kr/HealthInfo/DiseaseView.aspx?ai=1427&cp=1&sid= (최

일상생활이 인위적으로 박탈된 채 사실상 갇혀있다시피 되다 보니 신체적 건강은 물론 우울증 등과 같은 정신상 건강이 문제 되고, 사람들 사이의 접촉이 전염 가능성으로 변질되면서 비대면과 온라인 위주로 환경이 변화하고, 디지털 기기가 그 간극을 메우면서 점유율이 높아져 가고 있다.[3]

보건복지부의 "2021년 2분기 『코로나19 국민 정신건강 실태조사』 결과 발표"에서 나타난 것처럼 2021년 6월에 실시한 정신건강 실태조사 결과 전체 대상 중 18.1%가 우울 위험군으로 확인되어, 코로나19 발생 이전인 2019년의 3.2%와 비교해 봐도 이는 매우 높은 수준이라고 할 수 있다.[4] 그뿐만 아니라, 감염으로부터 발생하는 위험 요인, 전파의 양상, 확진자의 동선과 확산 정도 등에 대한 불확실한 정보들로 인해 시민들의 불안은 점점 심화되었다. 또한 사회적 거리두기, 자가격리 등으로 인해 사회활동 및 대인관계, 상호작용이 감소하면서 활동의 범위가 제약됨에 따라 재택근무, 원격교육, 원격의료, 플랫폼 서비스[5]의 확대 등과 같은 사회적인 변화가 초래되었다. 정보통신기술(ICT)의 혁신적인 발달로 인해 사회적 거리두기가 강화되는

종방문일 2023. 8. 10.). '코로나 블루(Corona Blue)'는 정식 의학용어는 아니고 코로나19와 우울증을 뜻하는 'Blue'가 합성된 신조어로서, '코로나 우울'이라고도 불린다. 코로나 블루의 원인으로는 코로나19 확진자가 늘어나면서 감염병에 걸리지 않을까 걱정하는 마음, 사회적 거리 두기 때문에 모임을 자주 갖지 못하고 외출을 못해서 생기는 답답한 마음, 경기가 나빠지면서 경제적 손실이 커져서 생기는 분노감 등으로 알려져 있다.

3 조르조 아감벤 지음 · 박문정 옮김, 『얼굴없는 인간』, 효형출판, 2021, 18-19면.

4 보건복지부 홈페이지 보도자료, http://www.mohw.go.kr/react/al/sal0301vw.jsp? PAR_MENU_ID=04&MENU_ID=0403&CONT_SEQ=366599&page=1 (최종방문일 2023. 8. 10.).

5 https://www.mobiinside.co.kr/2022/09/23/platform-business/ (최종방문일 2023. 8. 10.).

가운데서도 기존의 사회적 경계가 느슨해지면서, 재택근로가 전격적으로 확대되었다. 하지만 재택근무자를 대상으로 하는 취업규칙, 근로시간, 상용임금, 산업안전보건 및 산업재해, 복무관리상황, 건강권[6] 등과 같은 중요한 사항에 대해서는 여전히 사회적 합의나 실무기준 등 구체적인 내용을 정하지 못하고 있는 실정이다.

디지털 플랫폼이 확산됨에 따라 산업환경 및 고용형태 역시 다양하게 변화하고 있다. 코로나19 팬데믹으로 인한 감염 확산의 방지 등을 위하여 비대면이 장려되면서 디지털 플랫폼 노동시장은 점점 더 확장되고 있다. 하지만 디지털 플랫폼 종사자는 이른바 '불안정노동(precarious work) 종사자'로 현행 노동법 및 사회보장법이 적용되지 않는 사각지대에 존재하는 사람들이다.[7] 따라서 일반 근로자보다 더 높은 수준의 건강상의 위험에 노출될 가능성이 크다고 볼 수 있으며, 코로나19 팬데믹은 사회적·경제적 손실과 더불어, 사회구성원이 가지는 삶의 동기 및 가치에 대한 혼란, 인생에 대한 회의감을 초래하는 등 건강 전반에 부정적인 영향을 미치고 있다고 분석할 수 있다.[8]

---

6 건강권과 보건권은 사실상 동의어로 사용되고 있다. 이헌환, 『대한민국 헌법사전(증보판)』, 박영사, 2023, 30면.

7 이러한 디지털 플랫폼 종사자의 고용 형태와 관련해서는 국제노동기구(ILO)는 '비전형고용(non-standard employment)'으로서 양질의 일자리가 결여된 상태로 보고 있다. 또한 비전형고용 중에서도 플랫폼 종사자와 관련해서는 위장고용관계 또는 종속적 자영업자로 분류하여, 법적 보호의 필요성을 언급하고 있다. International Labour Organization, "*Non-standard employment around the world: Understanding challenges, shaping prospects*", Publications of the International Labour Office, 2016, pp. 39-41.

8 사실 코로나19 팬데믹은 단순히 건강 문제로만 볼 것이 아니라 전 지구적인 문제로 파악할 필요가 있다. 다시 말해, 자본주의 중심의 경제발전으로 인한 환경파괴와 바이러스 감염이 쉽게 이뤄지는 사회 시스템의 구조적 한계가 그 원인이라고 할 수 있으며, 이에 대한 보다 심층적인 연구와 구체적인 해결방안이 요청된다.

이처럼 코로나19 팬데믹으로 인해 발생한 정신건강상의 문제는 매우 중요한 상황이라고 할 수 있으며, 공공영역과 민간영역에서의 적절한 대응이 그 무엇보다 중요하다고 볼 수 있다. 코로나19 팬데믹 관련 위기 상황은 전 국민 모두에게 동일한 요인이지만, 특히 코로나19 팬데믹으로 말미암은 사회적 취약계층의 정신건강은 더욱 악화될 수 있다. 예를 들어 감염자, 감염 사망자의 주변인, 코로나19 이전부터 치료 및 심리 상담 등을 받았던 서비스 이용자, 의료서비스 제공자, 사회적·경제적 취약계층의 정신건강은 코로나19 팬데믹으로부터 직접적이고 회복되기 어려운 영향을 받기 때문에 이 부분에 있어 시급한 대응이 필요한 실정이다.

정신건강 측면에 대한 대응의 시급성과 함께 대면 접촉에 있어 제약이 따르는 위급상황은 보건의료 분야에서 디지털 헬스케어 내지 스마트 헬스케어의 가능성에 주목하게 만들었다. 현재 스마트 헬스케어는 법적으로나 정책적으로나 명확하게 개념이 정립되어 있지 않은 상황이지만, 이미 다양한 분야에서 폭넓게 사용되고 있다. 인간의 기대수명이 높아지고, 만성질환 유병률[9]이 증가함에 개인들의 의료적 욕구가 다양해지고 의료비 지출이 늘어나면서 질병 치료뿐 아니라 만성질환 예방과 관리에 중점을 둔 헬스케어가 점점 각광을 받고 있다.

혁신적인 정보통신기술(ICT)의 발달은 이러한 패러다임 변화를 주도하고 있으며, 이 같은 변화에 맞물려 '스마트 헬스케어' 개념이

---

[9] 언론 보도에 따르면, 한국인의 30%가량이 만성질환을 앓고 있으며, 특히 고혈압, 고지혈증, 당뇨병 등의 대표적인 만성질환 노인 유병률은 89.2%에 이른다. 만성질환을 2개 이상 지니고 있는 복합질환자도 75%에 이른다. 이러한 만성질환은 인간의 삶의 질과 남은 수명까지 현저하게 떨어뜨릴 수 있다. https://health.chosun.com/ (최종방문일 2023. 8. 11.).

스마트 치료의 공법학

자주 사용되고 있다. 예를 들어 문자 메시지(MMS), 채팅, 화상서비스와 같이 편리하게 이용할 수 있는 통신서비스의 종류가 현재 매우 다양하기 때문에, 상황과 욕구에 따른 이용자 중심의 맞춤형 설계가 용이하다는 점, 디지털 기기를 통해 각 개인의 증상을 지속적으로 모니터링함으로써 특정 상황을 미리 예방하는 것이 가능하다는 장점이 있을 수 있다. 스마트 헬스케어는 정보통신기술(ICT)이 융합된 헬스케어로서 코로나19로 인한 위기 상황에 있어 긴급한 대응이 가능하고, 접근성 향상뿐만 아니라 비용적 측면에서도 이용자에게 자신이 원하는 맞춤형 서비스를 선택·제공할 수 있다는 장점도 있다. 그동안 이와 관련한 연구를 살펴보면 정보통신기술이 접목한 원격 심리치료의 효과성과 지속 가능성, 모바일을 기반으로 적용가능한 정신건강 서비스, 테크놀로지 기반 심리상담의 효과 등을 찾아볼 수 있다. 하지만 아직까지는 미증유의 감염병 사태로 인한 정신건강 상태의 취약점을 극복하고 이에 대한 구체적인 대안을 논하기보다는 스마트 헬스케어의 희망적이고 긍정적인 가능성만을 제시하고 있는 측면도 있다고 보인다.

따라서 본고에서는 감염병 위기상황에서 급부상하고 있는 보건의료 분야 디지털 헬스케어의 내용들을 먼저 살펴보면서(Ⅱ), 관련하여 현실적으로 생명, 그중에서도 정신건강과 관련하여 점점 중요성이 더해가는 스마트 치료 및 디지털 치료제의 개념과 내용을 검토해보고(Ⅲ), 마지막으로 그에 대한 법적 근거와 규범적 기초로서 관련 법제의 현황 및 헌법의 내용과 역할에 대해 조망해 보고자 한다(Ⅳ).

II. 4차 산업혁명과 생명, 의료

과학 및 정보기술의 발달은 인간의 생명과 건강에 중대한 영향을 미쳤다. 주지하다시피 '4차 산업혁명'[10]은 지금까지 인류가 경험하지 못했던 새로운 패러다임을 만들어 내었다. 이러한 4차 산업혁명과 디지털 혁신이 진전되는 과정에서 예기치 못하게 조우하게 된 코로나19 팬데믹은 우리 사회에 긍정적인 영향과 부정적 결과를 동시에 가져왔다. 특별히 코로나19 팬데믹이라는 상황은 디지털 전환의 가속으로 다양해진 사회적 환경에 놓이게 된 사람들의 생명과 건강을 매우 심각하게 침해하였다. 이하에서는 이와 관련된 내용들에 대해 살펴보고자 한다.

1. 4차 산업혁명

개념상 4차 산업혁명이란 인공지능기술 및 사물인터넷, 빅데이터 등 정보통신기술(ICT)과의 융합을 통해 생산성이 향상되고 제품과 서비스가 지능화되면서 사회와 경제 전반에 혁신적인 변화가 나타나는 것을 말한다. 4차 산업혁명은 다양한 제품과 서비스가 네트워크와 연결되는 초연결성과 사물이 지능화되는 초지능성이 특징이며, 정보통신기술과 인공지능기술이 3D 프린팅, 무인 운송수단, 로봇공학, 나노기술 등 여러 분야의 혁신적인 기술들과 융합함으로써 폭넓은 범위에서 더 빠른 속도로 변화를 초래할 것으로 전망된다. 2016년 1월 세계경제포럼에서 정보통신기술(ICT) 기반의 새로운 산업 시대를 대표하는 용어로 처음 언급되었으며, 컴퓨터, 인터넷으로

---

[10] 매경시사용어사전, https://100.daum.net/encyclopedia/ (최종방문일 2023. 8. 11.).

대표되는 정보화 혁명(3차 산업혁명)의 연장선상에서 한 단계 진화한 혁명으로도 여겨진다. 대표적인 특징으로서 빅데이터사회, 지능정보사회, 초연결사회를 들 수 있다.[11]

한편 코로나19 팬데믹으로 대부분 사회활동이 비대면으로 전환되면서 온라인강의와 원격회의 등 비대면 산업이 빠르게 성장하였고, 이른바 '메타버스(metaverse)'에 대한 관심이 전 세계적으로 급증하였다. 사람들은 초유의 상황에 적응해 나가면서 온라인 공간에서도 다양한 경험을 원했으며, 메타버스는 이러한 욕구를 충족시켜 주는 기능을 담당하였다. 비대면 상황의 지속화로 부득이하게 금지되었던 대규모 행사들이 '메타버스(metaverse)'라는 가상공간에서 이루어질 수 있게 되면서 이에 대한 일반 대중들의 관심이 확대되었다.[12] 상황이 이렇다 보니 보건의료분야에 있어서도 의료인과 환자의 접촉 없이 이루어지는 방식의 비대면 헬스케어가 주목받을 수밖에 없었다. 비대면 헬스케어는 비대면이라는 특성상 정보통신기술(ICT)이 필수적으로 활용된다. IoT, 모바일, 빅데이터, 인공지능 등이 적극적으로 융합되어 다양한 비대면 헬스케어 서비스를 가능하게 만들고 있다. 기존 대면 위주의 진찰방식은 디지털 전화나 화상 시스템, 챗봇 등을 활용한 비대면 방법으로도 진행될 수 있다.[13] 물론 풀어나가

---

11 개인정보보호위원회, 『2019 개인정보호 연차보고서』, 개인정보보호위원회, 2019, 8-11면.

12 메타버스 산업은 첫 출발이었던 게임과 콘텐츠를 넘어 문화, 예술, 홍보, 마케팅, 교육 등과 같은 영역까지 점차 확대되고 있다. 정준화, "메타버스(metaverse)의 현황과 향후과제", 『이슈와 논점』 제1858호, 국회입법조사처, 2021, 1-2면.

13 구체적인 방법은 진단 검사 영역에서 키트를 이용하여 환자가 직접 시료를 채취·검사하는 현장 진단 검사가 이루어질 수 있으며, 환자는 시료 채취만 하고 채취된 시료를 보내 검사를 받을 수도 있다. 처방전 발급도 온라인상으로 이루어질 수 있으며, 의약품 배송도 연계될 수 있다. 환자 상태에 대한 원격 모니터링은 만성질환을 주요 대상으로 하여 '유헬스(u-Health)'라는 명칭으로 그동안 여러 연구개발과 사업이

야 할 여러 가지 법적 쟁점이 남아 있지만 기술을 통해 인간의 생명
과 건강을 지켜내고 전염병 사태를 극복하기 위한 시도는 앞으로도
계속될 것으로 예상해 볼 수 있다.

2. 생명권과 건강권

먼저 인간의 생명과 건강에 대하여 헌법 규범이 어떻게 해석되고
있는지 그 내용을 살펴보면 다음과 같다.

(1) 생명권

대한민국 헌법은 제10조에서 인간은 존엄의 주체가 되고 자신의
존엄에 대해 존중을 받을 권리를 가진다고 선언하고 있다. 인간은 특
정한 목적을 위한 수단으로 이용되거나 타인의 결정에 의해 침해받
지 않을 권리를 갖는다. 모든 국가권력이 인간의 존엄을 존중하고 보
호해야 한다는 당위는 인간의 존엄과 가치가 자연법적 권리라는 것
으로부터 비롯된다.[14]

이러한 인간 존엄의 전제조건으로서 인간 개개인은 자신에 대한
것은 스스로 결정할 수 있어야 한다. 이것은 구체적으로 자신의 법익

진행되었다. 이는 집에서 만성질환 환자의 혈압, 혈당 등 정보를 측정하고 그 정보를
모니터링 센터로 보내 환자의 상태를 관리하는 방식으로 이뤄진다. 최근에는 게임,
앱, 가상현실(VR), 챗봇 등과 같은 소프트웨어를 이용하여 환자를 치료하는 디지털
치료제에 대한 논의가 이루어지고 있다. 중독치료부터 시작하여 당뇨병, 우울증, 불
면증, 비만, ADHD, PTSD 등 다양한 질환에 대한 디지털 치료제가 시도되고 있다.
이 같은 디지털 치료제는 소프트웨어를 이용한다는 측면에서 비대면 헬스케어의 한
예라고 할 수 있으며, 아직까지는 서비스 개발 또는 제공의 초기 단계 수준이라는 한
계가 존재한다. 김승환·정득영, "ICT 융합 기반의 비대면 헬스케어 기술 동향", 『정
보와통신』 제37권 제9호, 한국통신학회지, 2020, 78면.

14 허영, 『한국헌법론(전정19판)』, 박영사, 2023, 399면.

스마트 치료의 공법학

에 대하여 스스로 결정하고 타인의 부당한 간섭을 받지 않는 것으로 나타난다. 이러한 인간 존엄의 가장 기초가 되는 것으로서 생명 · 신체에 대한 불가침권은 생물학적으로 인간으로서의 지위를 유지해 주는 기초가 되며, 명문의 규정이 없다고 하더라도 헌법 해석상 인정되고 있는 권리이다.[15]

> 인간의 생명은 고귀하고, 이 세상에서 무엇과도 바꿀 수 없는 존엄한 인간 존재의 근원이다. 이러한 생명에 대한 권리, 즉 생명권은 비록 헌법에 명문의 규정이 없다 하더라도 인간의 생존본능과 존재목적에 바탕을 둔 선험적이고 자연법적인 권리로서 헌법에 규정된 모든 기본권의 전제로서 기능하는 기본권 중의 기본권이다.[16]

인간의 생명과 신체는 헌법이 보장하는 최고의 법익에 속하며, 이에 대한 침해행위의 금지는 근대 시민헌법 이후로 기본권 중에서도 가장 핵심에 속하는 중요한 것이다.[17] 이에 따라 모든 인간은 자신의 생명 · 신체에 대한 불가침권을 가지며, 헌법은 이러한 권리를 보장해야 한다. 생명권은 국가에 대한 소극적인 방어권뿐만 아니라 이를 보호하기 위한 사회 · 경제적 여건의 구비를 요구할 수 있는 권리

---

15 장영철,『헌법학』, 박영사, 2022, 343-344면; 헌법재판소 2019. 4. 11. 선고 2017 헌바127 결정.

16 헌법재판소 2008. 7. 31. 선고 2004헌바81 결정.

17 유럽연합 기본권 헌장 제2조에서는 '생명권'을 하나의 독자적인 기본권 조항으로 규정하고 있다. 우리 헌법이 생명권에 대해서 명시적인 규정을 갖고 있지 않고 인간의 존엄과 가치를 근거로 생명권이 보장되는 것과 비교하여, 생명권 보장 내용을 독자적인 기본권의 형태로 규정하고 있는 특징을 가지고 있다. 이처럼 유럽연합에는 생명권 보장을 위해 독자적인 기본권 형태로 헌법을 규정하고 있는 나라들이 다수 있다. 이세주, "유럽연합 기본권 헌장상 생명권과 심신 온전성의 권리에 대한 고찰",『헌법학연구』제23권 제2호, 한국헌법학회, 2017.6, 78-79면.

이며, 국가 및 국가기관에 대하여는 적극적인 기본권 보호의무를 부과한다.[18] 생명권은 모든 기본권의 전제를 이루는 기본권이지만, 어떠한 제한도 인정되지 않는 절대적인 기본권은 아니라고 할 수 있다.[19] 따라서 국가의 생명 보호의무 또한 국가가 언제나 모든 시민의 생명을 무조건적으로 보호하는 것을 의미하지는 않는다. 비록 생명이 인간 존엄의 기초적 전제가 되기는 하지만, 생명의 보호가 곧 존엄의 보호는 아니다. 국가의 생명보호의무를 인간의 존엄과 결합시키면, 실제로 행해지고 있는 각 생명의 단계마다 차별화된 보호는 사실상 불가능하게 된다. 예컨대 태아에게 인간의 존엄을 인정하면, 임신한 여성의 위급한 상황을 피하기 위한 낙태행위는 이익형량 도그마틱으로 정당화시키는 해결이 쉽지 않다. 결국 이러한 사례는 인간의 생명권도 차등화하면 결국에는 이익형량이 가능하며, 여기서의 기준은 출생이 결정적인 역할을 하게 된다. 결국 국가의 생명보호원칙의 대상은 우선적으로 태어나서 살아있는 인간으로 한정된다는 것을 알 수 있다.[20]

이렇게 보면 국가의 생명보호의무는 현대사회에서는 시민의 생명유지의무로 전환된다고 볼 수 있다. 하지만 이러한 생명유지의무는 법적으로 근거짓기 매우 어렵다는 한계가 있다. 생명권은 그 자체에서 권리의 객체인 "생명"을 자유로이 처분할 수 있는 권리는 포함하지 않는다고 볼 수도 있다. 하지만 자신의 의사에 반하는 신체에 대

---

18 양건, 『헌법강의(제12판)』, 법문사, 2023, 385-386면.

19 양건, 위의 책, 388면.

20 물론 생명권에서 보호하고자 하는 생명은 모든 생명 있는 존재를 의미하기 때문에 독자적인 생존 가능성이 있는 생명에 한정할 필요는 없다고 할 것이다. 따라서 태아가 어느 시점부터 생명권의 주체가 될 것인지에 대한 논란이 여전히 존재한다. 성낙인, 『헌법학(제23판)』, 법문사, 2023, 1174면.

한 침해를 방어할 권리를 가진다는 점은 부정할 수는 없다.[21]

(2) 건강권

건강은 인간으로서 살아가는 데 있어 핵심적인 요소이고, 그에 따라 건강할 권리 역시 인간으로서의 존엄성을 보장하기 위해 꼭 필요한 개념이라고 볼 수 있다.[22] 따라서 보편적인 인간의 권리라고 할 수 있으며, 국가로부터 최소한의 보장이 필요한 영역이다.

인간이라면 누구나 건강하게 태어나 건강하게 삶을 살고 건강하게 삶을 마치기를 원할 것이다. 세계보건기구(WHO) 헌장에 따르면, 건강은 "완전한 육체적, 정신적 및 사회적 복리의 상태"이며, 동시에 "단순히 질병 또는 병약이 존재하지 않는 것이 아니다."라고 명시하고 있다.[23] 한편 유엔(UN) 사회권규약위원회에서 규정하고 있는 '건강'이라는 개념은 건강한 삶을 위한 환경 조성의 사회경제적인 요소까지 포함하여 구체적으로 '식량, 영양, 주거, 마실 물과 위생, 안전하고 건강한 노동조건, 환경'에까지 확장되는 권리이다.[24] 이러한 개념 정의에 따르면 건강권은 사회권 일반으로 확장되므로, 건강권은 단순히 '보건의료에 관한 권리'보다는 '건강과 관련한 권리'에 가까운 개념으로 파악할 수 있을 것이다.[25]

---

[21] 성낙인, 앞의 책, 1175-1176면.

[22] 김하열, 『헌법강의(제5판)』, 박영사, 2023, 762면.

[23] 세계법제정보센터 홈페이지, https://world.moleg.go.kr/web/main/index.do (최종방문일 2023. 8. 12.).

[24] 국가인권위원회, 『유엔 인권조약기구 일반논평 및 일반권고: 사회권규약위원회 일반논평』, 국가인권위원회, 2020, 104-127면. https://library.humanrights.go.kr/ (최종방문일 2023. 8. 12.).

[25] 엄주희, "보건의료법학과 헌법의 교차점- 보건의료 규범에 관한 헌법적 고찰", 『인권법평론』 제24호, 공익인권법센터, 2020.2, 179면.

건강권은 헌법상 명시되어 있지는 않지만, 우리 헌법 제35조 제1
항은 "모든 국민은 건강하고 쾌적한 환경에서 생활할 권리를 가진
다."고 하여 건강이라는 표현을 사용하고 있고, 제36조 제3항에서는
"모든 국민은 보건에 관하여 국가의 보호를 받는다."고 규정하고 있
다. 따라서 위 조항은 국가의 보건의무를 규정하고 있다고 보이며,
헌법재판소도 "헌법 제36조 제3항이 규정하고 있는 국민의 보건에
관한 권리는 국민이 자신의 건강을 유지하는 데 필요한 국가적 급부
와 배려를 요구할 수 있는 권리를 말하는 것으로서, 국가는 국민의
건강을 소극적으로 침해하여서는 아니 될 의무를 부담하는 것에서
한걸음 더 나아가 적극적으로 국민의 보건을 위한 정책을 수립하고
시행하여야 할 의무를 부담한다는 것을 의미한다."[26]고 판시하여 헌
법상 건강권을 보장하고 있는 것으로 해석할 수 있다. 개별법령에서
는 「건강가정기본법」, 「건강검진기본법」, 「국민건강증진법」 등에서
'건강'이라는 용어를 사용하고 있다.

3. 의료(디지털 헬스케어)

디지털 헬스케어는 정보통신기술과 디지털 의료기술이 융·복합
되어 인간의 생체신호 및 건강정보를 측정하고, 유무선 네트워크를
통하여 의료정보를 의료기관 간에 제공하고 다시 피드백해 줌으로써
질병에 대해서 원격 관리뿐만 아니라 건강관리가 가능할 수 있도록
창출된 예방·진단·치료·사후관리 등의 의료·비의료서비스를 포
함한 모든 서비스로 정의되고 있다.[27]

---

[26] 헌법재판소 1995. 4. 20. 선고 91헌바11 결정; 헌법재판소 2009. 2. 26. 선고 2007
헌마1285 결정; 헌법재판소 2021. 1. 28. 선고 2019헌가24등 결정.

스마트폰, 웨어러블 디바이스, 인공지능, 사물인터넷 등의 디지털 기술이 의료 분야에 빠르게 접목되면서, 디지털 기술은 의료를 근본적으로 변화시키고 있으며 기존의 의사, 병원, 제약회사 등이 관련 의료시장의 구조 변화를 이끌 것으로 예견되고 있다.[28] 특히 데이터 기반 디지털 헬스케어는 헬스케어 데이터를 측정, 통합, 분석, 활용하는 과정에서 의료와 건강관리, 질환을 관리하는 등 헬스케어 전반에 혁신적 변화를 가져오는 것을 의미한다. 우리나라는 보건의료정보의 디지털화 관련하여, 2000년부터 전자의무기록(EMR, Electronic Medical Record) 시스템을 도입하였고, 이는 정부가 추진한 국민건강보험제도의 도입과 건강정보 네트워크 구축에 힘입어 지속적으로 발전을 거듭하고 있다.[29] 전 세계적으로도 아마존이나 애플 같은 글로벌 기업들이 디지털 헬스케어 사업을 시작하고 있으며, 국내에서도 카카오와 네이버 같은 대형 플랫폼이 디지털 헬스케어 시장에 진출을 시작했다.[30] 코로나19 이후 이러한 현상은 더욱 가속화되고 있다.

이처럼 디지털 헬스케어 산업이 기업의 생존·발전과 국가의 산업경쟁력을 좌우할 핵심 동력으로 주목받으면서 법률적·정책적으로 어떻게 지원할지에 대한 논의도 같이 부상하게 되었다. 국회에서도 「디지털 헬스케어 산업의 육성 및 지원에 관한 법률안」이 발의되었다.[31] 이 법안은 디지털 헬스케어 산업 관련 정책을 종합적으로 수

27 정준호·김정숙, "u-헬스케어 환경에 따른 의료정보 보안이슈", 『한국멀티미디어학회 학회지』 제19권 제3호, 한국멀티미디어학회, 2015.9, 36면.

28 최윤섭, 『디지털 헬스케어: 의료의 미래』, 클라우드나인, 2020, 29면 이하.

29 이다은·김석관, "디지털 헬스케어 혁신동향과 정책 시사점", 『동향과 이슈』, 과학기술정책연구원, 2018, 1-31면.

30 https://www.hankyung.com/it/article/2021120673231 (최종방문일 2023. 8. 12.).

31 『디지털 헬스케어산업의 육성 및 지원에 관한 법률안』, 정태호의원 등 11인, 의안번호 14722, 2022. 2. 10.

립·시행하기 위한 지원 및 추진 체계에 대한 법적 근거를 마련하고, 특히 디지털 헬스케어 기업의 기술역량 제고를 위한 종합지원센터 설치 등을 통하여 민간의 디지털 헬스케어 산업 활성화를 강력하게 뒷받침하는 것을 목적으로 한다.[32]

특히, 코로나19 팬데믹으로 유발된 생활환경의 급속한 변화와 한정된 의료자원 등이 국민 건강과 산업 전반에 크게 영향을 미치고 있는 새로운 현실을 인식하고, 고령화와 만성질환자 인구의 가속화 등 고질적 문제 해결을 위해 디지털 헬스케어 기술을 발전시켜 산업에 적용하는 것이 절실한 상황인데, 이러한 다양한 문제를 치료 중심의 기존 보건의료 지원시스템만으로 해결할 수 없기에 예방, 관리 및 모니터링 중심의 디지털 헬스케어 산업의 기반을 조성하고 산업 활성화와 경쟁력 확보를 위한 지원을 집중할 필요가 있다고 할 수 있다.

---

[32] 그러나 현행법 체계에서는 디지털 기술에 기반을 둔 의료·비의료, 소프트웨어·하드웨어, 인공지능·데이터 등의 이종 산업과 서비스 간 결합, 제품의 서비스화 또는 서비스의 제품화와 같은 융합형 사업모델을 바탕으로 새로운 산업 생태계를 형성하는 디지털 헬스케어산업의 구조적 특성이 반영되기 어렵고, 「산업융합 촉진법」, 「소프트웨어 진흥법」, 「의료기기산업 육성 및 혁신의료기기 지원법」, 「비의료기관 건강관리서비스 가이드라인」, 「보건의료데이터 활용 가이드라인」 등 다수의 법률과 가이드라인에 디지털 헬스케어산업에 대한 지원 근거가 분산되어 있어 디지털 헬스케어산업의 체계적인 육성·지원에 한계가 있으며, 고속 성장하는 미래 유망 신산업임에도 불구하고, 연구개발, 인력양성, 수요창출 및 사업전환 등 각 부문 간 연계·협력과 정책 추진 체계, 지원제도 미비 등으로 디지털 헬스케어산업을 영위하는 기업의 애로와 투자에 대한 불확실성이 매우 큰 상황이어서 이에 「디지털 헬스케어산업의 육성 및 지원에 관한 법률」을 제정하여 기존 법령에서 다루지 않은 디지털 헬스케어의 개념을 정의하고, 이에 관한 산업 생태계 육성과 보호 및 활용 원칙을 마련하여 디지털 헬스케어기술을 다루는 기업들의 법적 불확실성을 해소하며, 산업 전반에서 첨단 디지털 헬스케어기술의 활용을 촉진하고, 디지털 헬스케어산업 관련 정책을 종합적으로 수립·시행하기 위한 지원 및 추진 체계에 대한 법적 근거를 마련하고자 하며, 특히 디지털 헬스케어기업의 기술역량 제고를 위한 종합지원센터 설치 등을 통하여 민간의 디지털 헬스케어산업 활성화를 강력하게 뒷받침하고자 하는 목적을 가지고 있음을 법률안 제안 이유에서 밝히고 있다.

지금까지 살펴본 내용을 바탕으로 이하에서는 코로나19 이후 정신건강 및 보건의료 영역에서 새롭게 주목받고 있는 치료 방법인 디지털 치료제에 대하여 자세히 논의해 보고자 한다.

III. 스마트 치료와 디지털 치료제

1. 스마트 치료

스마트 치료는 스마트기기나 애플리케이션 프로그램이 가진 장점을 활용하여 내담자를 진단하고 정신적·심리적 문제를 치료하는 것을 의미한다.[33] 즉, 개념상으로는 심리상담기법의 하나로서, 스마트 치료는 내담자에게 스마트기기나 애플리케이션 프로그램을 통해 자신의 정서적 상태를 긍정적으로 변화시키거나 심리적 문제를 치유하기 위한 다양한 형태의 체험을 제공하는 것을 목적으로 한다.[34]

스마트기기의 특성상 인간의 연령적·신체적 한계를 극복할 수 있으며 내담자가 가지고 있는 여러 정신적 외상이 스마트기기를 활용하는 과정에서 표현되고, 정신적·심리적 문제 해결에 스마트기기의 다양한 기능을 통해 효과적으로 접근할 수 있다고 보고 있다.

스마트 치료의 장점으로 제시되는 몇 가지 내용을 살펴보면 다음

---

[33] 과학기술정보통신부의 <무선통신서비스 통계 현황>에 따르면, 2023년 8월 말 기준 국내 이동전화 가입회선은 약 8,097만 개, 스마트폰 회선은 약 5,612만 개에 달하며, 주민등록상 총인구수는 5,137만 명이었다. 우리나라 성인의 스마트폰 사용률은 2012년 1월 53%에서 그해 6월 60%, 2013년 2월 70%, 2014년 7월 80%, 2016년 하반기 90%를 돌파했다. 2017년부터 2020년까지는 93%에서 정체했으나, 2021년 95%, 2022년 97%로 추가 상승했다. https://www.msit.go.kr/bbs/list.do?sCode=user&mPid=74&mId=99 (최종방문일 2023. 10. 8.).

[34] 이선경·허정문, 『스마트 치료의 이론과 실제』, Wisdom Lab, 2021, 4-5면.

과 같다. ① 애플리케이션을 통해 비대면 상담이 가능하다. ② 가상현실이나 메타버스를 사용하면 현실에서 경험할 수 없는 체험을 할 수 있다. ③ 일반적 심리상담에서 얻기 어려운 성취감을 느낄 수 있다. ④ 인터넷에 연결하여 즉각적으로 다양한 정보를 습득할 수 있다. ⑤ 음향과 영상을 활용하면 정서적으로 흥분감 또는 안정감을 줄 수 있다. ⑥ 운동형 애플리케이션을 사용하여 일상 속 신체의 건강을 유지할 수 있다. ⑦ 게임형 애플리케이션을 사용하여 치료적 효과 및 스트레스를 해소할 수 있다. ⑧ 치료가 종결된 후에도 자가활용이 가능하다는 점이 그것이다.[35]

2. 디지털 치료제

(1) 개념 및 특징

디지털 치료제(DTx, Digital Therapeutics)는 ICT, AI 등 디지털 기술과 의료 및 제약기술의 융합이라는 기술적 배경에서 탄생했다.[36] 디지털 치료제는 약물은 아니지만 의약품과 같이 질병을 치료하고 건강을 향상시킬 수 있는 소프트웨어(S/W)를 의미하며, 일반적으로 애플리케이션, 게임, 가상현실(VR) 등의 소프트웨어가 활용된 스마트 헬스케어 또는 의료기기를 일컫는다. Digital Therapeutic Alliance (DTA)[37]는 디지털 치료제를 근거 기반으로 임상효과가 증명된 소프트웨어를 환자에게 직접 전달해 다양한 질환과 장애에 대한 치료, 관

---

[35] 이선경 · 허정문, 앞의 책, 14면.

[36] KOTRA 해외시장뉴스, "디지털 테라퓨틱스 시대의 도래", 2019.2.

[37] DTA(Digital Therapeutics Alliance)는 디지털 치료제의 이해 확산 및 산업 활성화를 위해 2017년에 결성된 산업협회이다. https://dtxalliance.org/ (최종방문일 2023. 8. 12.).

리, 예방을 하는 '의학적 개입(Medical Intervention)'으로 정의하고 있다.[38] 생명공학정책연구센터에서 2019년에 발간한 '디지털 치료제 개발 동향' 보고서에서는 "기존의 먹는 알약이나 주사제가 아닌 디지털 기술(소프트웨어)을 기반으로 질병 예방, 관리 및 치료하는 새로운 (의약품과 같은) 개념"이라고 언급하고 있다.[39]

디지털 치료제는 무형의 소프트웨어를 활용해 환자를 치료하지만, 보통의 의약품처럼 임상시험을 통한 치료효과 검증, 규제당국 심사, 의사 처방, 보험 적용 등의 과정을 거친다. 디지털 헬스케어 산업에서 비의료기기는 웰니스 제품을 일컬으며, 의료기기는 H/W 제품, S/W 제품, H/W와 S/W 결합 제품 형태로 분류할 수 있다. 이 중 디지털 치료제는 S/W 제품 중 SaMD(Software as a Medical Device) 분야 내 질병을 치료하는 독립형 S/W 의료기기로 볼 수 있다.[40]

즉, 헬스케어와 ICT가 융합된 보건·의료서비스가 발전하는 과정에서 제약기술과 ICT가 결합한 디지털 치료제가 등장하게 된 것이 배경이다. 기존의 약으로는 치료 효과가 제한적인 만성질환이나 신

---

[38] Digital Therapeutics Alliance, 2018.10. Digital Therapeutics: Combining Technology and Evidence-based Medicine to Transform Personalized Patient Care. Digital therapeutics(DTx) deliver evidence-based therapeutic interventions to patients that are driven by high quality software programs to prevent, manage, or treat a medical disorder or disease. They are used independently or in concert with medications, devices, or other therapies to optimize patient care and health outcomes.

[39] 생명공학정책연구센터, "디지털 치료제(Digital Therapeutics) 개발 동향", 2019. 10.29.

[40] 관련 도식.

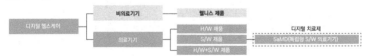

경장애를 효율적으로 치료할 수 있는 신약과 의료서비스에 대한 사회적 요구 증가 또한 디지털 치료제의 탄생에 기인하는 주된 요인으로 볼 수 있다.

디지털 치료제는 기존 의약품과는 형태적으로 차별화된 특징을 갖는데, 첫째, 무형의 소프트웨어로서 인지행동치료 등의 치료방식을 통해 인간의 뇌와 신경에 작용하며, 독성과 부작용이 없다는 점, 둘째, 의약품의 신약개발과는 달리 연구개발 및 인허가에 소요되는 시간과 비용이 상대적으로 적어 의료비 절감 효과를 기대할 수 있다는 점, 셋째, 독립적인 사용뿐만 아니라 의약품과 의료기기와의 병용이 가능하며, 다양한 ICT를 탑재할 수 있는 이점이 있다.

DTA는 디지털 치료제를 목적에 따라 건강상태 관리, 의학적 장애·질병 관리 및 예방, 복약 최적화, 의료적 장애·질병의 치료로 구분하고 있다. 예를 들면, 건강상태 관리 제품군은 의학적 효능과 안전성을 주장하지 않기 때문에 규제당국은 이에 대한 검증을 요구하지는 않는다. 따라서 FDA 승인이나 규제의 대상이 아니며, 웰니스 제품군으로 분류된다. 한국전자통신연구원(ETRI)은 디지털 치료제의 유형을 복약 관리용 보완 디지털 치료제, 질환 관리·예방용 보완 디지털 치료제, 질환 관리·예방용 대체 디지털 치료제, 질환 치료용 보완 디지털 치료제, 질환 치료용 대체 디지털 치료제로 분류하고 있다.[41]

---

41 한국전자통신연구원, "디지털치료제 현황 분석 및 발전 방향", 『기술정책 이슈』, 2020.5.

구분		디지털 치료제의 목적		
		복약 관리	의학적 장애·질병의 관리 및 예방	의락적 장애·질병의 치료
기존 치료와 관계	보완재	① 복약 관리용 보완재	② 질환 관리·예방용 보완재	④ 질환 치료용 보완재
		기존 치료제를 직접 보완하기 위해 독립적으로 사용하지 않고 반드시 병용함		

국제의료기기규제당국자포럼(IMDRF, International Medical Device Regulators Forum)과 미국 식품의약국(FDA)은 디지털 치료제 분야의 기술혁신을 가속화하기 위한 규제체계를 선도적으로 마련하고 있으며, 우리나라는 2021년 3월 의장국으로서 총회를 개최한 바 있다.[42]

우리나라는 2020년 5월 「의료기기산업 육성 및 혁신의료기기 지원법」을 시행하고 같은 해 8월에 「디지털치료기기 허가·심사 가이드라인」을 발표하였다. 식약처는 혁신의료기기로 지정된 의료기기 소프트웨어 제조업체에 대해 인증하고 제조허가 또는 인증에 필요한

대체재	※ 용도 특성상 기존 치료제를 대체하는 투약 관리용 디지털 치료제는 없음	③ 질환 관리·예방용 대체재	⑤ 질환 치료용 치료제
		기존 치료제를 대체하여 독립사용이 가능함	
검증	의료적 효능 및 안정성에 대한 검증이 요구됨		
의료적 효능 및 안정성	병용 치료의 효과 증진	질병의 예방 및 진행 속도를 늦추는 효과	임상 시험에 기반을 둔 치료 효과
	중등도·고도 위험	경도·중등도 위험	중등도·고도 위험
임상 근거	임상 시험을 통해 근거 기반 치료 효과가 입증됨		
처방 여부	처방 불필요(Over-the-Counter)		의사 처방 필요
	의사 처방 필요		

출처: 디지털 치료제 현황 분석 및 발전 방향, 기술정책 이슈, 한국전자통신연구원, 2020.5.

42 IMDRF와 FDA는 2013년부터 디지털 치료제를 SaMD의 한 종류로 편입·관리하기 위한 워킹그룹을 구성하고 규제체계를 신설한 바 있으며, 디지털 치료제의 정의, 위험도에 따른 등급체계, 품질관리체계, 임상평가기준의 규제 가이드라인 총 4개를 발표하였다. 미국, 영국, 캐나다 등 각국은 디지털 치료제 시장의 본격적인 진입에 대응하여 규제보다 유연한 적용과 의료 현장에서의 적극적인 활용 장려 등 정책적 지원을 추진 중이다. FDA는 사전인증 시범사업(Precert pilot program)과 혁신의료기기(Breakthrough device) 지정을 통해 생산품이 아닌 회사를 평가해 수준이 적정한 회사에 대해 판매를 승인한 후 실제 성능 데이터를 수집해 이를 검증하고 있다. 영국 국립보건임상연구소(NICE)는 콘텐츠, 근거, 비용, 자원 등을 기준으로 실제 국가의료제도(NHS)에 적용하도록 추천하고, 그 후 평가가 진행 중이다. 캐나다 보건부(Health Canada)는 SaMD에 해당하는 제품에 대한 규제를 정비하고 있고, 2015년에는 최초로 미국의 천식 및 만성 폐쇄성 폐질환 관련 소프트웨어(Propeller Health)를 허가한 바 있다.

자료의 일부를 면제해 주고 있으며, 디지털치료기기 허가·심사 시 적용범위와 판단기준 및 예시 등에 대해 안내하는 가이드라인을 제시하고 있다. 현재 처방 디지털 치료제로 허가받은 제품은 없으나, 모바일 치료용 앱을 의료기기로 인정하면서 스마트 워치 제품에 내장되는 심전도, 혈압측정 소프트웨어 등 소프트웨어 의료기기로 승인받은 스마트폰용 앱은 35개 정도로 파악된다.

그동안 우리나라는 규제 체계 마련과 허가·승인 실적 등 미국[43]에 비해 다소 뒤쳐졌으나, 높은 기술력의 ICT와 그동안 축적된 디지털 헬스케어 관련 기술력을 바탕으로 현재 시작단계인 디지털 치료제 시장을 주도하기 위한 정책을 확대하고 있는 중이다.[44]

디지털 치료제 관련 기업은 대부분 스타트업으로 구성되어 있으며, 다국적 제약사의 투자와 협업을 통해 제품개발을 가속화하는 기업은 페어테라퓨틱스(Pear Therapeutics), 아킬리인터랙티브랩스(Akili

---

[43] 한국보건산업진흥원 자료에 따르면, 2018년 기준, 미국은 의료기기 시장 규모에서 1,641억 달러로 전 세계의 42.1%를, 디지털 치료제 시장 규모에서는 10.7억 달러로 61.9%를 차지하고 있다. 이 때문에 국내외 의료기기 제조업체들은 대부분 미국 시장으로의 진출을 목표로 두고 있다. 그러나 의료기기는 인체에 직접 작용하는 특성으로 인해 각국 정부들은 저마다의 엄격한 기준을 적용하여, 자국 시장 내 진입에 제한을 두고 있다. 세계 의료기기 시장에서 차지하는 미국의 압도적 규모로 인해 미국 의료기기 규제 법규는 세계 각국의 제도에 상당한 영향력을 미치고 있다. 따라서 미국의 의료기기 법제에 대한 이해는 향후 국내 의료기기 정책 수립과 국내 의료기기 업체의 세계 시장 진출을 위한 선결 조건이다. 특히, 디지털 치료제와 같이 종래의 의료기기 체계로는 분류가 어렵고, 현재의 규제기준에는 적합하지 않은 혁신적인 의료기기의 경우에는 새로운 규제 접근 방식이 요구되고 있다.

[44] 정부는 최근 5년간(2015~2019년) 디지털 치료제 분야에 약 442억 원의 R&D 비용을 투자했으며, 과기정통부, 산업부, 복지부 순으로 3개 부처에서 집중투자하고 있다. 투자 분야는 정신건강 증진, 재활연구가 가장 높은 비중을 차지하고 있으며, 인지, 언어, 발달장애, 정신질환, 퇴행성 뇌질환 순으로 투자하고 있다. 연구분야별 투자를 보면, 치료 기술개발 50.4%, 콘텐츠 및 S/W 개발 33.8%, 기반연구 및 기전규명 연구 14.9%, 예방 0.9% 수준으로 파악된다.

Interactive Labs), 오마다헬스(Omada Health), 원드롭(One Drop), 클릭테라퓨틱스(Click Therapeutics) 등이 있다. 국내 기업은 라이프시맨틱스, 뉴냅스 등이 시리즈 A~B 수준의 투자를 받아 디지털 치료제를 개발하고 있으며, 국내 기존 대형 제약사는 아직까지는 디지털 치료제에 대한 투자에는 미온적이라고 한다.[45]

(2) 관련 법제 현황

국내 의료기기 시장은 현재 외국 의료기기 기업이 선점하고 있고, 국내 기업은 대부분 영세기업이다. 이에 2019년 4월 30일, 정부는 「의료기기산업 육성 및 혁신의료기기 지원법(약칭: 의료기기산업법)」을 제정하여 국가 차원의 신규 기술개발 및 시장 진출을 위한 제도를 마련하였다. 주요 내용으로는, 의료기기의 연구개발이 활발하며 그 성과가 우수한 기업을 혁신형 의료기기 기업으로 인증하여 지원하고, 혁신의료기기[46]를 지정하여 허가·심사 등의 특례를 부여하며, 의료기기산업 발전 기반을 조성하는 사항 등을 규정하였다.

동법 제21조 제2항에 따라 혁신의료기기 지정 대상은 식약처 안내에 따른다.[47] 혁신의료기기로 지정되면, 제22조(혁신의료기기 허가·심사 특례)를 따르게 되는데, 그 내용을 크게 3가지로 나눌 수 있다. 즉,

---

45 구영덕, "디지털 치료제(Digital Therapeutics) 시장 동향 및 발전 방향", 『ASTI 마켓 인사이트』 제95호, 한국과학기술정보연구원, 2022.6.2, 3-4면.

46 동법 제2조 제4호에서는, "「의료기기법」 제2조 제1항에 따른 의료기기 중 정보통신기술, 생명공학기술, 로봇기술 등 기술집약도가 높고 혁신 속도가 빠른 분야의 첨단 기술의 적용이나 사용방법의 개선 등을 통하여 기존의 의료기기나 치료법에 비하여 안전성·유효성을 현저히 개선하였거나 개선할 것으로 예상되는 의료기기로서 제21조에 따라 식품의약품안전처장으로부터 지정을 받은 의료기기를 말한다." 라고 규정하고 있다.

47 식품의약품안전처 의료기기안전국, 『혁신의료기기 지정 절차 및 방법, 기준 등에 관한 안내』, 2020.

혁신의료기기를 제조·수입하려는 자는 「의료기기법」에 따른 의료기기 제조업·수입업의 허가 절차를 거치지 않고, 제조·수입의 허가 또는 인증받을 수 있다. 또한, 제조허가 등을 받을 시에 개발 단계별로 나누어 심사받을 수 있는 제도를 신청할 수 있다. 이때 식약처장은 혁신의료기기로 지정되지 않은 의료기기에 대한 신청에 우선하여 심사할 수 있다. 이 법은 디지털 치료제 산업에도 제도적 적용의 근거가 될 수 있다. 제24조(혁신의료기기소프트웨어 특례)[48]에 의해 혁신의료기기 소프트웨어 기업인증, 변경허가 네거티브 적용, 임상시험 심사위원회 승인으로 임상시험실시 등 소프트웨어 허가체계를 개선하였기 때문이다. 이처럼 국내는 디지털 치료제에 대한 규제체계를 정립하는 중이다. 법규 외에도 「의료기기 허가·신고·심사 등에 관한 규정(식품의약품안전처 고시)」[49]에 근거하여 디지털 치료제와 관련한 가이드라인을 식약처에서 발간하고 있다. 이들 안내서의 주요 내용을 살펴보면 다음과 같다.

---

[48] 식품의약품안전처장은 제21조 제2항에 따라 혁신의료기기로 지정된 의료기기소프트웨어(단독으로 개발·제조된 소프트웨어)를 제조하려는 자의 신청에 따라 그 조직·인력과 제품개발기준 등을 평가하여 우수한 경우 의료기기소프트웨어제조기업 인증을 하고 제조허가 또는 제조인증에 필요한 자료의 일부를 면제할 수 있다.

[49] 최근 2022년 7월 29일 의료기기 허가·신고·심사 등에 관한 규정 일부를 개정하여, 의료기기 소프트웨어 용어의 정의를 신설하고(안 제2조), 의료기기 소프트웨어 특성을 반영한 변경 제도를 도입하였다(안 제19조의2 신설). 즉 「의료기기법」 제2조에 해당하는 목적으로 사용하기 위해 개발·제조된 소프트웨어를 '의료기기 소프트웨어'로 정의하고, 사용형태 및 목적 등에 따라 '내장형 소프트웨어', '독립형 소프트웨어', '모바일 의료용 앱' 등으로 세부적으로 분류하였으며, 사용목적 관련 주요 기능, 분석알고리즘(분석방법), 개발언어·운영환경 또는 통신기능의 변경 등 소프트웨어 업그레이드에 해당하는 변경사항에 대해서는 변경허가·인증을 받거나 변경신고를 하도록 하고, 그 밖의 변경사항에 대해서는 영업자가 해당 허가증 뒷면에 변경내용 및 일자를 직접 기재하고 식품의약품안전처장에게 사후보고(30일 또는 연차)하도록 조치하였다. https://udiportal.mfds.go.kr/brd/view/P01_01?ntceSn=208 (최종방문일 2023. 8. 13.).

1) 의료기기 소프트웨어 허가 · 심사 가이드라인[50]

의료기기에 해당하는 목적으로 사용하기 위해 개발된 의료기기 소프트웨어는 소프트웨어가 설치 · 작동되는 형태나 작동에 필요한 조건에 따라 독립형 소프트웨어와 내장형 소프트웨어로 구분할 수 있다. 내장형 소프트웨어는 SiMD로, 특정 하드웨어 내에 종속적으로 설치되어 사용되기 때문에 제한적인 하드웨어 내부 자원을 고려하여 개발되어야 한다. 이와 다르게 범용 하드웨어(예: PC, 스마트폰, 태블릿, 범용 HMD(Head Mount Display), 기타 모바일 기기 등) 환경에 설치되어 사용되는 독립형 소프트웨어는 국제적으로 SaMD라고 불린다. 여기에는 의료영상전송처리장치(PACS) 외에도 모바일 의료용 앱이 포함될 수 있다. 의료기기 소프트웨어는 타 의료기기의 제어 기능, 측정 · 분석 · 진단 기능, 데이터 변환 · 전송 · 수신 기능, 환자 생체 신호 등 정보를 보여주는 표시 기능이 있다고 명시되어 있다.[51]

---

50 식품의약품안전처, 『의료기기 소프트웨어 허가 · 심사 가이드라인(민원인 안내서)』, 2023.7.

51 아직 해당 가이드라인에는 디지털 치료제 등 SaMD의 치료 가능성을 언급하지 않았으나 모바일 의료용 앱, 가상 · 증강현실이나 빅데이터 · 인공지능 기술 등이 적용된 의료기기들은 의료기기 소프트웨어에 포함될 수 있기에 허가 · 심사를 위해 다음과 같은 사항들을 고려해야 한다. 첫째, 사용목적과 안전성과 관련한 특성을 식별하여 위해 요인을 분석하고 위험 산정을 거쳐 안전성 등급을 결정한 후, 안전성을 검증한다. 둘째, 외형, 구조적 · 기능적 특성, 운영환경 등의 원재료, 사용방법을 설명하는 기술문서를 작성한다. 셋째, 성능 확인을 위해 적합성 확인 보고서, 검증 및 유효성 확인 보고서를 작성한다. 마지막으로, 의료기기 허가 인증 신청하고자 하는 제품이 기허가된 의료기기와 동등하지 않은 경우, 임상시험에 관한 자료 제출이 필요하다. 제품의 특성에 따라 전향적 임상연구 방법뿐만 아니라 후향적 임상연구 방법도 적용할 수 있다. 전향적 연구란 연구하고자 하는 요인을 설정한 후에 일정 기간 변화를 추적하는 것이며, 후향적 연구란 피험자를 모집하지 않고 이전의 의료데이터(진료기록, 의료영상, 생체신호, 유전정보, 임상 시험결과 등)를 표본 데이터로 이용하는 것이다.

2) 모바일 의료용 앱 안전관리 지침[52]

SaMD에 속하는 모바일 의료용 앱(MMA, Mobile Medical Application)은 의료기기의 정의(「의료기기법」 제2조)에 부합하는 모바일 앱이다. 의료기기에 해당하는 MMA는 사용목적, 성능 및 사용방법 등에 따라 다양하며, 크게 5가지로 구분한다. ① 의료기기를 무선으로 제어하는 모바일 앱, ② 질병의 진단 또는 환자 모니터링 등을 위해 의료기기에서 측정된 데이터 등을 받아 표시·분석하는 모바일 앱, ③ 모바일 플랫폼에 별도의 전극, 프로브 등이 연결되어 의료기기로 동작할 수 있도록 하는 모바일 앱, ④ 모바일 플랫폼에 내장된 센서 등을 이용하여 의료기기로 사용하는 모바일 앱, ⑤ 환자를 분석하거나 진단 및 치료법을 제공하는 모바일 앱 등이다. 여기서 주목할 점은 2013년 버전의 MMA 안전관리 지침과 달리, 올 2월에 발표한 개정안에는 환자를 분석하거나 진단 및 치료법을 제공하는 모바일 앱의 예시로 '디지털치료기기'가 명시된 것이다. 이에 대해 '질병의 예방, 처치 또는 치료 목적으로 사용되는 모바일 앱(소프트웨어 프로그램)'으로 독립적으로 사용될 수도 있고, 치료 효과를 높이기 위해 다른 의약품이나 의료기기와 함께 사용될 수 있다고 설명한다.

3) 가상·증강현실(VR·AR) 기술이 적용된 의료기기의 허가·심사 가이드라인[53]

식약처는 가상·증강 현실 기술이 의료기기에도 활용될 것으로

---

[52] 식품의약품안전처, 『모바일 의료용 앱 안전관리 지침(민원인 안내서)』, 2020.2.

[53] 식품의약품안전처, 『가상·증강현실(VR·AR) 기술이 적용된 의료기기의 허가·심사 가이드라인(민원인 안내서)』, 2021.4.

예상됨에 따라 각종 부작용 등에 대해 선제적으로 대응하고자 2018년 '가상·증강현실(VR·AR) 기술이 적용된 의료기기의 허가·심사 가이드라인(민원인 안내서)'을 제시하였고, 2021년 일부 개정하였다. 가상·증강현실 기술을 활용하여 질병을 진단·치료하는 장비나 소프트웨어(콘텐츠 포함) 형태의 의료기기가 적용 대상이다. 단, 범용 하드웨어가 아닌 특별한 디스플레이 장비가 추가적으로 필요한 경우에는 SaMD로 보기 어려울 것이다. 의료기기 판단기준에 따르면 '가상·증강 기술이 재활 치료의 주요 기능으로 적용되어 치료 효과가 임상적으로 입증된 재활 기기'는 디지털 치료제로 분류할 수 있다. 반면, 일상적인 건강관리 목적의 가상·증강현실 기반 기기/소프트웨어는 웰니스 제품군으로 분류한다. 또한, 생활 적응을 도와주는 가상·증강현실 기반 기기/소프트웨어 경우도 의료기기로서의 사용목적에 부합하지 않는다는 등의 이유로 의료기기로 분류되지 않는다. 그러나 가이드라인에 제품별 특성이나 과학적 근거 등을 고려하여 사안에 따라서 개별적으로 의료기기로 판단될 수 있다는 문구가 함께 명시되어 있다. 건강관리나 생활 적응 등이 의학적인 관점에서 치료나 예방 효과가 임상적으로 입증될 수 있다면 디지털 치료제로 분류할 수 있을 것이다.

4) 빅데이터 및 인공지능(AI) 기술이 적용된 의료기기의 허가·심사 가이드라인[54]

빅데이터 및 인공지능(AI) 기술이 적용된 의료기기는 기계학습

---

54 식품의약품안전처, 『빅데이터 및 인공지능(AI) 기술이 적용된 의료기기의 허가·심사 가이드라인(민원인 안내서)』, 2019.10; 식품의약품안전처, 『인공지능 의료기기의 허가·심사 가이드라인(민원인 안내서)』, 2022.5.

방식으로 의료용 빅데이터를 학습하고 특정 패턴을 인식하여 질병을 진단·예측하거나 환자에게 적합한 맞춤치료법을 제공할 수 있는 독립형 소프트웨어 형태의 의료기기(SaMD)다. 가이드라인에서는 ① 의료기기 정의를 충족하는 소프트웨어인지, ② 본래의 목적대로 기능하지 않을 시 환자에게 위험을 끼칠 수 있는지에 따라 의료기기 해당 여부를 판단한다. 의료기기에 해당하는 경우에는 의료용 빅데이터를 기반으로 진단·치료에 필요한 임상 정보를 단순 제공하는 소프트웨어와 자동으로 질병 유무나 상태 등을 진단·예측·모니터링·치료하는 소프트웨어로 나눌 수 있다. 인공지능과 빅데이터 역시 디지털 치료제의 주요 기술로서, 다른 기술들과 함께 사용되어 보다 강력한 질병 치료용 SaMD가 될 수 있다. 본 가이드라인에서 주목해야 할 새로운 내용은 신기술에 대한 규제적 접근방식이다. 이러한 접근법은 모바일 앱, VR·AR, 빅데이터·AI 등 첨단 ICT 기술들로 구성된 디지털 치료제에 대한 규제 체계를 정립할 때에도 기본적으로 요구될 것이다.

5) 디지털치료기기에 대한 허가·심사 가이드라인[55]

정부는 2020년 8월 디지털 치료제의 선제적이고 예측 가능한 규제 제공을 위해 「디지털치료기기에 대한 허가·심사 가이드라인」을 발표하였다. 가이드라인에서는 디지털치료기기를 '의학적 장애나 질병을 예방, 관리, 치료하기 위해 환자에게 근거 기반의 치료적 개입을 제공하는 소프트웨어 의료기기'라고 정의하였다. 단, 치료 작용기전의 과학적이고 임상적인 근거에 해당하는 자료가 있어야 하며, 치

---

55 식품의약품안전처, 『디지털치료기기에 대한 허가·심사 가이드라인(민원인 안내서)』, 2020.8.

스마트 치료의 공법학

료적 개입은 환자를 대상으로 함을 강조하였다. 따라서 디지털치료기기의 대상 여부를 판단하기 위해서는 먼저, 소프트웨어 의료기기(SaMD)로써 PC, 모바일 제품, HMD 등의 범용 하드웨어에 설치되어 사용되어야 한다. 또한, 국제질병분류나 한국표준질병사인분류에 해당하는 질병을 예방·관리·치료의 목적으로 환자에게 적용되어야 하며, 마지막으로 치료 작용기전의 과학적·임상적 근거가 있어야만 디지털치료기기에 해당한다. 그 근거의 종류로는 대한의학회에서 인정한 임상진료지침이나 전문가 검토를 통해 출판하는 학술지에 게재된 임상 논문이나 기타 임상시험 자료가 있다.

그리고 허가 이후에도 제품의 잠재적 유익성과 위해성을 모니터링하기 위한 목적으로, 실제 임상 환경에서 사용한 데이터(RWD)를 분석하여 얻는 임상적 근거인 실사용증거(RWE, Real World Evidence) 자료의 마련을 권고하고 있다. 실사용 데이터는 기존의 임상시험으로부터 수집되지 않은 다양한 유형의 의료데이터에 대한 포괄적인 용어이다. 이는 의료제공자(의료기관), 보험자, 의료소비자(환자, 일반인) 등 다양한 출처로부터 생성될 수 있다. 실사용증거는 실사용 데이터를 분석하여 파생된 증거로써, 실사용 데이터 분석을 통해 얻은 의료기기의 사용 결과나 잠재적 이익 또는 위험성에 관한 임상적 근거를 말한다. 또한, 임상 문헌을 분석하여 파생된 새로운 증거도 포함한다.[56]

지금까지 디지털 치료제로 분류할 수 있는 다양한 첨단 의료기기와 디지털치료기기의 허가·심사 가이드라인을 알아보았다. 정부는 이러한 첨단 의료기기산업을 육성하고 신속한 제품화를 위해 선제적

---

[56] 식품의약품안전처, 『의료기기의 실사용증거(RWE) 적용에 대한 가이드라인(민원인 안내서)』, 2023.7.

인 허가·심사 제도[57]를 도입하였는데, 바로 '단계별 심사 제도'로, 앞서 설명한 「의료기기산업법」 제22조(혁신의료기기 허가·심사 특례)의 전신이라고 할 수 있다. 제조허가 신청 전 ① 제품 연구개발, ② 시험 검사, ③ 임상시험, ④ 허가·심사의 각 단계에서 업체가 제출해야 하는 자료들을 단계별로 사전에 검토하고 동시에 심사하는 제도이다. 허가 신청 후에 보완 없이 즉시 허가가 가능하여 허가 소요기간 단축과 비용 절감 등의 효과를 기대할 수 있다.

3. 소결

동서양을 막론하고 신체 관련 질환을 치료하는 역사는 오래되었지만, 정신 관련 질환과 건강을 다루는 치료의 역사는 비교적 짧다. 근대 초기만 하더라도 정신에 문제가 있다고 해서 개개인을 격리시설에 감금하여 가두고 도덕이나 윤리 등의 교육과 훈련을 강제로 시켰던 역사가 있다.[58] 또 정신건강의 문제를 생물학적 질환으로 보게 되고 약물치료가 개발되어 이를 통해 치료하기 시작하면서, 인간의 정신건강 문제를 어떻게 치료할 것인가는 결국 입원과 치료의 방법에 있어 강제적인 수단과 방법을 가져올 수밖에 없었고, 이는 심각한 사회문제를 낳게 되었다.

그러나 코로나19를 경험하면서 정신건강 문제를 '사회적·심리적' 현상으로서의 장애로 인식하게 되는 계기가 마련되고, 향후 지금까지 소요된 사회적 비용을 상회하는 정신건강 치료비용이 예상되는

---

57 식품의약품안전처, 『첨단 의료기기 단계별 허가·심사 가이드라인(민원인 안내서)』, 2020.3.

58 제철웅 외 8인 공저, 『정신건강과 법』, 홍문사, 2022, 3-10면.

스마트 치료의 공법학

시점에서 이전과는 다른 다양한 대책이 필요하다는 지적이 나오고 있다. 여기에는 관련 법제에 기반한 정책과 제도 수립에 있어 명확한 헌법적 근거가 필요하다고 생각된다. 물론 이하에서 여러 가지 제약상 정신건강 관련 정책 및 법적 기반에 대한 논의를 충분하게 다룰 수는 없지만, 적어도 규범적 기초로서 관련 법률과 헌법이 어떠한 기능과 역할을 해야 하는가에 대한 환기와 문제의식을 가져보고자 한다.

IV. 정신건강 관련 법제 그리고 헌법의 역할

1. 정신건강 관련 법제의 연혁

앞서 언급한 것처럼, 세계보건기구(WHO)는 "완전한 신체적, 정신적, 사회적 웰빙 상태, 단지 질병이 없는 상태 이상의 것"이 건강이며, 정신건강(mental health)은 "우리의 전반적인 웰빙에 필수적이며, 신체적 건강만큼 중요하고 정신적으로 건강하다고 느낄 때 생산적으로 일하고 자유시간을 즐기며 지역사회에 적극적으로 기여"할 수 있다고 정의하고 있다.[59]

따라서 인간이 타인과 일정한 관계를 맺으며, 스트레스를 처리하고, 적절한 결정을 내리기 위해서 정신건강은 필수적이라고 할 수 있다. 하지만 급속도로 변하는 현대사회에서 정신건강이라는 의미는 개인이 속해 있는 문화와 환경에 따라 포괄적인 의미에서 다양하게 정의되고 있으며, 모두가 동의할 수 있는 정신건강의 정확한 정의를 내리기 어렵기 때문에 꾸준한 연구를 필요로 한다고 볼 수 있다.

우리 사회는 1970년대에 들어서면서 농경 위주 사회에서 산업사

---

[59] World Health Organization. https://www.khealth.or.kr/ (최종방문일 2023. 8. 15.).

회로 전환되었고, 급속한 도시화가 이루어졌다. 또한 전통적인 대가족제가 핵가족으로 바뀌었고, 사회변화가 거의 모든 분야에 걸쳐서 발생했다. 이와 같은 변화로 과거에 사회적으로 크게 드러나지 않았던 정신질환자의 문제가 대두되었고, 정신질환자의 폭력과 같은 범죄는 대중매체에서 실제보다 과장되어 보도되면서 정신질환자에 대한 혐오와 낙인이 발생하였다.[60]

이에 정신질환의 위험성은 사회의 안전에 대한 민감성에 따라 점점 크게 작용되었고 사회적 편견도 심화되었다고 할 수 있다. 해외에서도 산업혁명 이후 유사한 현상이 20세기 중반까지 나타났지만, 정신질환자를 사회구성원으로 인정하기 위한 관련 제도가 마련되기 시작했다.[61] 하지만 당시 우리 사회의 정신질환은 적절한 보호나 조치를 위한 법률적 대상이 아니었고, 당사자들의 인권 등 많은 문제가 그대로 방치되었다. 정신질환에 대한 문제가 심화됨에 따라 관련 법률의 제정 필요성이 제기되었는데, 「정신보건법」(현 「정신건강증진 및 정신질환자 복지서비스 지원에 관한 법률」, 약칭: 정신건강복지법)[62]은 정신질환에 대한 법의 제정 여부, 강제 입원 등에 대한 사회의 대응단계에 따라 변화해왔다.[63] 1968년 대한신경정신의학회는 처음으로

---

60 제철웅 외 8인 공저, 앞의 책, 49면 이하.

61 제철웅 외 8인 공저, 앞의 책, 11-25면.

62 동법의 명칭이 너무 길어 축약 형태로 사용됨에 있어 크게 두 가지 명칭으로 쓰이고 있다. 그 하나는 「정신건강복지법」이며, 다른 하나는 「정신건강증진법」이다.

63 헌법재판소는 「정신건강증진 및 정신질환자 복지서비스 지원에 관한 법률」 전면개정 후 개정 법률 시행 전인 2016. 9. 29. '정신보건법 제24조 제1항 및 제2항'의 '보호의무자에 의한 입원(이하 보호입원이라고 한다) 조항'에 대하여 헌법불합치 결정을 내렸다. 대상 결정은 기존의 부당한 보호입원에 대한 문제점을 지적하고, 보호입원제도의 개선방향을 제시한 점에서 의의가 있다고 할 수 있으며, 관련된 자세한 내용으로는 성중탁, "정신건강복지 관련 법제의 문제점과 개선방안 -헌법재판소 2016. 9. 29.자 2014헌가9 정신보건법 헌법불합치결정에 대한 평석을 겸하여-", 『미

'정신보건법안'을 마련했고, 1970년에는 '보건사회부안'이 만들어졌다. 이러한 '안'의 성격은 공공의 위협이나 범죄를 일으킬 가능성이 있는 정신질환자로부터 정상적인 대다수의 국민을 보호하기 위함이라는 사회방위적 관점이 포함되어 있었다. 그래서 1980년대 초반에는 정신보건법을 제정하기 위해 꾸준한 노력이 계속되었지만, 여러 가지 사회적 상황 속에서 제정되는 데까지는 이르지 못했다. 이후 1992년 정신질환이 사회적 문제로 계속 표출되면서, 결국 1995년 정신보건법안이 국회를 통과하고 1997년 3월부터 시행되었다.

「정신보건법」은 일본의 '정신위생법'을 토대로 제정되었는데, 정신질환자의 강제입원 절차를 마련하고 정신보건 인력 및 시설에 대한 기준을 정한 것이 중요한 법안 내용이었다. 이에 따라 정신질환자를 위한 치료와 재활이 제공되었고 다양한 프로그램이 시행되었다. 「정신보건법」은 1995년 12월 30일에 제정된 이후 2016년까지 1회 전부개정(1997. 12. 31.)되었고, 5회 일부개정(2000. 1. 12., 2004. 1. 29., 2008. 3. 21., 2013. 8. 13., 2015. 1. 28.)이 있었다. 그 이후에는 2016년 5월 29일 전부개정을 거치며 「정신건강증진 및 정신질환자 복지서비스 지원에 관한 법률(약칭: 정신건강복지법)」로 명칭이 변경되었고, 정신질환자에 대한 법적 정의를 '독립적으로 일상생활을 영위하는데 중대한 제약이 있는 사람'으로 한정하였다. 이후로는 총 8회 일부개정(2018.6.12., 2018.12.11., 2019.1.5., 2019.4.23., 2019.12.3., 2020. 4.7., 2020.12.29., 2021.6.8.)이 이뤄졌다.

2016년의 전부개정에서는 전 국민을 대상으로 한 정신건강 증진의 장을 신설하고, 정신질환자의 범위를 중증질환자로 축소하였으며, 입·퇴원 제도 개선 및 기타 복지서비스 등 기존에 제기되었던 미

국헌법연구』 제29권 제2호, 미국헌법학회, 2018.8, 105-139면 참조.

흡한 부분이 개선되었다. 이에 반해 해외의 정신건강 관련 법률은 한국에 비해 비교적 일찍 시행되었고, 그로 인해 정신건강 서비스를 위한 구체적인 제도와 시행 법률이 마련되어져 있다고 할 수 있다.[64]

이와 관련하여, 우리의 경우에도 최근 정신건강에 문제를 가지고 있는 당사자들이 해당 단체를 결성하려는 적극적인 움직임을 보이고 있다.[65] 이들의 활동은 앞으로 정신건강 관련 서비스와 정책의 방향성을 결정하는 데 매우 중요한 역할을 하게 될 것이다. 해당 단체는 현행 법률이 지나치게 전문가 등 서비스 제공자에 초점을 맞춰져 있다는 점을 지적하면서, 당사자들을 위한 서비스로 전환되어야 한다는 점을 주장한다. 2023년에만 총 9건의 「정신건강증진 및 정신질환자 복지서비스 지원에 관한 법률 일부개정법률안」이 국회에 발의된 상태이다.

아울러 건강과 관련된 헌법 규범의 내용과 해석에 따라 이러한 법제가 체계적으로 재구성될 필요성이 여전히 제기된다고 하겠다. 이하에서는 정신건강 및 관련 치료를 위한 바탕으로써, 해당 헌법적 근거와 내용을 어떻게 도출할 수 있을지에 대해 논의해 보고자 한다.

2. 법적 근거와 헌법의 역할

오늘날 많은 사람들이 보다 행복한 삶을 영위하기 위한 건강관리에 많은 관심을 기울이고 있다. 헌법재판소는 국민의 건강권과 직결되는 식품 안전과 관련된 결정에서 "건강기능식품의 기능성 표시 · 광

---

64 신치환 · 유은영, "한국 정신건강 서비스의 배경과 정신건강복지법 개정에 따른 정신건강작업치료사의 함의", 『대한작업치료학회지』 제30권 제4호, 대한작업치료학회, 2022, 20-21면 참조.

65 제철웅 외 8인 공저, 앞의 책, 152-154면.

고와 같이 규제의 필요성이 큰 경우에 언론·출판의 자유를 최대한
도로 보장할 의무를 지는 외에 헌법 제36조 제3항에 따라 국민의 보
건에 관한 보호의무도 지는 입법자가 국민의 표현의 자유와 보건·건
강권 모두를 최대한 보장하고, 기본권들 간의 균형을 기해야 한다."[66]
고 판시하고 있는데, 이를 비추어 볼 때 국민의 건강권 침해 여부를
독자적으로 판단하고 있지 않고, 부수적으로만 판단하고 있다고 보
인다.[67]

　현대사회에서 인간이 건강한 삶을 유지하는 데 있어 보건의료는
매우 중요한 역할을 한다고 볼 수 있다. 따라서 국가는 국민의 생명
과 신체의 안전을 지키기 위해 최선을 다해야 할 보건의료를 제공·유
지할 의무가 있다. 이런 측면에서 볼 때, 디지털 헬스케어를 포함한
보건의료 정책 및 제도는 국가의 중요한 책무가 아닐 수 없으며, 국
민의 건강권은 중요한 관련 기본권이 아닐 수 없다. 우리 헌법은 인
간의 존엄과 가치, 행복추구권, 인간다운 생활을 할 권리, 보건권 등
을 통하여 국민의 건강권을 규정하고 있으나, 그 의미와 근거, 국가
의 보호 정도에 대해서는 보다 구체적인 해석이 필요하다고 보인다.

　건강권과 관련된 국제적 차원의 규정을 살펴보면, 1948년 세계인
권선언 제25조는 "모든 사람은 식량, 의복, 주택, 의료, 필수적인 사
회역무를 포함하여 자신과 가족의 건강과 안녕에 적합한 생활수준을
누릴 권리를 가지며, 실업과 질병, 불구, 배우자와의 사별, 노령, 그
밖의 자신이 통제할 수 없는 상황에서의 다른 생계결핍의 경우 사회
보장을 누릴 권리를 가진다."고 규정하고 있다.[68]

---

66 헌법재판소 2010. 7. 29. 선고 2006헌바75 결정.
67 헌법재판소 2014. 9. 25. 선고 2013헌바28 결정; 헌법재판소 2015. 12. 23. 선고
　　2015헌바75 결정 등.

1948년 세계보건기구(WHO) 헌장은 "건강은 완전한 신체적, 정신적 상태 및 사회적 안녕을 의미"한다고 규정하였고[69], 1966년 경제적·사회적·문화적 권리에 관한 A규약은 제7조 '공정하고 유리한 근로조건을 모든 사람이 향유할 권리', 제9조 '모든 사람이 사회보험을 포함한 사회보장을 받을 권리', 제10조 '임산부에 대한 특별한 보호, 어린이와 연소자에 대한 경제적, 사회적 착취로부터 보호', 제11조 '자신과 가정을 위한 적당한 생활수준을 누릴 권리와 생활조건을 지속적으로 개선할 권리', 제12조 '신체적·정신적 건강을 향유할 권리'에서 건강권을 규정하고 있다. 특별히, 제10조는 어린이와 연소자를 도덕 또는 건강에 유해하거나 생명에 위험하거나 정상적 발육을 저해할 우려가 있는 노동에 고용하는 것은 법률에 의하여 처벌할 수 있다고 규정하였다. 1986년 세계보건기구(WHO)의 건강증진을 위한 「오타와 헌장(Ottawa Charter for Health Promotion)」에서는 건강이란 '삶의 목표가 아닌 일상적인 생활을 위한 수단'으로 규정하고 있으며,[70] 1988년 세계보건기구(WHO)는 육체적, 정신적, 사회적 관점에서의 건강 이외에도 '영적 안녕(spiritual well-being)'이라는 요인을 추가하였다.[71] 즉, 국제적 차원에서도 건강권의 내용은 그 영역을 점차 확대하여 나가고 있는 추세라고 할 수 있다.

대한민국 제헌헌법은 제19조에서 "노령, 질병 기타 근로능력의

---

68 김희성·홍은경, "건강권 및 의료접근권에 관한 비교법적 고찰", 『강원법학』 제36권, 강원대학교 비교법학연구소, 2012.6, 235-241면.

69 http://www.who.int/governance/eb/who_constitution_en.pdf?ua=1 (최종방문일 2023. 8. 16.).

70 http://www.who.int/healthpromotion/conferences/previous/ottawa/en/ (최종방문일 2023. 8. 16.).

71 김주경, "건강권의 헌법학적 내용과 그 실현", 『법학연구』 제23권 제4호, 연세대학교 법학연구원, 2013.4, 94-95면.

스마트 치료의 공법학

상실로 인하여 생활유지의 능력이 없는 자는 법률의 정하는 바에 의하여 국가의 보호를 받는다."고 규정하였고, 현행헌법 제36조 제3항은 "모든 국민은 보건에 관하여 국가의 보호를 받는다."고 규정하고 있다. 국제적 차원에서는 건강권의 내용이 확대되고 있는 반면, 우리 헌법은 보건에 대한 국가의 보호의무 이외에는 건강권의 내용과 관련하여서는 명시적으로 규정하지 않고, 전적으로 헌법해석에 의존하고 있어 그 구체적 내용을 파악하는 데 어려움이 있다.

우리 헌법에서 명시적으로 '건강'이라고 표현한 것은 제35조의 '건강'하고 쾌적한 환경에서 생활할 권리 내지 제36조 제3항에서 모든 국민은 '보건'에 관하여 국가의 보호를 받는다는 규정에서만 찾을 수 있을 뿐이다. 이런 연유로 국민의 '건강권'을 어떻게 헌법에서 도출할 것인지에 대하여 모호한 측면이 있다고 보인다. 즉, 건강권의 개념을 위에서 언급한 헌법의 명시적인 규정을 통해서만 도출해 낼 수 있다고 파악하여 협의의 개념으로 볼 것인지, 그 이외에 헌법 해석을 통해 더 넓은 범위까지 도출해 낼 수 있다고 하여 광의의 개념으로 파악할 것인지에 대한 논란이 존재한다.

이와 관련하여 대체적으로 국내 학자들은 국민이 국가에 필요한 급부를 요구할 수 있는 구체적인 권리로 해석하는 경향을 보인다. 즉, 국민이 자신과 가족의 건강을 유지하는 데 필요한 국가적 급부와 배려를 요구할 수 있는 권리,[72] 국가가 국민의 보건 향상, 의료 개선, 건강관리를 위한 국가의 시책 등을 행할 것을 요구할 수 있는 적극적 권리,[73] 모든 국민이 가정과 사회에서 질병의 노예가 되지 않고 개성을 신장시키며 행복을 추구할 수 있도록 적극적인 보건정책을 펼쳐

---

[72] 성낙인, 앞의 책, 1561면.
[73] 정재황, 『헌법학』, 박영사, 2021, 1412면.

나갈 국가의 의무를 수반하는 국민의 권리[74] 등이라고 하여 건강권의 개념을 우리 헌법 제36조 제3항으로부터 해석되는 협의의 건강권으로 파악하고, 이를 통하여 국가의 보호의무까지도 도출된다고 보고 있다. 또한, 헌법재판소도 국민이 국가에 대하여 건강한 생활을 침해하지 않도록 요구할 수 있을 뿐만 아니라 보건을 유지하도록 국가에 대하여 적극적으로 요구할 수 있는 권리라고 판시한 바 있다.[75]

하지만 건강권의 개념을 헌법 제36조 제3항의 규정으로부터 도출되는 협의의 건강권만으로 파악하는 것은 다소 문제가 있어 보인다. 헌법전문상의 '우리들과 우리 자손들의 안전과 행복을 영원히 확보'할 것이라는 내용, 헌법 제10조의 '인간으로서의 존엄과 가치', 제12조의 '신체의 자유', 제21조의 '건강과 관련된 알 권리', 제34조의 '인간다운 생활을 할 권리', 제35조의 '건강하고 쾌적한 환경에서 생활할 권리', 제36조 제3항의 '국민 보건에 대한 국가의 보호의무' 및 제37조 제1항의 '헌법에 열거되지 아니한 자유와 권리의 경시 금지' 등을 통해 '건강권'을 헌법상 기본권의 하나로 해석하여 인정한다고 할 때, '건강권'은 필연적으로 매우 포괄적이고, 광범위한 권리라고 볼 수밖에 없고, 따라서 헌법상의 건강권은 광의의 건강권으로 해석하는 것이 더 타당하기 때문이다.

이처럼 건강권의 개념을 광의로 해석할 경우, 헌법상 건강권의 근거는 다음과 같이 설명할 수 있을 것이다.[76] 첫 번째, 대한민국 헌법 전문은 명문에서 우리들의 자손의 안전과 행복을 영원히 확보할

---

74 허영, 앞의 책, 494면.

75 헌법재판소 1998. 7. 16. 선고 96헌마246 결정.

76 김성률, "헌법상 건강권의 내용과 식품안전의 보장", 『헌법학연구』 제22권 제3호, 한국헌법학회, 2016.9, 115-116면.

것을 규정하여 국민의 안전을 국가의 항구적인 목표임을 선언하고 있다는 점이다. 두 번째, 헌법 제10조는 모든 국민은 인간으로서의 존엄과 가치를 가진다고 규정하여 인간의 존엄과 가치가 존중되기 위한 전제조건으로서 안전하고 건강한 삶의 보장을 모든 기본권 보장의 기본적 요건임을 선언하고 있다는 점이다. 따라서 인간은 자신의 건강과 관련하여 그 누구의 간섭이나 개입 없이 스스로 결정할 권리를 가진다.[77] 세 번째, 헌법 제12조는 신체의 자유를 규정하고 있는데, 이는 국가가 임의로 주권자인 국민의 신체의 자유를 침해하지 못하도록 하고 있다는 점이다. 즉, 누구든지 법률에 의하지 않고는 신체의 완전성을 침해받지 않도록 국민의 신체의 안전성을 보장하고 있다.[78] 네 번째, 헌법 제21조는 국민의 건강과 관련된 알 권리를 포함하고 있는데, 만약 국민의 건강권이 문제 되는 경우, 국가는 국민들의 요청이 있는 때에는 해당 내용을 지체 없이 알려야 한다는 점이다. 나아가 국민들의 요청이 없는 경우에도 국민의 건강에 위해를 끼칠 염려가 있는 때에는 이를 적극적으로 알려야 한다. 다섯 번째, 헌법 제34조는 모든 국민의 인간다운 생활을 할 권리를 규정하고 있는데, 국가는 모든 국민에게 최저한의 생활 보장을 영위할 수 있도록 필요한 최소한의 급부를 제공하고 국민이 최저한의 생계를 유지할 수 있도록 노력해야 한다.[79] 여섯 번째, 헌법 제35조는 모든 국민이 건강하고 쾌적한 환경에서 생활할 권리를 가진다고 규정하여 깨끗한 환경을 조성하고 보전해야 할 의무를 국가와 국민 모두에게 부과하고 있다. 일곱 번째, 헌법 제36조 제3항은 국민 건강에 대한 국가의

---

[77] 전광석, 『한국헌법론(제16판)』, 집현재, 2021, 498면.
[78] 헌법재판소 1992. 12. 24. 선고 92헌가8 결정.
[79] 헌법재판소 2004. 8. 26. 선고 2003헌마457 결정.

보호의무를 규정하고 있다. 이것은 국가의 국민 건강에 대한 보호책임을 헌법이 요구하고 있는 것이다.[80] 마지막으로, 헌법 제37조 제1항은 국민의 자유와 권리는 헌법에 열거되지 아니한 이유로 경시되지 않는다고 규정하고 있는데, 이는 명시적인 헌법 규정이 없는 경우에도 이를 간과하거나 경시해서는 안 된다는 헌법해석상의 절대 원칙을 재확인하고 있는 것이다.[81] 그러므로 건강권을 광의의 개념으로 파악하는 경우에는 우리 헌법이 건강권을 명시적으로 규정하고 있든지, 해석상으로 인정할 수 있든지 간에 건강권과 관련되는 모든 헌법 규정이 헌법적 근거가 된다고 할 수 있을 것이다.

건강권의 법적 성격에 대하여는 생존권으로 보는 견해,[82] 사회적 기본권으로만 보는 견해,[83] 자유권적 성격과 사회권적 성격을 모두 가지나 주된 성격을 사회권적인 것으로 보는 견해,[84] 국가의 의무를 수반하는 국민의 권리라고 보는 견해[85] 등이 있다. 이를 종합해보면, 국가에 의한 건강권의 침해를 방어하고 궁극적으로 국민의 건강권을 보장하기 위해서는 국가의 적극적인 급부가 필요하다는 측면을 고려한다면 건강권은 자유권적 성격과 사회권적 성격을 모두 가지지만 사회권적 성격이 보다 주된 것으로 파악된다고 해석할 수 있다.[86]

이처럼 헌법상 건강권을 보다 구체화할 수 있는 방법은 국가가

---

80 김하열, 앞의 책, 762면.

81 헌법재판소 2015. 7. 30. 선고 2014헌바6 결정.

82 김학성 · 최희수, 『헌법학원론』, 피앤씨미디어, 2021, 757면; 정재황, 앞의 책, 1412-1413면.

83 이준일, 『헌법학강의(제8판)』, 홍문사, 2023, 429-430면; 장영수, 『헌법학(제13판)』, 홍문사, 2021, 874면.

84 성낙인, 앞의 책, 1560-1561면.

85 허영, 앞의 책, 494면.

86 헌법재판소 1996. 10. 31. 선고 94헌가7 결정; 김성률, 앞의 논문, 156면.

국민을 위한 보건정책 · 보건제도 내지 의료보험과 같은 사회보험 같은 보건의료 관련 보장체계를 통해서 실현할 수밖에 없으므로, 새로운 보건의료 분야와 기술에 대한 적극적 관심과 지원, 관련 정책과 제도 수립은 당연한 국가의 책무이자 의무라고 하겠다.[87]

V. 결론

코로나19 팬데믹 상황에서 대면 접촉은 지양되고 정신건강 측면에서 시급한 대응의 필요성이 제기되면서 보건의료 분야에서 디지털 헬스케어 내지 스마트 헬스케어가 부상하고 있다. 현재 이와 관련하여 구체적인 논의와 세부적 지원은 아직 미흡한 실정이다. 이에 본고에서는 국민의 생명과 건강을 보장하기 위한 국가의 보호의무를 다시 한번 확인하기 위해 새로운 사회변화에 부응하기 위한 헌법의 역할을 제고해 보고자 하였다.[88]

알려진 것처럼 다양한 정보통신기술(ICT)을 이용하여 시간과 공간에 구애받지 않고 언제 어디서나 건강과 생활과 삶을 유지하기 위한 새로운 형태의 서비스인 디지털 헬스케어가 4차 산업혁명과 디지털 혁신의 배경하에 많은 주목을 받고 있다. 갈수록 고령화 추세와 사회환경의 변화로 산업구조는 급격히 변경되고 있으며, 의료산업의 구조도 개편되고 있다. 보건의료 관련 분야는 지금까지 진단 및 치료

---

87 이형석, "유럽인권협약 제2조 생명권의 해석과 적용에 관한 연구 - 유럽인권재판소 결정례를 중심으로 -", 『유럽헌법연구』 제42호, 유럽헌법학회, 2023.8, 102-103면.

88 이는 국가가 종합적이고 체계적인 보건의료정책을 수립 · 시행하고, 국민의 정신건강을 증진시키고 정신질환을 예방하며 정신질환자의 의료 및 장애극복을 위한 필요한 조치를 하며, 영유아와 임산부의 건강을 위하여 필요적절한 조치를 하는 것 모두가 당연히 헌법상 국가의 적극적인 생명 및 건강 보호의무로부터 나온다는 것을 의미한다.

에만 치우쳐 있던 한계에서 벗어나 적극적이고 선제적인 관점에서 다양한 빅데이터, 인공지능 기술 등과 조화를 통해 치료 중심에서 사전적 질병 예방과 건강관리 중심으로, 나아가 디지털 헬스케어 의료 시장으로 점차 변화되고 있다.

디지털 헬스케어 분야가 확대되고 지능화된 의료 센서나 기기에 의한 개인정보 및 의료정보가 모니터링되면서, 유무선 네트워크와의 밀접한 연관을 통하여 향후 건강정보의 공유가 확대될 것이다. 이처럼 보건의료는 사람의 생명과 건강을 다루는 중요한 분야이다. 건강한 국민만이 행복을 추구하고 자유롭게 인격을 발현할 수 있다.[89] 우리 헌법은 보건이란 '건강을 지키고 유지'하는 것이라고 해석하고 있으며, 보건에 관한 헌법의 내용과 규범적 기초는 궁극적으로 '국민의 보건' 내지 '국민의 건강'에 대한 국가의 적극적인 보호의무에 터를 두고 있다.[90] 따라서 향후 정신건강 및 스마트 치료(디지털 치료제 포함) 영역에 있어서 관련 주체들이 적극적으로 요청했을 때 국가는 헌법 규범의 근거하에 국민의 건강을 배려하고 급부를 제공할 수 있도록 보다 구체적인 법적 · 제도적 · 정책적 토대를 마련하여야 할 것이다.

---

89 한수웅, 『헌법학(제11판)』, 법문사, 2021, 109면.

90 장영철, 앞의 책, 643면. 헌법상 국가의 국민보건의무에 기하여 국민의 건강권도 보장하고 있는 입법으로는 「보건의료기본법」, 「국민건강증진법」, 「의료법」, 「약사법」, 「의료보호법」, 「감염병의 예방 및 관리에 관한 법률」, 「정신건강복지법」, 「구강보건법」 등이 있다. 또한 보건담당기구가 설치 및 운영되고 있으며, 각종 예방활동과 건강보험제도가 시행되고 있다.

스마트 치료의 공법학

참고문헌

1. 단행본

김하열, 『헌법강의(제5판)』, 박영사, 2023.

김학성·최희수, 『헌법학원론』, 피앤씨미디어, 2021.

성낙인, 『헌법학(제23판)』, 법문사, 2023.

양 건, 『헌법강의(제12판)』, 법문사, 2023.

이선경·허정문, 『스마트 치료의 이론과 실제』, Wisdom Lab, 2021.

이준일, 『헌법학강의(제8판)』, 홍문사, 2023.

이헌환, 『대한민국 헌법사전(증보판)』, 박영사, 2023.

장영수, 『헌법학(제13판)』, 홍문사, 2021.

장영철, 『헌법학』, 박영사, 2022.

전광석, 『한국헌법론(제16판)』, 집현재, 2021.

정재황, 『헌법학』, 박영사, 2021.

제철웅 외 8인 공저, 『정신건강과 법』, 홍문사, 2022.

조르조 아감벤 지음·박문정 옮김, 『얼굴없는 인간』, 효형출판, 2021.

한수웅, 『헌법학(제11판)』, 법문사, 2021.

허 영, 『한국헌법론(전정19판)』, 박영사, 2023.

2. 논문

개인정보보호위원회, 『2019 개인정보 연차보고서』, 개인정보보호위원회, 2019.

구영덕, "디지털 치료제(Digital Therapeutics) 시장 동향 및 발전 방향", 『ASTI 마켓 인사이트』 제95호, 한국과학기술정보연구원, 2022.6.2.

국가인권위원회, 『유엔 인권조약기구 일반논평 및 일반권고: 사회권규약위원회 일반논평』, 국가인권위원회, 2020.

김성률, "헌법상 건강권의 내용과 식품안전의 보장", 『헌법학연구』 제22권 제3호, 한국헌법학회, 2016.9.

김승환·정득영, "ICT 융합 기반의 비대면 헬스케어 기술 동향", 『정보와통신』 제37권 제9호, 한국통신학회지, 2020.

김주경, "건강권의 헌법학적 내용과 그 실현", 『법학연구』 제23권 제4호, 연세대학교 법학연구원, 2013.4.

김희성·홍은경, "건강권 및 의료접근권에 관한 비교법적 고찰", 『강원법학』 제36권, 강원대학교 비교법학연구소, 2012.6.

생명공학정책연구센터, "디지털 치료제(Digital Therapeutics) 개발 동향", 2019.10.29.

성중탁, "정신건강복지 관련 법제의 문제점과 개선방안 ─ 헌법재판소 2016. 9. 29.자 2014헌가9 정신보건법 헌법불합치결정에 대한 평석을 겸하여 ─", 『미국헌법연구』 제29권 제2호, 미국헌법학회, 2018.8.

식품의약품안전처 의료기기안전국, 『혁신의료기기 지정 절차 및 방법, 기준 등에 관한 안내』, 2021.4.

식품의약품안전처, 『빅데이터 및 인공지능(AI) 기술이 적용된 의료기기의 허가·심사 가이드라인(민원인 안내서)』, 2019.10.

_____, 『첨단 의료기기 단계별 허가·심사 가이드라인(민원인 안내서)』, 2020.3.

_____, 『가상·증강현실(VR·AR) 기술이 적용된 의료기기의 허가·심사 가이드라인(민원인 안내서)』, 2021.4.

_____, 『디지털치료기기에 대한 허가·심사 가이드라인(민원인 안내서)』, 2020.8.

_____, 『모바일 의료용 앱 안전관리 지침(민원인 안내서)』, 2020.2.

_____, 『인공지능 의료기기의 허가·심사 가이드라인(민원인 안내서)』, 2022.5.

_____, 『의료기기 소프트웨어 허가·심사 가이드라인(민원인 안내서)』, 2023.7.

_____, 『의료기기의 실사용증거(RWE) 적용에 대한 가이드라인(민원인 안내서)』, 2023.7.

신치환·유은영, "한국 정신건강 서비스의 배경과 정신건강복지법 개정에 따른 정신건강작업치료사의 함의", 『대한작업치료학회지』 제30권 제4호, 대한작업치료학회, 2022.

엄주희, "보건의료법학과 헌법의 교차점 – 보건의료 규범에 관한 헌법적 고찰", 『인권법평론』 제24호, 공익인권법센터, 2020.2.

이다은·김석관, "디지털 헬스케어 혁신동향과 정책 시사점", 『동향과 이슈』, 과학기술정책연구원, 2018.

이세주, "유럽연합 기본권 헌장상 생명권과 심신 온전성의 권리에 대한 고찰", 『헌법학연구』 제23권 제2호, 한국헌법학회, 2017.6.

이형석, "유럽인권협약 제2조 생명권의 해석과 적용에 관한 연구 – 유럽인권재판소 결정례를 중심으로 –", 『유럽헌법연구』 제42호, 유럽헌법학회, 2023.8.

정준호·김정숙, "u–헬스케어 환경에 따른 의료정보 보안이슈", 『한국멀티미디어학회 학회지』 제19권 제3호, 한국멀티미디어학회, 2015.9.

정준화, "메타버스(metaverse)의 현황과 향후과제", 『이슈와 논점』 제1858호, 국회입법조사처, 2021.

한국전자통신연구원, "디지털치료제 현황 분석 및 발전 방향", 『기술정책이슈』, 2020.5.

정태호의원 등 11인, 『디지털 헬스케어산업의 육성 및 지원에 관한 법률안』, 의안번호 14722.

KOTRA 해외시장뉴스, "디지털 테라퓨틱스 시대의 도래", 2019.2.

International Labour Organization, "*Non–standard employment around the world: Understanding challenges, shaping pros–pects*", Publications of the International Labour Office, 2016.

04

헌법체계상 인격권과의 관계에서 본
프라이버시권(사생활의 비밀과 자유)의 내용 및 성격
— 암호화된 의료정보에 있어 민감정보 범위 및
안전조치 기준에 관한 보론 —

목 차

I. 서론

II. 미국에서의 프라이버시권(사생활의 비밀과 자유)의 역사적 전개 및 내용

III. 인간의 존엄·가치, 인격권과 프라이버시권의 관계

IV. 결론 - 민감정보의 유형에 따른 안전조치 기준의 차별화

국문초록

프라이버시권은 미국에서 생성·발전한 권리이지만 수정헌법에 직접 명시한 권리는 아니고, 헌법에 명시된 기본권이 구체적으로 실현되는 과정에서 그 빛의 발산으로 새로운 생명력을 가진 권리를 만드는 반영권의 성격을 지닌다. 초기에는 자신의 집안에서 정부의 권력으로부터 안전을 보장받을 권리로 나타났지만, 사회의 변화와 과학기술의 발전에 따라 혼자 있을 권리라는 포괄적 의미로 변천하여 지성과 감성의 정신적 생활도 보호영역에 속하게 되었다. 오늘날 프라이버시권은 수정헌법 제14조 정당한 법의 절차로

스마트 치료의 공법학

보호되는 자유에 근거하여 설명하는 입장으로 수렴된다. 또한 법적 구제의 중심이 손실의 전보에 있지 않고 개인의 존엄과 정신이 위협받지 못하게 사회적으로 옹호하는 데 있다. 이에 따라 프라이버시권은 사회의 규범적 비난으로부터 벗어나 개인이 자신의 사적인 삶을 존중받을 수 있는 권리로 발전하였고, 이를 통해 사적 생활영역에서의 개인의 자율성을 보장하는 관념적·형식적 권리가 되었다. 한편, 인격권은 독일에서 생성·발전한 권리로 일반적 행동의 자유와 좁은 인격적 생활영역의 권리로 나누어진다. 일반적 행동의 자유는 다른 개별 기본권들을 모두 포함하는 포괄적 권리의 성격을 갖는 반면, 좁은 인격적 생활영역의 권리는 그 개별 기본권들로 미처 파악하지 못한 영역의 인격적 이익을 보호하는 보충적 권리의 성격을 갖는다. 그러나 두 기본권은 서로 별개의 권리가 아니라 인격권이 자기결정권을 기초로 한 관념적 형식의 권리라는 점에서 볼 때 동일한 권리가 현실에서 실현되는 두 가지 모습이다. 프라이버시권과 인격권은 관념적 형식의 권리라는 점에서 다른 기본권들과 구별되는 공통성을 갖고 있으며, 법체계의 근본규범이 될 요건을 갖추고 있다. 그러나 우리 헌법이 추구하는 인간상이 개인성과 사회성이 조화를 이룬 균형잡힌 인간이므로 사적 자율성과 공적 자율성을 함께 추구하는 인격권과 그 근거인 인간의 존엄성이 근본규범에 더 부합한다. 그런데 우리 헌법 제17조는 사생활의 자유와 비밀을 규정하여 프라이버시권을 별도로 보호하고 있다. 여기서 프라이버시권이 갖는 독자적 의미는 헌법이 추구하는 인간상에 맞는 인격을 형성하는 과정이 단순하지 않다는 데서 찾을 수 있다. 인격권이 전제하고 있는 고양된 인격의 완성은 각 개인이 자신만의 고유한 가치를 잃지 않는 데서 출발하는데, 이는 다른 개인은 물론 자신에게 주어진 사회적 역할에서 벗어날 때에야 비로소 개발할 수 있다. 프라이버시권은 개인이 사회적 관계로부터 단절되어 자연인으로서 갖는 고유한 가치를 보장하기 위한 기본권으로 사적 자율성만을 보장하는 점에서 관념적 형식의 권리이지만 인격권과 구별된다.

I. 서론

4차 산업혁명 시대의 핵심기술로 인공지능, 사물인터넷, 빅데이터를 들 수 있다. 이 중에서 빅데이터는 인공지능이 머신러닝을 통한 사전학습을 함에 있어 대량의 데이터를 제공하므로 그 활용가치가 날이 갈수록 커지고 있다. 특히, 의료분야에서 빅데이터의 중요성은 더욱 그러하다. 병원과 약국 및 건강보험공단 사이에 오가는 환자의 의료정보에 대한 분석과 활용은 의료복지의 측면뿐만 아니라 질병진단, 치료서비스, 약품의 개선 등 의료시스템 전반의 발전을 가져오는 자양분으로 작용한다. 반면, 빅데이터에 기반한 의료분야에서의 4차 산업 발전은 인간의 자유와 권리를 침해할 위험도 함께 지닌다. 예를 들어 의료정보의 유출로 인한 환자의 의료정보 침해는 사생활과 관련한 민감한 정보이기에 권리침해의 심각성이 문제된다. 이를 방지하기 위한 법률로 개인정보 보호법 제23조가 있다. 이에 따르면 건강 등 프라이버시를 침해할 우려가 있는 개인정보를 민감정보라 하여 해당정보를 관리하는 자, 즉 개인정보처리자로 하여금 법령에서 허용하지 않거나 당사자의 동의가 없으면 처리할 수 없게 한다. 당사자의 동의가 있는 경우에도 개인정보처리자는 제23조 제2항에 따라 기술적·관리적·물리적인 안전조치를 할 의무가 있다.[1] 만약, 안전조

---

[1] 개인정보 보호법 제23조(민감정보의 처리 제한) ① 개인정보처리자는 사상·신념, 노동조합·정당의 가입·탈퇴, 정치적 견해, 건강, 성생활 등에 관한 정보, 그 밖에 정보주체의 사생활을 현저히 침해할 우려가 있는 개인정보로서 대통령령으로 정하는 정보(이하 "민감정보"라 한다)를 처리하여서는 아니 된다. 다만, 다음 각 호의 어느 하나에 해당하는 경우에는 그러하지 아니하다.
1. 정보주체에게 제15조제2항 각 호 또는 제17조제2항 각 호의 사항을 알리고 다른 개인정보의 처리에 대한 동의와 별도로 동의를 받은 경우
2. 법령에서 민감정보의 처리를 요구하거나 허용하는 경우

스마트 치료의 공법학

치의무를 비롯한 법률이 정한 방식으로 민감정보를 처리하지 않는다면 개인정보 보호법상의 형사처벌과 함께 민법상 불법행위로 인한 손해배상책임을 진다.[2] 한편, 개인정보 보호법 제29조에서 규정한 안전조치의무는 민감정보뿐만 아니라 개인정보 일반에 적용된다. 민감정보에 관한 제23조가 적용되지 않는 경우에도 개인정보처리자는 제29조에 따라 개인정보에 대한 안전조치의무를 해야 하고, 이를 위반하여 개인정보가 분실·도난·유출 등을 당하였을 때에는 민사상 손해배상책임과 함께 행정상 과징금을 부과받을 수 있다.[3]

---

② 개인정보처리자가 제1항 각 호에 따라 민감정보를 처리하는 경우에는 그 민감정보가 분실·도난·유출·위조·변조 또는 훼손되지 아니하도록 제29조에 따른 안전성 확보에 필요한 조치를 하여야 한다.

제29조(안전조치의무) 개인정보처리자는 개인정보가 분실·도난·유출·위조·변조 또는 훼손되지 아니하도록 내부 관리계획 수립, 접속기록 보관 등 대통령령으로 정하는 바에 따라 안전성 확보에 필요한 기술적·관리적 및 물리적 조치를 하여야 한다.

2 개인정보 보호법 제71조(벌칙) 다음 각 호의 어느 하나에 해당하는 자는 5년 이하의 징역 또는 5천만원 이하의 벌금에 처한다.

4. 제23조 제1항을 위반하여 민감정보를 처리한 자

민법 제750조(불법행위의 내용) 고의 또는 과실로 인한 위법행위로 타인에게 손해를 가한 자는 그 손해를 배상할 책임이 있다.

민법 제751조(재산 이외의 손해의 배상) ① 타인의 신체, 자유 또는 명예를 해하거나 기타 정신상고 통을 가한 자는 재산 이외의 손해에 대하여도 배상할 책임이 있다.

3 개인정보 보호법 제64조의2(과징금의 부과) ① 보호위원회는 다음 각 호의 어느 하나에 해당하는 경우에는 해당 개인정보처리자에게 전체 매출액의 100분의 3을 초과하지 아니하는 범위에서 과징금을 부과할 수 있다. 다만, 매출액이 없거나 매출액의 산정이 곤란한 경우로서 대통령령으로 정하는 경우에는 20억원을 초과하지 아니하는 범위에서 과징금을 부과할 수 있다.

9. 개인정보처리자가 처리하는 개인정보가 분실·도난·유출·위조·변조·훼손된 경우. 다만, 개인정보가 분실·도난·유출·위조·변조·훼손되지 아니하도록 개인정보처리자가 제29조(제26조 제8항에 따라 준용되는 경우를 포함한다)에 따른 안전성 확보에 필요한 조치를 다한 경우에는 그러하지 아니하다.

이전에는 개인정보 보호법 제29조 위반이 형사처벌의 대상이기도 했으나 개정법률에서는 해당 규정이 삭제되었다.

구 개인정보 보호법(2023. 3. 14 개정 전) 제73조(벌칙) 다음 각 호의 어느 하나에 해당하는 자는 2년 이하의 징역 또는 2천만원 이하의 벌금에 처한다.

이와 관련한 의료정보 침해 사례가 과거에 있었다.[4] 당시 민사법원은 제공된 환자의 정보가 개인정보 보호법에서 보호하는 개인정보, 즉 민감정보에 해당하는지를 중심으로 판단하였다. 개인정보 보호법 제2조 1호에 따르면 개인정보란 살아있는 개인의 정보로 성명, 주민등록번호 등과 같이 특정 개인의 것으로 식별할 수 있는 정보를 말한다. 따라서 암호화와 같이 비식별조치를 한 정보라면 원칙적으로 개인정보에 해당하지 않는다. 다만, 해당 정보만으로는 특정 개인을 식별할 수 없지만 다른 정보와 쉽게 결합하여 특정 개인을 식별할 수 있는 경우에는 개인정보에 해당한다. 이러한 식별가능성과 관련하여 1심 법원은 암호화된 정보의 경우 '재식별가능성이 현저한지 여부'를 기준으로 개인정보에 해당하는지를 판단하였다. 이에 따라 암호화방식이 단순한 1기 암호화정보는 개인정보에 해당하는 것으로 보아 개인정보법을 위반한다고 보았다. 그러나 2기 암호화 정보는

---

1. 제23조 제2항, 제24조 제3항, 제25조 제6항, 제28조의4제1항 또는 제29조를 위반하여 안전성 확보에 필요한 조치를 하지 아니하여 개인정보를 분실·도난·유출·위조·변조 또는 훼손당한 자

4 대한약사회 소속 재단법인인 약학정보원이 병원과 약국에서 사용한 처방전과 조제정보를 미국의 통계회사인 IMS Health사에 제공한 사건이다. 당시 약학정보원은 약국관리 프로그램인 팜매니저2000을 관리·운영하는 기관으로, 각 약국은 이 프로그램을 설치하여 환자가 제출한 처방전을 토대로 건강심사평가원에 조제료를 청구할 수 있게 하였다. 동시에 약학정보원에도 처방전의 정보를 자동 전송하도록 하였다. 이렇게 수집한 환자의 정보를 약학정보원은 IMS Health사에 판매하였고, IMS Health사는 받은 정보를 통계화하여 국내 제약회사들에 판매했다. 문제는 약학정보원이 정보주체인 환자의 동의 없이 의료정보를 IMS Health사에 제공한 데 있다. 3차례의 암호화된 방식으로 의료정보를 제공하였지만 1기 암호화방식은 양방향 암호화인데다가 규칙이 단순하여 IMS Health사가 복호화 함수에 접근하는 것이 어렵지 않았다. 이에 비해 2기와 3기의 암호화방식은 일방향 암호화이고 난수를 생성하는 등 높은 기술조치로 IMS Health사가 자체적으로 복호화하는 것을 불가능하게 하였지만, 매칭테이블을 함께 제공하였기 때문에 IMS Health사가 이를 암호화된 정보와 결합시켜 복호화할 가능성을 여전히 남겨 두었다.

높은 기술적 조치를 취하였고, 매칭테이블을 제공하였지만 이를 상대방이 재식별하여 복호화할 경제적 이유를 찾을 수 없을 뿐만 아니라 실제로 복호화 시도를 한 적도 없다는 이유로 개인정보에 해당하지 않는 것으로 보고 개인정보 보호법을 위반하지 않는다고 판결하였다.[5] 반면, 2심법원에서는 '재식별가능성이 합리적으로 존재하는지 여부'를 기준으로 개인정보 여부를 판단하였다. 또한 복호화에 대한 경제적 이유 등 정보를 받은 상대방의 주관적 동기나 활용방법은 판단에 있어 고려요소가 아니라고 보았다. 이에 따라 2기 암호화정보도 매칭테이블을 결합하여 복호화할 가능성이 있으므로 개인정보에 해당하여 개인정보 보호법을 위반한 것으로 판단하였다.[6] 다만, 1심과 2심 모두 개인정보가 통계의 목적으로만 활용되었을 뿐 다른 제3자에게 제공되지 않았고, 추가적 피해가 발생하지 않았으며, 이후 관련 정보가 데이터센터에서 삭제되었다는 점을 들어 손해는 발생하지 않았다고 보아 불법행위로 인한 손해배상청구 부분은 기각하였다.

한편, 형사재판에서는 개인정보 보호법 위반행위에 구성요건적 고의가 있었는지 여부를 중심으로 판단하였다. 형사범에서 고의는 범죄사실의 발생 가능성을 인식함은 물론 이를 용인하는 의사까지 있을 때 인정된다.[7] 사안의 경우 암호화된 정보를 식별화·복호화할 수 있다는 인식과 함께 상대방이 해당 정보를 식별화·복호화할 것을 용인하는 의사까지 있어야 고의가 인정된다. 1심과 2심은 모두 정보를 수령한 상대방이 암호화된 정보를 복호화할 아무런 이유나 동

---

5 서울중앙지방법원 2017. 9. 11. 선고 2014가합508066, 2014가합538302(병합) 판결.
6 서울고등법원 2019. 5. 3. 선고 2017나2074963, 2017나2074970(병합) 판결.
7 대법원 2009. 2. 26. 선고 2007도1214 판결.

PART 01_ 스마트 치료와 공법   115

기가 없었으며, 1기의 암호화 때보다 2기·3기의 암호화가 비식별조치에 있어 더 강화된 방식으로 이루어졌고, 이후 매칭테이블까지 삭제하기로 상호간 합의를 하였고 실제로 삭제하였으므로 개인정보 보호법 위반행위를 용인한 것으로까지는 볼 수 없다고 판단하였다. 이에 구성요건적 고의를 부정하여 무죄판결을 하였다.[8]

그런데 개인정보 보호법 제23조에 대해 민사재판은 보호대상인 개인정보에 해당하는지 여부만을, 형사재판은 법위반행위의 고의가 있는지 여부만을 기준으로 판단하였다는 점에서 구성요건해당성에 한정된 해석만을 하고 있다. 물론, 당시 적용된 구 개인정보 보호법 제23조는 현행 개인정보 보호법 제23조 제2항에 규정된 안전조치의무가 없는 상태에서 제1항만 규정되었으므로 이러한 해석이 불가피한 측면도 있다. 그러나 제29조에서 개인정보 일반에 대한 안전조치의무는 규정되어 있었기에 민사재판에서는 암호화된 정보의 식별가능성에 대한 안전조치 위반여부도 함께 판단할 수 있었다. 그럼에도 제23조의 구성요건 해당성만을 판단한 당시 판결은 문제의 여지가 있다. 이를 비판하기 위해서는 먼저 헌법을 중심으로 한 법체계하에서 개인정보 보호법의 안전조치의무가 갖는 법적 의미에 대해 논의할 필요가 있다. 개인정보 보호법은 개인정보처리자의 안전조치의무를 개인정보(제29조), 민감정보(제23조 제2항) 뿐만 아니라 가명정보(제28조의4 제1항) 등 정보주체의 권리보호를 위해 곳곳에 두고 있다.[9] 이러한 안전조치의무는 개인정보 보호법 제5조에 국가와 지방

---

8 서울중앙지방법원 2020. 2. 14. 선고 2015고합665 판결; 서울고등법원 2020. 8. 13. 선고 2020노628 판결.

9 개인정보 보호법 제28조의4(가명정보에 대한 안전조치의무 등) ① 개인정보처리자는 제28조의2 또는 제28조의3에 따라 가명정보를 처리하는 경우에는 원래의 상태로 복원하기 위한 추가 정보를 별도로 분리하여 보관·관리하는 등 해당 정보가 분실

자치단체의 책무에 따른 것으로 개인정보의 목적 외 수집 및 오용·남용을 방지하고 정보주체의 권리보호를 위한 것이다.[10] 그리고 이는 인간의 존엄과 개인의 사생활 보호를 위한 것으로 헌법상 인간의 존엄과 가치(헌법 제10조) 및 사생활의 자유와 비밀의 보호(헌법 제17조)에 근거를 둔다. 특히, 개인의 사생활 보호는 앞서 본 민감정보(제23조 제1항), 국가 등의 책무(제5조) 외에도 개인정보 보호법 곳곳에서 보호법익으로 규정하고 있다.[11] 그러므로 헌법과 법률의 통일된 법체계하에서 개인정보 보호법을 올바로 해석하기 위해서는 헌법 제17조 사생활의 비밀과 자유가 갖는 법적 의미를 우선 확인할 필요가 있다. 헌법상 기본권인 사생활의 비밀과 자유는 미국의 프라이버시권(Privacy)에서 유래한 것이다.[12] 따라서 이에 대한 미국에서의 논의를 바탕으로 프라이버시권, 즉 사생활의 비밀과 자유가 우리 헌법체계에서는 어떻게 포섭되는지 살펴봐야 한다. 이는 미국 헌법에는 없고 우리 헌법에만 있는 헌법 제10조 인간의 존엄과 가치 및 인격권이

· 도난 · 유출 · 위조 · 변조 또는 훼손되지 않도록 대통령령으로 정하는 바에 따라 안전성 확보에 필요한 기술적 · 관리적 및 물리적 조치를 하여야 한다.

10 개인정보 보호법 제5조(국가 등의 책무) ① 국가와 지방자치단체는 개인정보의 목적 외 수집, 오용 · 남용 및 무분별한 감시 · 추적 등에 따른 폐해를 방지하여 인간의 존엄과 개인의 사생활 보호를 도모하기 위한 시책을 강구하여야 한다.
② 국가와 지방자치단체는 제4조에 따른 정보주체의 권리를 보호하기 위하여 법령의 개선 등 필요한 시책을 마련하여야 한다.

11 개인정보 보호법 제3조 ⑥ 개인정보처리자는 정보주체의 사생활 침해를 최소화하는 방법으로 개인정보를 처리하여야 한다.
개인정보 보호법 제25조 ② 누구든지 불특정 다수가 이용하는 목욕실, 화장실, 발한실(發汗室), 탈의실 등 개인의 사생활을 현저히 침해할 우려가 있는 장소의 내부를 볼 수 있도록 영상정보처리기기를 설치 · 운영하여서는 아니 된다. 다만, 교도소, 정신보건 시설 등 법령에 근거하여 사람을 구금하거나 보호하는 시설로서 대통령령으로 정하는 시설에 대하여는 그러하지 아니하다.

12 성낙인, 헌법학, 법문사, 2023, 1383면; 정종섭, 헌법학원론, 박영사, 2022, 693면.

사생활의 비밀과 자유, 즉 프라이버시권과는 어떠한 관계로 정립되는지를 파악함으로써 가능해진다.

Ⅱ. 미국에서의 프라이버시권(사생활의 비밀과 자유)의 역사적 전개 및 내용

1. 반영권(penumbras)으로서의 성격

프라이버시권은 미국에서 생성·발전한 권리이다. 그러나 수정헌법에 직접 명시되지는 않고 법원과 국민에 의해 인정되어 온 헌법상 권리이다. 수정헌법에 명시된 기본권이 구체적으로 실현되는 과정에서 그것의 반음영(半陰影)지역에 있는 권리, 다시 말해 그동안 드러나지 못하였지만 헌법상 명시된 기본권이 구체적으로 실현되는 과정에서 그 빛의 발산으로 새로운 생명을 갖는 권리로 생성된 반영권(penumbras, emanation, shadow)의 성질을 지닌다.[13] 프라이버시영역은 헌법상 명시된 권리들에 의해 직접 보호받는 영역은 아니지만, 간접적인 영향을 받음으로써 또 다른 실체적이고 구체적인 권리들이 다양하게 형성되는 영역이다.[14] 수정헌법에 명시된 몇몇 조항들은 프라이버시권의 직접적 근거가 되기도 한다. 우리 헌법 제37조 제1항에 해당하는 수정헌법 제9조가 그러하다.[15] 이는 헌법에 열거된 권리들 외에도 다른 기본권이 있음을 인정하는 조항으로 프라이버시권

---

13 Richard Clayton & Hugh Tomlinson, The law of human rights, Oxford university press, 2000, p. 777.

14 Griswold v. Connecticut, 381 U.S. 479 (1965), Douglas판사의 의견.

15 수정헌법 제9조 헌법에 특정한 권리들이 열거되어 있다는 이유로 국민이 가진 그밖의 권리들을 부인하거나 경시해서는 안 된다.
Amendment 9 The enumeration in the Constitution, of certain rights, shall not be construed to deny or disparage others retained by the people.

스마트 치료의 공법학

의 근거로 제시된다.[16] 적법절차를 규정한 수정헌법 제14조도 프라이버시권의 직접적 근거가 된다.[17] 수정헌법 제14조에서는 국가가 적법절차에 의하지 않고는 개인의 생명, 자유, 재산을 박탈할 수 없다고 하고 있다. 이 중 자유에 속하는 근본적 영역에서 프라이버시권의 실체적 내용들이 주장된다.[18] 이렇게 볼 때 프라이버시권은 분명하게 명시된 권리가 아니라 함축적 의미로 보호되는 권리이다.[19] 그렇다면 현실에서 무엇이 프라이버시권에 의해 보호되는지를 판별하는 것이 중요하다. 그러나 그 작업은 재판을 맡은 판사의 개인적 견해에 맡겨서는 안 된다. 한편, 국민의 전통적 인식과 집단적 양심을 기준으로 판단해야 한다는 견해[20]도 있지만 이 또한 그 의미가 불분명하여 사법부에게 광범위하고 무제한한 권한을 부여하는 구실이 될 수 있다.[21] 프라이버시권이 미국에서 오랫동안 헌법상 기본권으로 인정되어 왔음은 부정할 수 없다. 그러나 법원에 의해 확립된 개념이나 일관성 있는 원칙이 제시되지 않은 채 각각의 사안별로 현실의 사회적 요구에 따라 계속 변화해 왔다.[22] 그럼에도 프라이버시권의 본

---

16 Griswold v. Connecticut, 381 U.S. 488 (1965), Goldberg판사의 의견.

17 수정헌법 제14조 ① …어떠한 주도 국민의 특권 또는 면책권을 박탈하는 법률을 제정하거나 시행할 수 없다. 어떠한 주도 정당한 법의 절차에 의하지 아니하고는 누구에 대해서도 생명, 자유, 재산을 박탈할 수 없다…
Amendment 14 ① …No State shall make or enforce any law which shall abridge the privileges or immunities of citizens of the United States; nor shall any State deprive any person of life, liberty, or property, without due process of law….

18 Poe v. Ullman, 367 U.S. 497 (1961), 부부간 프라이버시권에 관한 Halan판사의 의견.

19 Ellen Alderman & Caroline Kennedy, The right to privacy, Knopf, 1995, p. 55.

20 Griswold v. Connecticut, 381 U.S. 493 (1965), Goldberg판사의 의견.

21 Griswold v. Connecticut, 381 U.S. 508 (1965), Black판사의 의견.

22 최희경, "프라이버시권리의 변천", 법조 제53권 제12호, 2004, 84면.

질과 핵심 내용이 무엇인지를 찾아야 한다면, 미국에서 프라이버시권이 발전해 온 역사적 과정 속에 그 단초가 있을 것이다.

2. 자신의 집 안에서 누리는 안전권으로 인식

연방주의자 논문집(Federalist Papers) 제10호(1787년)[23]와 제51호(1788년)[24]에서도 언급된 바와 같이 James Madison을 비롯한 미국

---

23 연방주의자 논문집 제10호는 James Madison에 의해 작성된 것으로 공화제 실현에 있어 당파(파벌)의 폐단 및 극복 방안에 대해 논의하고 있다. 당파(파벌)란 다수이건 소수이건 공익에 역행하는 공통된 관심과 이해관계로 단결하여 행동하는 사람들이다. 프라이버시권과 관련한 사적 영역에 대한 보호는 재산권의 근원인 인간 능력의 다양성으로 나타나는데, 그러한 재산권의 보호는 상이한 재산 소유에 따른 상이한 이해관계로 인해 사람들이 당파(파벌)로 나누어지게 만든다. 따라서 프라이버시의 가치는 공화제 실현에 있어 부정적 작용을 한다. 그러나 동시에 다수의 당파(파벌)를 억제함으로써 공화제를 실현하는 데 프라이버시의 가치는 긍정적 작용을 하기도 한다. 다양한 이해관계에 따른 다양한 당파(파벌)의 형성은 정당의 다양성을 가져오고, 이는 다수의 당파(파벌)로 형성된 어느 한 정당이 다른 정당을 억압하거나 영향을 미치는 것을 막음으로써 부도덕하고 이권에 개입된 다수가 은밀한 계획을 실행할 수 없게 함으로써 공화제 정부의 안전에 기여한다.

24 연방주의자 논문집 제51호는 James Madison에 의해 작성된 것으로 권력분립과 공화제에 대해 논의하고 있다, 먼저 권력분립은 권력이 다른 영역을 침해하지 않도록 하기 위한 것인데, 이러한 공격의 위험을 막기 위해서는 야심에는 야심으로, 개인적 이해관계에는 개인적 이해관계로 대응하는 방법이 있다. 인간 본성의 불신에서 비롯된 이러한 방법은 상반되고 경쟁적인 이해관계를 통해 권력남용을 견제하고 방지하는 것으로 개인의 사적 이익 또한 공적 권리를 견제하는 파수꾼의 역할을 하게 한다. 따라서 사적 이익을 보장하는 프라이버시의 가치는 권력분립의 실현에 있어 긍정적 작용을 한다. 다음으로 공화제는 통치자의 억압으로부터 사회를 보호하는 것뿐만 아니라 사회의 일부분에 의한 부정으로부터 사회의 다른 부분을 보호하는 것을 의미한다. 그러므로 공화제의 실현을 위해서는 다양한 종류의 시민들을 사회 내에 포함시킴으로써 다수의 부당한 결합을 어렵게 만들어야 한다. 이를 위해 사회 자체가 다양한 계층으로 구성되어 있어야 한다. 그러할 때 개인 또는 소수의 권리가 다수의 이해관계의 결합으로부터 위험해질 가능성이 없어지며, 모든 권위가 사회로부터 나올 수 있다. 여기서도 사적 영역을 보호하는 프라이버시의 가치는 시민 사회가 다양한 계층을 형성하는 데 긍정적 작용을 한다.

스마트 치료의 공법학

헌법의 아버지들은 프라이버시권의 가치를 알고 중요하게 여겼다.[25] 그러나 이전 식민지시대에도 프라이버시권은 보편적 가치로 받아들여지고 있었다. 그리고 그 모습은 자신의 집 안에서 안전을 보장받을 수 있는 권리로 인식되었다. 1754년 메사추세츠 주 정부가 주택 보유자들에게 집에서 먹은 주류의 양만큼 부가세를 부여한 조치에 대해 사람의 집은 그의 성이나 다름없기에 자신의 집 안에서 무엇을 하든 범죄행위가 아닌 이상 정부가 관여할 일은 아니라는 익명의 항의팸플릿이 나돌았다.[26] 1763년에는 William Pitt가 영국 의회연설에서 아무리 가난한 사람이라도 자신의 오두막 안에서는 왕의 권력에 반항할 수 있으며, 폐허가 되어가는 오두막이라도 왕은 군대를 동원하여 그 오두막 안에 들어갈 수 없다고 하여 자신의 집 안에서는 정부의 권력으로부터 안전을 보장받을 수 있는 권리(the right of security within one's home)가 있음을 주장했다.[27] 이처럼 미국 건국 이전에도 프라이버시권은 영국과 식민지 미대륙에서 인간이 자신의 집이라는 공간 안에서 누려야 할 자연권으로 받아들여지고 있었다.[28] 이러한 사상은 평화시는 물론 전시에도 법률에 의하지 않으면 군대가 개인이 소유하는 사유지에서 숙영할 수 없다는 수정헌법 제3조 및 부당한 수색·체포·압수로부터 가택의 안전을 보장받는 수정헌법 제4조

---

25 Melvin Urofsky, Rights of the people: individual freedom and the bill of rights, U.S. Department of State. Bureau of International Information Programs , 2003, p. 45.

26 Richard F. Hixson, Privacy in a public society: human rights in conflict, Oxford University Press, 1987, pp. 12-13.

27 William pitt the elder, Speech on the Excise Bill, House of Commons(March 1763).

28 Richard F. Hixson, Privacy in a public society: human rights in conflict, Oxford University Press, 1987, pp. 13-15.

에 반영되었다.[29] 그러나 남들의 간섭을 받지 않는 혼자만의 공간을 가진다는 이러한 프라이버시권의 의미는 18세기까지는 부유한 사람들에게만 통용되던 개념이었다. 대부분의 서민들은 가족 전체가 한 방에서 생활하였기 때문이다. 그러나 중산층이 늘어나고 각자 자신만의 독립된 공간을 가질 만큼 주거 환경이 개선되면서 프라이버시권의 범위도 확대되었다.[30] 19세기 중반까지 미국 국민은 일반적으로 프라이버시권을 자신의 집 안에서 누려야 할 안전권으로 이해하였다.[31] 우리 헌법 제16조에서 주거의 자유와 함께 주거에 대해 압수·수색을 할 때 영장주의를 규정한 것도 이러한 프라이버시권의 맥락에서 이해해야 한다. 주거의 자유는 주거의 사실상 평온상태를 확보함으로써 개인의 사생활을 공간적으로 보호하기 위한 기본권이다. 따라서 헌법 제17조 사생활의 비밀과 자유와는 불가분의 관계에 있다.

---

29 수정헌법 제3조 평화 시에 군대는 어떠한 주택에도 그 소유자의 승낙을 받지 아니하고는 주둔할 수 없다. 전시에 있어서도 법률이 정하는 방법에 의하지 아니하고는 주둔할 수 없다.
Amendment 3 No Soldier shall, in time of peace be quartered in any house, without the consent of the Owner, nor in time of war, but in a manner to be prescribed by law.
수정헌법 제4조 부당한 수색, 체포, 압수에 대하여 신체, 가택, 서류 및 동산의 안전을 보장받는 국민의 권리는 침해될 수 없다…
Amendment 4 The right of the people to be secure in their persons, houses, papers, and effects, against unreasonable searches and seizures, shall not be violated….

30 Richard F. Hixson, Privacy in a public society: human rights in conflict, Oxford University Press, 1987, pp. 9-10.

31 Richard F. Hixson, Privacy in a public society: human rights in conflict, Oxford University Press, 1987, p. 71. Richard Clayton & Hugh Tomlinson, The law of human rights, Oxford university press, 2000, p. 776.

3. 혼자 있을 권리와 정신적 생활의 보호로 확대

　사회의 변화와 과학기술의 발전에 따라 자신의 집 안에서 혼자만의 공간을 가진다는 프라이버시권의 의미도 다양해지기 시작했다.[32] 도시화로 인한 인구집중으로 복잡하고 혼잡한 도시의 생활환경에서 개인의 공간은 더욱 귀하게 되었다. 또한 전화의 발명으로 이제 타인의 집에 직접 가지 않아도 대화를 할 수 있게 되었다. 한편, 값싼 카메라 등이 개발되면서 타인이 밖에서도 자신의 집 안에서의 행동들을 쉽게 훔쳐볼 수 있었다. 이를 배경으로 경찰이 범죄수사를 위해 개인 사이의 전화통화를 무단으로 도청한 것은 전화를 거는 사람과 받는 사람 모두의 프라이버시권을 침해하는 것이므로 영장없이 수색할 수 없다는 수정헌법 제4조를 위반한다는 판결이 나오게 된다.[33] 주목할 점은 여기서 프라이버시권은 혼자만의 공간을 보호한다는 의미를 넘어 정부의 간섭을 받지 않고 혼자 있을 권리(the right to be let alone)라는 가장 포괄적인 의미로 확장되었다는 점이다. 이를 통해 개인의 믿음, 사고, 감정, 기분 등 지성과 감성의 정신적 생활도 수정헌법 제4조에 의해 보호받는 프라이버시권의 영역에 속하게 되었다.[34] 우리 헌법 제18조에서는 통신의 비밀을 핵심으로 하는 통신의 자유를 규정하고 있다. 여기서 통신의 자유는 사적 생활로서 개인 간 의사소통을 보호하겠다는 취지로 비공개를 전제로 한 통신의 영역에서 프라이버시권을 보장하는 것이다.[35]

---

32 Richard Clayton & Hugh Tomlinson, The law of human rights, Oxford university press, 2000, p. 778.

33 Olmstead v. United States, 277 U.S. 478 (1928). Brandeis판사의 의견.

34 Olmstead v. United States, 277 U.S. 479 (1928). Brandeis판사의 의견.

35 헌법재판소 2001. 3. 21. 선고 2000헌바25 결정.

미국에서 정신적 생활을 프라이버시권의 보호영역에 포함시켜야 한다는 주장은 법원보다 학계에서 더 일찍 제기되었다.[36] 특히, 19세기 후반부터 일간신문들은 영리목적으로 개인의 가정생활에 관한 기사를 작성하는 등 사생활영역에 속하는 일을 본인의 의사에 반하여 집 바깥으로 공표하는 일이 생겨났다. 그러한 기사들은 부유하고 유명한 사람의 개인적 약점에 대한 대중의 왜곡된 관심을 부추겨 그 사람의 명성을 무너뜨리고 모욕감을 주는 것이기에 금지할 필요가 있었다.[37] 이러한 과정에서 프라이버시권은 개인의 지적 · 감정적 생활의 무형적 피해에 대해 책임을 물을 수 있는 근거로 작용한다. 이를 통해 상대방에 대해 신체적 · 재산적 손해배상만을 물을 수 있었던 기존 불법행위의 개념구조는 새롭게 구성되었다.[38] 우리 헌법 제17조 사생활의 비밀과 자유도 개인의 사생활이 타인에게 함부로 공개되지 않게 함으로써 인격적 감정이 존중받고 정신적 내면생활이 침해되지 않도록 함을 내용으로 하고 있다.[39]

4. 적법절차의 보장과 사적 삶에서 개인의 자율성으로 발전

20세기를 거치면서 프라이버시권의 보호는 결혼[40]과 양육[41] 등

---

36 Warren & Brandeis, "The Right to Privacy", 4-5 Harvard Law Review, Harvard Law School, 1890, p. 197. Ellen Alderman & Caroline Kennedy, The right to privacy, Knopf, 1995, pp. 154-155.

37 Richard F. Hixson, Privacy in a public society: human rights in conflict, Oxford University Press, 1987, pp. 27-30.

38 서주실, "Warren-Brandeis의 The Right to Privacy", 미국헌법학연구 제6호, 1995, pp. 45-84.

39 헌법재판소 2007. 5. 31. 선고 2005헌마1139 결정; 대법원 1998. 7. 24. 선고 96다42789 판결.

가정생활, 피임[42]과 동성애[43] 등 성생활, 낙태[44]와 존엄사[45] 등 신체 · 생명의 처분에 이르기까지 매우 다양하고 복잡한 모습으로 전개되었다. 다만, 법원은 이에 대한 프라이버시권의 근거를 수정헌법 제14조 정당한 법의 절차, 즉 적법절차에 근거하여 설명하는 입장으로 수렴하고 있다. 여기서 정당한 법의 절차로 보호되는 영역에는 형사절차상의 권리뿐만 아니라 민사절차 및 보통법(common law)을 통해 오랫동안 인정되어 온 실체법적 권리들을 포함한다.[46] 수정헌법 제14조에서는 정당한 법의 절차에 의하지 않고는 개인의 생명, 자유, 재산을 박탈할 수 없다고 하였다. 여기서 말하는 자유는 신체적 구속으로부터의 자유라는 의미 외에도 개인이 결정해야 할 문제로서 인정되어온 것들, 예를 들어 계약을 맺고 결혼을 하고 가정을 꾸리며 자녀를 낳고 양육하고 양심에 따라 신을 섬기며 피임을 하거나 낙태를 하거나 원하지 않는 의료행위를 거부하는 등에 있어서의 자유라

---

40 Loving v. Virginia 388 U.S. 12 (1967).

41 Pierce v. Society of Sisters 268 U.S. 510 (1925).

42 Griswold v. Connecticut 381 U.S. 479 (1965), Eisenstadt v. Baird 405 U.S. 438 (1972).

43 Bowers v. Hardwick 478 U.S. 186 (1986), Lawrence v. Texas 539 U.S. 558 (2003).

44 Roe v. Wade 410 U.S. 113 (1973), Akron v. Akron Ctr. for Reprod. Health 462 U.S. 416 (1983), Webster v. Reproductive Health Services 492 U.S. 490 (1989), Planned Parenthood v. Casey, 505 U.S. 833 (1992), Stenberg v. Carhart 530 U.S. 914 (2000).

45 Cruzan v. Director, Missouri Department of Health 497 U.S. 261 (1990), Planned Parenthood of Southeastern Pa. v. Casey 505 U.S. 833 (1992), Washington v. Glucksberg, 521 U.S. 702 (1997), Vacco v. Quill 521 U.S. 793 (1997).

46 Ellen Alderman & Caroline Kennedy, The right to privacy, Knopf, 1995, pp. 55-56.

는 의미도 함께 가진다.[47]

이를 두고 인격의 불가침성이 프라이버시권의 기본원리라는 주장이 있다. 프라이버시권의 침해가 문제되는 사건에서 법적 구제의 중심은 손실의 전보에 있는 것이 아니라 개인의 존엄과 정신이 위협받지 못하게 사회적으로 옹호하는 데 있다는 것이다.[48] 그러나 그 내용에 대한 판단기준을 역사적 전통이나 국민의 집단적 양심에 뿌리를 두는 공동체의 일반적 윤리에서 찾는 것은 타당하지 않다. 수정헌법 제14조가 적법절차로 보호하는 자유로 동성애나 낙태행위도 포함하는데, 이는 전통이나 국민 다수의 관점에서는 받아들일 수 없는 것이기 때문이다. 그럼에도 프라이버시권의 뿌리가 되는 수정헌법 제14조의 자유 안에는 근본적이고 질서정연한 개념이 그 안에 내재해 있다.[49] 공동체의 다수가 비상식적 · 비윤리적으로 보더라도 프라이버시권은 사회의 이러한 규범적 비난으로부터 벗어나 개인이 자신의 사적인 삶을 존중받을 수 있도록 보장한다.[50] 이렇게 보장된 사적 생활의 경계 내에서 개인은 자신의 행위를 결정할 수 있는 권리, 즉 자기결정권을 갖는다. 그러한 자유의 중심에는 한 개인이 자신의 존재나 의미는 물론 우주의 신비를 정의할 권리가 있으며, 이는 외부로부터의 강요될 수 없다.[51] 다시 말해 프라이버시권은 사회나 단체, 타

---

47 Meyer v. Nebraska, 262 U.S. 390 (1923) McReynolds판사의 의견. Washington v. Glucksberg, 521 U.S. 702 (1997) Rehnquist판사의 의견

48 E. Bloustein, "Privacy as an Aspect of Human Dignity: An Answer to Dean Prosser", 39 New York University Law Review, New York University School of Law(1964), 1003. 최희경, "프라이버시권리의 변천", 법조 제53권 제12호, 2004, 86면.

49 Roe v. Wade 410 U.S. 113 (1973) Blackmun판사의 의견.

50 Lawrence v. Texas 539 U.S. 558 (2003) Kennedy판사의 의견.

51 Planned Parenthood v. Casey, 505 U.S. 833 (1992) O'Connor판사의 의견.

인으로부터도 벗어나 자신만의 고유한 모습을 발견할 수 있는 권리라는 점에서 개인적 영역에서 국가의 주권과 같이 완전한 면책과 불가침성을 갖는 고권으로 작용한다.[52] 따라서 프라이버시권의 본질은 외부의 간섭을 배제한 채 개인이 사인(私人)으로서 자신의 고유한 개성을 자유롭게 발휘할 수 있는 영역을 확보함에 있다. 우리 헌법재판소도 사생활의 비밀과 자유를 사적 생활영역의 자유로운 형성과 비밀을 유지하는 권리로 정의하면서, 만약 사생활영역에 속하는 정보가 외부로 유출될 경우 개인의 내밀한 인격과 자기정체성은 유지될 수 없는 것으로 보았다.[53] 그러므로 현실에서 다양한 모습으로 나타나는 프라이버시권이 헌법상 권리로 인정받을 수 있는 것은 사적 생활영역에서의 최종적 선택의지, 즉 개인의 자율성(autonomy)을 보장함에 있다.[54] 사적 영역에서의 자율성이라는 관념적 형식성을 내용으로 하기에 프라이버시권은 각각의 시대에 맞는 새로운 권리들을 그 이름으로 생성해 나갈 수 있다.

III. 인간의 존엄 · 가치, 인격권과 프라이버시권의 관계

미국에서는 프라이버시권이 계속 발전하여 정보데이터와 관련한 집단프라이버시(group privacy)나 예측프라이버시(predictive privacy) 등 다양한 개념으로 논의된다.[55] 그러나 미국과 달리 우리 헌법은 프

---

52 Union Pacific Railway Co. v. Botsford, 141 U.S. 250 (1891) Horace판사의 의견. Richard F. Hixson, Privacy in a public society: human rights in conflict, Oxford University Press, 1987, pp. 71-72. Richard Clayton & Hugh Tomlinson, The law of human rights, Oxford university press, 2000, pp. 776-777.
53 헌법재판소 2007. 5. 31. 선고 2005헌마1139 결정.
54 Alan F. Westin, Privacy and freedom, Ig Publishing, 1967, pp. 35-37.

라이버시권인 사생활의 비밀과 자유를 헌법 제17조에 직접 명시하였고, 마찬가지로 관념적 형식성을 내용으로 하는 인격권을 독일에서 도입하여 별도로 다루고 있기 때문에 이러한 우리 헌법체계에 맞는 프라이버시권에 대한 해석이 필요하다. 인간의 본질과 가치에 관한 기본권으로서 인격권은 인격의 형성·유지·표현 등 인격의 발현을 내용으로 한다.[56] 이러한 점에서 프라이버시권과 같이 관념적·형식적 성격의 권리이다. 판례에서 인격권을 흔히 일반적 인격권으로 부르는 것도 그 때문이다.[57] 헌법재판소는 인격권에 대해 존엄한 인격을 바탕으로 자신의 생활영역을 자율적으로 형성해 나가는 권리로 보면서 각자가 자신의 사적인 삶을 형성하는 것, 즉 프라이버시권의 내용으로 볼 수 있는 것도 인격권에 포함시킨다.[58] 그러면서도 헌법 제10조 인간의 존엄과 가치로부터 인격권을 직접 도출함으로써 헌법 제17조에 사생활의 비밀과 자유로 규정된 프라이버시권과 구별한다. 프라이버시권을 제대로 이해하기 위해서는 이러한 인격권의 내용과 성격을 살펴보고, 인격권과의 관계에서 프라이버시권을 분석할 필요가 있다.

---

55 Linnet Taylor & Luciano Floridi & Bart van der Sloot, Group Privacy: New Challenges of Data Technologies, Philosophical Studies Series(2017). Rainer Mühlhoff, "Predictive privacy: towards an applied ethics of data analytics", 23 Ethics and Information Technology, Springer Science+Business Media(2021).

56 헌법재판소 2012. 5. 31. 선고 2009헌마553 결정.

57 헌법재판소 2005. 7. 21. 선고 2003헌마282 결정; 헌법재판소 2012. 12. 27. 선고 2010헌마153 결정; 헌법재판소 2018. 8. 30. 선고 2016헌마483 결정.

58 헌법재판소 2008. 7. 31. 선고 2004헌마1010 결정, 2005헌바90; 헌법재판소 2012. 12. 27. 선고 2010헌마153 결정; 헌법재판소 2014. 7. 24. 선고 2011헌바275 결정; 헌법재판소 2018. 8. 30. 선고 2016헌마483 결정.

1. 일반적 행동의 자유와 좁은 인격적 생활영역의 권리

인격권은 독일에서 개념이 형성되고 내용이 발전한 권리이다.[59] 독일 기본법 제2조 제1항은 '인격을 자유로이 발현할 권리'를 명시함으로써 일반적 의미의 인격권을 규정하고 있다.[60] 일반적 인격권의 내용을 독일 연방헌법재판소는 두 가지로 나누는데, 하나는 개별 기본권들을 모두 포함할 수 있는 일반적 행동의 자유(die allgemeine Handlungsfreiheit)이고, 다른 하나는 개별 기본권들로 미처 파악하지 못한 생활영역에서의 인격적 이익을 독자적으로 보호하는 좁은 인격적 생활영역의 권리(das allgemeine Persönlichkeitsrecht)이다.[61] 좁은 인격적 생활영역의 권리는 헌법에 명시된 기존의 자유권으로 포섭하지 못하는 영역을 포섭한다는 의미로 무명의 자유권·비명시적 자유권(unbenanntes Freiheitsrecht)으로 부른다.[62] 프라이버시권이 헌법에 명시된 기본권에 의한 구체적 보장들을 매개로 새로운 권리들을 생성하는 반영권(penumbras)의 성격을 갖는다면, 일반적 인격권 또한 헌법에 명시된 기본권의 보호영역을 포함하는 포괄적 권리의 성격과

---

59 인격권에 관한 독일의 논의에 대하여는 김일환, "독일기본법상 '일반적 인격권'의 성립과 발전", 법과 정책 제6권, 2000; 이수종, "일반적 인격권으로서 음성권에 관한 비교법적 연구", 언론과 법 제15권 제3호, 2016 참조.

60 독일 기본법 제2조 ① 누구든지 다른 사람의 권리를 침해하거나 헌법질서 또는 도덕률에 반하지 않는 한 자기의 인격을 자유로이 발현할 권리를 가진다.
Grundgesetz Art 2 ① Jeder hat das Recht auf die freie Entfaltung seiner Persönlichkeit, soweit er nicht die Rechte anderer verletzt und nicht gegen die verfassungsmäßige Ordnung oder das Sittengesetz verstößt.

61 BVerfGE 54, 153.

62 가장 넓은 의미로서 혼자있을 권리(BVerfGE 27, 1), 공적 영역에서의 자기표현을 위한 처분권(BVerfGE 34, 238), 반론권(BVerfGE 64, 131), 개인의 명예(BVerfGE 54, 208), 죄수의 재사회화(BVerfGE 35, 202), 불리한 진술 거부권(BVerfGE 38, 105) 등이 이에 해당한다.

함께 그러한 기본권들로 보호받지 못하는 영역에서도 인격적 보호법익을 포착하는 보충적 권리의 성격을 갖는다. 따라서 인격권을 초상권, 성명권, 명예권과 같은 몇몇의 폐쇄적 내용으로 한정된 권리로 보아서는 안 된다. 오히려 인격권은 상황에 따라 다양한 모습으로 나타나는 보편적·관념적 형식의 권리라는 점에서 프라이버시권과 동일한 성격을 지닌다.[63]

독일 연방헌법재판소가 일반적 인격권을 일반적 행동의 자유와 좁은 인격적 생활영역의 권리를 구분하는 것을 두고 두 권리를 서로 분리된 별개의 권리로 보아서는 안 된다. 오히려 여러 개별 기본권들과의 관계에서 인격이 자유로이 발현하는 양태를 두 가지 모습의 권리로 설명한 것이라 할 수 있다. 즉, 일반적 행동의 자유와 좁은 인격적 생활영역의 권리는 현실에서 실현되는 인격권의 양면적 모습으로 상호 불가분적이다.[64] 일반적 행동의 자유의 경우 헌법상 개별 기본

---

[63] 헌법에 명시되지 않았지만 해석을 통해 인정되는 학생의 과외교육을 받을 권리, 개인정보자기결정권, 부모의 태아성별정보에 대한 접근권, 성적 자기결정권, 혼인외 출생자의 태어난 즉시 출생등록될 권리 등은 인격권을 매개로 다른 기본권들과의 조합을 통해 헌법 제37조 제1항을 근거로 도출된 권리이다. 이는 인격권이 갖는 관념적 형식성을 보여준다(헌법재판소 2000. 4. 27. 선고 98헌가16 결정, 98헌마 429; 헌법재판소 2009. 10. 29. 선고 2008헌마257 결정; 헌법재판소 2008. 7. 31. 선고 2004헌마1010, 2005헌바90(병합) 결정; 헌법재판소 2015. 2. 26. 선고 2009헌바17, 2011헌가31(병합) 결정; 헌법재판소 2023. 3. 23. 선고 2021헌마 975 결정).

[64] 우리 헌법재판소는 일반적 행동의 자유를 모든 행위와 관련하여 자신이 원하는 것을 할 자유와 원하지 않는 것을 하지 않을 자유로 설명한다.(헌법재판소 2003. 10. 30. 선고 2002헌마518 결정). 그러나 이를 가지고 일반적 행동의 자유를 단순한 행동의 자유, 즉 작위·부작위의 자유라 하고 인격권은 인격적 삶의 기본조건을 보장하는 권리라고 하면서 둘을 근본적으로 구분하는 것은 옳지 않다. 일반적 행동의 자유를 그러한 작위·부작위의 단순한 행동의 자유로 본다면 기본권의 보호영역이 전혀 설정되지 않은 채 누구든지 헌법소원을 제기할 수 있기 때문이다. 물론 이러한 점은 기본권 보장의 영역을 극단적으로 넓게 확보할 수 있다(BVerfGE 6. 41, BVerfGE 80, 152). 그러나 그렇게 할 경우 법률에 의한 공권력이 있다면 이에 대한

권들을 인격권의 구체적 실현으로 보는 포괄적 권리로 설명한다면, 좁은 인격적 생활영역의 권리는 헌법상 개별 기본권들로 보호받지 못하는 공백 영역에서 헌법적으로 보호받는 인격적 이익을 파악하는 거름망으로서 보충적 권리로 설명한다. 개별 기본권으로 보호하는 영역에서는 인격권이 포괄적 권리의 의미를 갖지만, 개별 기본권으로 보호하지 못하는 영역에서는 동일한 인격권이 보충적 권리로서 의미를 갖는다. 다시 말해 개별 기본권이 구체적으로 적용되는 영역에서는 인격권이 그 배후에 토대를 이루는 법적 근거로, 개별 기본권이 적용되지 않는 영역에서는 인격권이 당시의 구체적 상황에 적합한 새로운 권리를 생성하는 법적 근거로 작용한다. 어느 경우에서나 인격권은 보편적·관념적 형식의 권리로 작용한다. 이렇게 볼 때에만 인격권이 개별 기본권들과 일반-특수관계에 있으면서도, 구체적 판례를 통해 다양한 내용으로 생성되는 것을 동일한 권리의 범주로 일관되게 설명할 수 있다.

그러나 인격권이 구체적이지 않고 관념적·추상적인 것이 인격권의 독립성을 포기한 것은 아니다. 독일 연방헌법재판소는 일반적 인격권으로부터 개인의 명예, 독자적 개성의 표현에 관한 처분권, 초상권, 음성권, 자기결정권 등 여러 다양한 권리를 도출하였다.[65] 그

반사적 지위만으로 헌법소원이 가능하게 함으로써 기본권의 보호범위에 대한 공동화(空同化)를 초래한다. 따라서 일반적 행동의 자유를 일반적 인격권과 근본적으로 구별되는 별개의 기본권으로 볼 수 없다. 뒤에 언급하겠지만 인격권은 규범적 당위를 그 안에 내재하고 있다. 일반적 행동의 자유에 의해 극단적으로 넓게 확보된 자유의 영역은 인격권에 의해 수렴될 때 비로소 헌법상 가치를 지닌 기본권으로 보호받을 수 있다. 그렇다면 일반적 행동의 자유와 인격권은 인간의 경험적 행위들을 헌법상 가치있는 규범적 의미로 포섭하는 일련의 과정 속에서 층위적 관계를 맺고 있는 것으로 보아야 한다(이에 관하여는 박찬권, "헌법체계상 인격권과 표현의 자유의 규범적 위상 및 상호관계 - 상업광고의 기본권 보호범위에 관한 보론-", 공법연구 제48권 제1호, 2019, 149면).

중에서도 자기결정권은 인격권으로부터 도출되지만 인간이 갖는 자유의 최종적인 불가침 영역이자 모든 생활영역에서의 인격적 이익을 보호하기 위한 권리로서 인격권의 기초가 된다.[65] 또한 자기결정권은 개인의 사적 영역 안에서뿐만 아니라 사적 영역 밖에서도 포괄적으로 인정되는 권리이다.[67] 인격권의 기초라는 점, 영역을 불문하고 보편적으로 인정되는 점을 볼 때 자기결정권은 인격권이 관념적 형식성을 가질 수 있게 하는 본질적 요소이다. 다만, 여기서 인격권은 타인과의 의사소통을 필요조건으로 하는 공동체와의 관계에서만 명확히 파악될 수 있으며, 자기결정권은 그러한 주위와의 의사소통 여부와 정도를 스스로 결정할 수 있는 권리이다. 다시 말해 외부세계로부터 후퇴하여 자신의 사적 영역만을 보호하기 위한 방어권으로서 인격권을 행사할 것인지, 아니면 공적 영역으로 자신의 인격 발현을 확장하는 형태로 인격권을 행사할 것인지를 자율적으로 결정하는 권리로서 의미를 갖는다. 인격권에서 자기결정권은 공적 영역에서 대중에게 자신을 어떻게 표현할지는 물론 사적 영역에서 자신의 개성이 상업화되는 것을 어디까지 허용할지를 결정하는 것도 함께 포함한다.[68]

2. 규범적 요소로서 인격권과 인간의 존엄성이 갖는 관념적 형식성

무명의 자유권·비명시적 자유권인 인격권은 그 기초가 자기결

---

65 BVerfGE 54, 154.

66 BVerfGE 65, 41f. BVerfGE 56, 41ff. 김일환, "독일기본법상 '일반적 인격권'의 성립과 발전", 법과 정책 제6권, 2000, 221면; 이수종, "일반적 인격권으로서 음성권에 관한 비교법적 연구", 언론과 법 제15권 제3호, 2016, 169면.

67 BVerfGE 54, 155.

68 Frank Fechner, Medienrecht. 15. Aufl, Mohr Siebeck, 2017, pp. 69-73.

스마트 치료의 공법학

정권에 있다. 개인의 내밀한 인격과 자기정체성을 유지하기 위한 프라이버시권도 사적인 삶의 자유로운 형성에 대한 자율성, 즉 자기결정권을 중심으로 한다. 그러나 인격권이 프라이버시권과 구별되는 고유한 내용은 다음과 같다. 국어사전에서 인격이란 인간으로서의 품격을 말한다. 인간은 동물이나 다른 사물과 달리 무엇이 옳은지를 스스로 판단하는 정신적 존재라는 점에서 인격적 존재이다. 또한 인격(Persönlichkeit)은 현실에서 나타나는 수많은 자아의 현상들을 동일성을 가진 하나의 주체로 인식하는 관념이기도 한다.[69] 정리하자면 인격은 당위를 지향하는 관념적 자아로, 자신이 정한 도덕률에 스스로 복종하는 점에서 자율성(Autonomie)을 지닌다. 그러면 헌법상 인격권에서 말하는 인격도 이렇게 보아야 될까? 인격권의 인격에 대해 정신적 · 윤리적 의미에서의 참된 인간성을 성취한 것으로 보아야 한다는 견해[70]와 순수하게 정신적 · 윤리적 발전에 한정된 것은 아니고 자신의 인격적인 생활영역을 보장하는 한도에서 인정해야 한다는 견해[71]가 있다. 전자의 견해는 윤리적 덕성을 갖춘 고양된 인격을 대상으로 인격권을 말한다면, 후자의 견해는 그러한 덕성을 고양할 수 있는 여건과 기회를 보장하는 차원에서 인격권을 말한다. 어느 견해이든 경험적 · 사실적 존재로서 인간에 그치지 않고 관념적 · 당위적 존재로서 인간을 지향하는 차원으로 인격을 설명한다. 이렇게 볼 때 헌법체계 내에서 인격권이 가지는 의미는 경험적 현실에서 이루어지

69 Immanuel Kant, Kritik der reinen Vernunft 2, Suhrkamp, 1974, pp. 343-344. 임마누엘 칸트, 백종현 역, 순수이성비판 2, 아카넷, 2008, 562-565면.

70 Hans Peters, Die freie Entfaltung der Persönlichkeit als Verfassungsziel, Girardet, 1953, p. 673.

71 Konrad Hesse, Grundzüge des Verfassungsrechts der Bundesrepublik Deutschland (20. Aufl), C.F,.Müller, 1995. pp. 184-185.

는 인간의 특정한 행동이나 상태를 헌법적 질서하에 법적으로 보장받을 수 있는 권리로 인정할지 여부를 결정하는 규범적 판단기준이라는데 있다. 예를 들어 신체의 자유, 직업의 자유, 근로의 권리, 인간다운 생활을 할 권리, 선거권, 공무담임권을 비롯한 헌법상 모든 개별적 기본권들은 신체활동, 직업, 근로계약, 사회보장제도, 선거운동, 공무원제도 등 현실의 생활영역에 해당하는 경험적 요소와 이러한 영역에서 개인에게 헌법상 권리와 자유를 부여하는 규범적 요소가 결합된 형태로 나타난다. 인격권은 후자인 규범적 요소를 이루는 주된 기본권으로, 그것이 갖는 관념적 형식을 통해 경험적 현실의 다양한 생활영역이 헌법에 부합하는 인격의 발현을 위해 법적으로 보호할 필요가 있는지를 판단함으로써 경험적 생활영역에서 개별적으로 이루어지는 양태를 헌법체계에 포섭하는 작용을 한다. 이렇게 인격권은 개념 자체가 경험적 요소와 관계를 맺어야만 발현될 수 있는 관계구조로 되어 있기에 포괄성과 개방성을 갖는다. 이를 통해 인격권의 내용은 사회적 · 역사적 맥락에 맞추어 발전할 수 있다.[72] 경험적 생활영역을 헌법상 개별 기본권을 통해 구체적으로 보장하는 것은 결과적으로 인격권을 보장하는 것이 된다. 다만, 인격권은 다른 개별 기본권들과 질적으로 다른 차원에 있다. 인격권이 갖는 이러한 차별성은 인격이 권리의 대상이 아니라 권리주체의 배후를 이루는 자율성을 의미하는 데서 나온다.[73] 인격 자체를 권리의 대상으로 만든다면 권리객체와 권리주체의 구분은 해체된다. 이는 법학이 주체를 기반으로 하는 근대성에 입각하고 있음을 부정하는 것으로 이러

---

72 양천수, "인격권의 법철학적 기초 -인격권의 구조 · 성장 · 분화-", 법과 정책연구 제11권 제3호, 2011, 1142-1144면.

73 양천수, "인격권의 법철학적 기초 -인격권의 구조 · 성장 · 분화-", 법과 정책연구 제11권 제3호, 2011, 1145-1147면.

한 해체론에 입각하여 인격권을 설명할 수는 없다.[74]

한편, 권리주체와 직접 관련된 헌법상 기본권으로 헌법 제10조 인간의 존엄과 가치가 있다. 우리 헌법재판소는 인간의 존엄과 가치로부터 인격권을 직접 도출하는데, 이는 두 기본권 모두 권리주체의 배후에서 자율성을 보장하는 관념적 형식의 권리이기에 가능하다.[75] 우리와 달리 독일 기본법은 제1조 제1항에 인간의 존엄성을, 제2조 제1항에 인격권을 규정하였다.[76] 그러나 둘 사이의 관계에 대해서는 우리와 마찬가지로 독일연방헌법재판소도 인격권을 인간의 존엄성과 연계하여 논의한다. 추상적 개념인 인간의 존엄성은 헌법의 근본규범이므로 인격권의 내용과 범위를 정하고 해석할 때에는 이를 반드시 고려해야 하는 것으로 보고 있다.[77] 이때 인간의 존엄성은 인격권의 심사기준이 되지는 않고 인격권의 해석 및 효력강화에만 영향을 미친다.[78] 이는 다음과 같이 설명할 수 있다. 인간의 존엄과 가치에서 언급되는 인간도 관념적·관계적 개념인 인격을 전제로 하는 점에서 인격권과 인간의 존엄성은 모두 형식적 사유규범이다. 다만, 개개의 인간이 경험적 현실에서 스스로의 자율성을 발현하는 하나의

---

[74] 권리의 개념을 인간의 의사와 분리하는 R. v. Jhering의 이익설은 이익을 권리의 요소 중 하나로만 설명하는 것일 뿐, 이익만을 가지고 권리자체를 개념지우는 것으로 보아서는 안 된다. 권리는 이익설과 의사설의 결합에 의해서만 온전히 설명될 수 있다.

[75] 헌법재판소 2008. 7. 31. 선고 2004헌마1010, 2005헌바90(병합) 결정; 헌법재판소 2018. 8. 30. 선고 2016헌마483 결정.

[76] 독일 기본법 제1조 ① 인간의 존엄은 침해되지 아니한다. 모든 국가권력은 이를 존중하고 보호할 의무를 진다.
Grundgesetz Art 1 ① Die Würde des Menschen ist unantastbar. Sie zu achten und zu schützen ist Verpflichtung aller staatlichen Gewalt.

[77] BVerfGE 34, 245.

[78] Hermann von Mangoldt & Friedrich Klein, Das Bonner Grundgesetz, Franz Vahlen, 1985, pp. 32-33, 38, 175-176.

인격으로 인정받을 때 인간의 존엄성은 실현되는 점에서 인격권은 인간의 존엄과 가치에 대해 행위적·인식적 개념이라면, 경험적 인간은 현실을 초월하여 당위를 지향하는 관념적 인격성을 지니기에 자기목적적 존재로서 존엄성이 부여된다는 점에서 인간의 존엄과 가치는 인격권에 있어 존재적·본질적 개념이다.[79] 칸트의 정언명령은 인간이 어떻게 자기목적적 존재로서 존엄성을 갖는지 보여준다. 정언명령 제1정식은 당신의 인격은 물론 모든 사람의 인격에서의 인간성도 함께 항상 목적으로 대하여야 하며, 결코 어느 하나도 다른 목적을 위한 수단으로 다루지 말 것을 명한다.[80] 정언명령 제2정식에서는 당신의 의지의 준칙이 동시에 보편적 입법의 원리로 통용될 수 있게 행동하라고 명한다.[81] 칸트에 의하면 개인은 정신적이며 자기목적적 존재이므로 자기만의 고유한 당위를 갖고 있으나, 다른 사람이 추구하는 당위도 동일하게 목적으로 대우하고 존중함으로써 공동체의 보편질서에 합치하도록 행위해야 한다. 이렇게 볼 때 인격권에서 언급되는 인격의 불가침성은 프라이버시권이 말하는 인격의 불가침성과는 차이가 있다. 프라이버시권은 외부로부터 단절된 상태에서 사적 자아에만 집중함으로써 개인의 고유한 개성을 발현하는 방향으로 인격을 바라본다면, 인격권에서 말하는 인격은 외부와 소통하여 공동체의 보편적 규범을 형성하는 과정에 집중함으로써 사적 자아로

---

79 박찬권, "헌법체계상 인격권과 표현의 자유의 규범적 위상 및 상호관계 -상업광고의 기본권 보호범위에 관한 보론-", 공법연구 제48집 제1호, 2019, 150면.

80 Immanuel Kant, Kritik der praktischen Vernunft, Grundlegung zur Metaphysik der Sitten(Auflage 20), Suhrkamp, 2012, p. 61. 임마누엘 칸트, 백종현 역, 윤리형이상학 정초, 아카넷, 2009, 148면.

81 Immanuel Kant, Kritik der praktischen Vernunft, Grundlegung zur Metaphysik der Sitten(Auflage 20), Suhrkamp, 2012, p. 140. 임마누엘 칸트, 백종현 역, 실천이성비판, 아카넷, 2009, 91면.

부터 공적 자아로 고양되는 방향으로 인격을 바라본다. 독일에서 인격권에 관한 논의는 주로 후자의 관점, 즉 사적 자아에서 공적 자아로 고양되는 방향으로 진행된다. 이에 따르면 사회적 삶은 물론 개인적 삶에 있어서도 대상인 사물과의 기능적 관계와 함께 다른 인간들과의 인격적 관계가 그 토대를 이루고 있다.[82]

3. 근본규범으로서 인간의 존엄성과 불가분적 관계에 있는 인격권

신체의 자유, 직업의 자유, 재산권 등 현실의 특정한 생활영역과 관련된 실체적 내용으로 이루어진 개별 기본권들과 달리 프라이버시권과 인격권은 여러 생활영역과 포괄적 관계를 맺을 수 있는 관념적 형식의 일반적 권리이다. 헌법·법률·명령·규칙이 규범들의 단순 복합체가 아니라 단계구조의 통일적인 법체계로 구성될 수 있는 것도 이러한 프라이버시권과 인격권이 매개가 되기 때문이다. 켈젠에 의하면 규범적 관계들의 통일체인 법의 단계구조는 모든 실정법을 초월하는 논리적 전제로서 최상위에 근본규범(Grundnorm)이 존재할 때 가능하다. 근본규범은 법을 형성하고 해석하는 형식으로 사유규범에 해당하므로 개별 사안에 있어 구체적인 내용은 제공하지 않는다. 다만, 단계구조에서는 모든 법이 근본규범의 논리적 형식에 구

---

82 독일의 법철학자 베르너 마이호퍼(W. Maihofer)는 인간(현존재)이 사물(대상)과 맺는 관계를 통해 형성되는 세계를 주변세계로, 인간이 다른 인간들과 맺는 관계를 통해 구성되는 세계를 공존세계라 하였다. 그러면서 인간이 개인적·실존적인 '자기존재'형식으로 존재할 경우나 상호주관적 과정을 통해 외면화·객관화된 '로서의 존재'형식으로 존재하는 경우 모두 주변세계와 공존세계를 원상태로 두고 개인의 인격을 설명한다(베르너 마이호퍼, 심재우·윤재왕 역, 법과 존재/인간질서의 의미에 관하여, 박영사, 2022 참조). 여기서도 개인적 세계나 사회적 세계에서 인격의 형성은 타인과의 관계 맺음을 통해서만 가능하다는 결론에 이르고 있다.

속되기에 법체계는 통일성을 가질 수 있다. 따라서 근본규범은 모든 법의 효력근거가 된다. 근본규범의 요건은 다음과 같다. 첫째 사유규범으로서 형식성을 지녀야 한다. 둘째 순수한 당위를 지향하는 점에서 어떤 것을 조건으로 하는 가언명제는 아니어야 한다. 셋째 논리적 전제이자 법체계 전체의 효력근거로 작용할 수 있어야 한다.[83]

프라이버시권과 인격권은 그 관념성과 형식성으로 인해 특정한 경험세계에 국한되지 않는 초월적 자유를 지향한다. 따라서 근본규범이 갖추어야 할 요건인 사유규범적 형식성, 순수 당위성, 논리적 전제성을 갖추고 있다. 다시 말해 프라이버시권과 인격권은 특정한 생활영역에 한정된 경험적 · 실체적 권리가 아니라 다양한 생활영역과 포괄적으로 관계를 맺을 수 있는 관념적 · 형식적 권리이다. 성생활의 영역이나 건강정보와 같은 의료영역 등과 관련해 사생활의 비밀과 자유, 즉 프라이버시권이 주장되고 있다. 그러나 그 주장들을 살펴보면 성생활이나 의료영역 자체를 보호하기보다는 그것들과 관련한 사적인 자율성, 즉 누구의 간섭도 받지 않고 혼자서 자신만의 개성을 발현할 자유를 보장하는 데 있다.[84] 인격권 또한 그 보호범위가 특정한 생활영역이나 특정한 이익 그 자체를 보호하는 것이 아니라 그러한 영역 및 이익과 관련하여 개인이 자신의 인격을 제대로 발현하는 것을 보장하는 데 있다.[85] 더구나 여러 생활영역에서 다양한

---

[83] Hans Kelsen, Reine Rechtslehre, Franz Deuticke, 1960, pp. 206-209. 한스 켈젠 저, 변종필 역, 순수법학, 길안사, 1999, 316-319면.

[84] 예를 들어, 형법상 간통죄가 사생활의 비밀과 자유를 침해함으로써 위헌인 이유는 성생활이라는 개인의 내밀한 영역 그 자체를 침해한 데 있지 않다. 오히려 그러한 영역을 형벌의 대상으로 삼음으로써 성적 자기결정권으로 표현되는 개인의 사적 자율성을 침해한 데 위헌성이 있다(헌법재판소 2015. 2. 26. 선고 2009헌바17, 2014헌바464(병합) 결정).

[85] 예를 들어, 재판의 당사자로 출석한 수형자에게 재소자용 의류를 입도록 강제한 조

내용의 기본권들을 새롭게 생성하는 근거로 프라이버시권과 인격권이 계속 제시되고 있는 점을 볼 때 프라이버시권과 인격권의 본질은 특정한 생활영역과 관련한 실체적 내용이 아니라 그러한 생활영역들에 규범적 의미를 부여하는 근거로서 관념적 형식성에 있음을 알 수 있다. 따라서 프라이버시권과 인격권은 모두 켈젠의 단계구조에서 근본규범이 될 자격을 갖추고 있다.

그러나 근본규범은 법체계의 최종적인 효력근거이자 논리적 전제이므로 법의 단계구조가 통일적인 체계가 되기 위해서는 프라이버시권과 인격권 중 하나만 근본규범으로 존재해야 한다. 프라이버시권과 인격권 모두를 근본규범으로 할 경우 통일된 법체계를 구성할 수 없다. 그러면 프라이버시권과 인격권 중 어떤 것을 근본규범으로 보아야 할까? 이를 판단하기 위해서는 먼저 우리 헌법이 추구하는 인간상이 무엇인지 알아야 한다. 헌법의 인간상은 "자신이 스스로 선택한 인생관·사회관을 바탕으로 사회공동체 안에서 각자의 생활을 자신의 책임 아래 스스로 결정하고 형성하는 성숙한 민주시민"이다.[86] 이는 외부로부터의 영향을 배제한 고립된 자아도 아니면서 외부의 영향에 종속된 자아도 아닌 외부와의 상호작용 속에서 자신만의 고유한 가치를 형성·유지하는 균형잡힌 자아를 말한다. 이렇게 볼 때

치의 경우 그로 인한 심리적 위축으로 수형자가 제대로 된 재판을 받지 못한 부분은 인격권이 아닌 공정한 재판을 받을 권리로 보호받는 영역이다. 반면, 인격권으로 보호받는 영역은 그러한 재판과정에서 느끼는 수형자의 인격적 모욕감과 수치심에 있다(헌법재판소 2015. 12. 23. 선고 2013헌마712 결정). 수사기관이 피의자의 얼굴이 노출되지 않도록 마스크 등 필요한 조치를 취하지 않고 언론에 노출시킨 경우 그 위헌성은 얼굴의 노출 그 자체에 있는 것이 아니라 피의자가 자신의 얼굴이 노출되어 사회로부터 범인으로 낙인찍힘으로써 입는 자기정체성 및 자율성의 침해에 있다(헌법재판소 2014. 3. 27. 2012헌마652 결정).

86 헌법재판소 2003. 10. 30. 선고 2002헌마518 결정.

자신만의 내밀한 인격과 정체성을 유지하기 위해 외부의 간섭을 배제하는 프라이버시권보다는 외부와의 소통을 통해 보다 보편적이며 공동체구성원으로서의 정체성을 지향하는 인격권이 우리 헌법체계의 근본규범으로 더 적합하다. 따라서 존재적·본질적 개념 및 행위적·인식적 개념으로 불가분적 관계에 있는 인간의 존엄성과 인격권은 근본규범이자 법체계 전체를 구속하는 기본권보장의 핵심이며 최고의 헌법원리이다. 우리 헌법에서 기본권 장의 첫째 조문인 헌법 제10조에 인간의 존엄과 가치를 규정하였고, 그로부터 직접 인격권을 도출하는 것도 이 때문이다. 인격권과 인간의 존엄성은 모든 자유와 권리에 헌법적 가치를 부여하는 논리적 전제이자 규범적 근거로 작용한다. 개별 권리와 개별 법규범은 인격권과 인간의 존엄성을 실현하는 규범적 의미를 가질 때라야 헌법체계로 포섭될 수 있다.

4. 탈대상화된 권리인 인격권과 그 요소로서 자기결정권 및 자기책임원리

우리 헌법재판소는 인격권을 두 가지로 설명한다. 첫째는 개인과 분리할 수 없는 인격적 이익을 향유하는 권리로서 인격권을 설명하는 것이다.[87] 인격적 존재로서 인간이 가지는 불가분적 이익에 대한 권리로 명예권, 초상권, 성명권 등이 그러하다. 초상권은 얼굴·지문과 같이 그 사람만을 식별할 수 있는 신체적 특징을, 성명권은 그 사람의 정체성과 개별성을 나타내는 인격적 상징을, 명예권은 그 사람

---

[87] 헌법재판소 2005. 10. 27. 선고 2002헌마425 결정; 헌법재판소 2005. 12. 22. 선고 2003헌가5, 2003헌가6(병합) 결정; 헌법재판소 2014. 3. 27. 선고 2012헌마652 결정.

에 대한 사회적 평가를 보호하는 권리로 여기서 초상, 성명, 명예는 인격을 가진 인간과 하나가 된 것으로 분리할 수 없는 이익들이다. 그러나 이러한 이익들은 인격권의 보호대상일 뿐, 그 자체가 헌법상 기본권으로서 규범적 의미를 갖지는 않는다. 앞서 본 바와 같이 그러한 이익들은 각 개인의 자율성 실현과 분리할 수 없는 이익일 때라야 인격권의 한 내용이 될 수 있다. 둘째는 인격권을 개인이 자신의 생활영역을 자율적으로 형성하는 권리로 설명하는 것이다.[88] 인격권이 다른 기본권들과 질적으로 구별되고, 인간의 존엄성과 함께 근본규범으로 보는 이유는 그것이 갖는 관념적 형식성에 있다. 인격권은 권리주체로 존재할 수 있게 자율성을 보장하는 권리라는 점에서 관념적 형식성을 갖는다. 그러므로 인격권에 대한 두 번째 설명이야말로 인격권의 본질을 설명한 것이라 할 수 있다. 여기서는 보호대상이 되는 인격적 이익들을 배제한 채 탈대상화된 권리로서 인격권을 설명한다. 이를 인격권의 탈존재화라고도 한다.[89] 생명권, 신체의 자유, 재산권 등은 생명, 신체, 재산과 같이 경험적으로 인식되는 존재적 대상을 가지므로 존재적 권리이다. 반면, 인격권은 현실적으로 쉽게 인식할 수 있는 경험적 대상을 갖고 있지 않다. 오히려 존재적 대상 없이 인격적 주체에 관한 의미 또는 소통매체로 인격을 전제로 할 때라야 인격권의 개념이 분명해진다. 즉, 인격권은 존재적 권리로부터 탈존재화할 때 독자적 권리로서 의미를 가진다. 다만, 인격권은 인간의 특정 행위나 상태가 인격의 발현에 해당하여 법적으로 보장할지 여부를 판단하는 규범적 기준이다. 다시 말해 인격권은 경험적 생활

---

88 헌법재판소 2014. 7. 24. 선고 2011헌바275 결정.

89 양천수, "인격권의 법철학적 기초 -인격권의 구조·성장·분화-", 법과 정책연구 제 11권 제3호, 2011, 1147-1148면.

영역에 법적 의미를 부여하는 관계적 개념이다. 이것이 인격권의 형식성과 결부되어 현실에서 다양한 실체적 내용들을 포섭하는 개방성을 갖게 한다.

　탈대상화·탈존재화된 인격권은 자기결정권과 자기책임원리를 구성요소로 한다. 자기결정권은 자신의 인격과 운명에 관한 사항을 스스로 결정하거나 개성에 따른 선택을 할 수 있는 권리로 자기운명결정권이라고도 한다.[90] 개인은 자신의 생활영역을 자율적으로 형성하는 과정에서 어떠한 내용으로 인격을 발현할 것인지를 스스로 결정할 권리를 갖는다. 자기결정권을 보장함으로써 인간은 창의적이고 성숙한 개체이며 이성과 책임을 지닌 인격체로서 자신이 결정·선택한 것을 존중받을 수 있다.[91] 이러한 점에서 자기결정권은 헌법의 인간상과 직접적인 관계를 맺는다. 다음으로 자기책임원리는 개인이 책임져야 할 범위는 스스로 결정한 결과나 그것과 관계있는 것이어야 한다는 원리이다. 자신이 결정하지 않았거나 결정할 수 없었던 사안에 대하여는 책임을 지지 않는다. 따라서 자기결정권의 행사는 자기책임원리에 따른 부담의 한도 안에서만 인정된다. 즉, 자기책임원리는 자기결정권의 한계논리로 작용한다.[92] 인격권은 각 개인이 다양한 생활영역에서 자기결정권의 행사를 통해 자신의 고유한 가치를 실현하면서도, 자기책임원리에 따라 스스로의 결정에 의해 나타난 결과에 대하여는 타인이나 공동체에 책임을 져야 하는 무형의 자유권이다.

---

90 헌법재판소 2006. 2. 23. 선고 2005헌마268 결정; 헌법재판소 2019. 4. 11. 선고 2017헌바127 결정.

91 헌법재판소 2004. 6. 24. 선고 2002헌가27 결정.

92 헌법재판소 2004. 6. 24. 선고 2002헌가27 결정.

스마트 치료의 공법학

5. 자연인으로서 개인의 정체성과 프라이버시권

프라이버시권도 인격권과 마찬가지로 인격의 불가침을 기본으로 하는 관념적 · 형식적 권리이다. 그러나 프라이버시권은 인격권과 같은 근본규범은 아니며 헌법 제17조에 규정된 사생활의 비밀과 자유에 의해 별도로 보장된다. 그러면 프라이버시권이 인격권과 같이 관념적 형식성을 가지면서도 헌법 제17조에 의해 별도로 보장받는 이유는 무엇일까? 먼저 인격권은 자기결정권과 자기책임원리로 구성되어 있는데, 이는 고유한 가치와 개성을 지닌 개인이자 책임있는 공동체의 구성원이라는 헌법이 추구하는 인간상에 부합한다. 독일에서는 인격권의 보호범위를 과거에 사적 영역에서의 자기결정권에 한정하던 것을 지금은 공적 영역에서의 자기결정권으로까지 확대하였다.[93] 인격권이 전제하는 공동체와 개인의 관계가 바뀌었기 때문이다. 이제는 인격권에 의해 사적 영역에서의 자기결정권이 보장되더라도, 이는 사회로부터 고립된 개인이 아니라 사회 내 타인과의 관계를 통해 살아가는 개인을 전제로 한 것이다.[94] 문제는 헌법이 추구하는 인간상, 즉 개인성과 사회성이 조화를 이룬 균형잡힌 자아로서 인격을 형성하는 과정이 인격권에서 전제하고 있는 인격만으로 설명할 수 있을 만큼 단순하지 않다는 데 있다. 인격은 당위를 지향하는 수많은 자아의 현상을 동일한 주체로 인식하는 관념이다. 시간이 흐르면서 변화하는 자아의 현상 속에서 자신만의 정체성을 확립해 나가는 과정을 통해 인격권이 말하는 고양된 인격, 즉 개인성과 사회성이

---

93 BVerfGE 64, 41. 김일환, "독일기본법상 '일반적 인격권'의 성립과 발전", 법과 정책 제6권, 2000, pp. 226-228.

94 Klaus Stern & Michaek Sachs, Das Staatsrecht der Bundesrepublik Deutschland (Bd. III/I): Allgemeine Lehren der Grundrechte, C.H.Beck, 1988, p. 644 이하 참조.

조화를 이루는 인간으로서의 품격이 높아진다. 그러나 이러한 인격
은 처음부터 완성된 것도 아니며, 최종적으로 완성되지도 않는다. 인
간은 살아있는 한 부단한 착오와 시정, 자기 반성을 통하여 끊임없이
노력할 뿐이다. 이러한 인격 완성의 추구는 각 개인이 자신만의 고유
한 가치를 잃지 않는 데서 출발한다. 그런데 개인에게 있어 본질적으
로 소중한 고유한 가치는 단체나 다른 개인은 물론 자신에게 주어진
사회적 역할에서도 벗어날 때라야 비로소 개발될 수 있다.[95] 국가의
제도나 사회적 관습, 외부로부터의 윤리적 책임을 벗어나 자연인으
로서 자아가 갖는 고유한 개성을 발견하고 이를 발현하는 것이야말
로 외부와의 소통과정 속에서 균형있는 인격을 형성하는데 필수요소
이다. 우리헌법이 사생활의 비밀과 자유로 표현하는 프라이버시권은
바로 개인이 사회적 관계로부터 단절하여 자연인으로서 갖는 정체성
을 유지하기 위한 권리이다.[96] 개인이 사회적 관계를 통해 자신의 인
격을 고양하는 과정에서 프라이버시권은 각자가 자연인으로서 갖는

---

[95] Rhoda E howard, Human rights and the Search for Community, Westview Press, 1995, pp. 25, 28, 44.

[96] 아감벤(Giorgio Agamben)이 말하는 벌거벗은 삶, 즉 인간이 호모사케르(Homo Sacer)로 활동할 수 있는 영역을 보장하는 권리로 프라이버시권을 들 수 있다. 아감벤은 개인적·사적인 삶으로 규정되는 '조에(zoe)'를 자연적 존재로, 정치적인 삶으로 규정되는 '비오스(bios)'를 정치적 삶의 형식으로 구별한다. 정치적 권력은 자신이 장악할 수 있는 영역 밖의 것들까지 자기 안으로 끌어들이므로 벌거벗은 개인적 삶은 정치적인 삶에 완전히 장악되는 것이 가혹한 현실이다. 그러나 정치적 권력에 대항할 수 있는 가능성이 극히 희박하더라도 개인의 사적인 삶과 정치적 실존은 분리할 수 있으며, 그러한 분리의 토대 위에 개인과 국가의 관계가 설명될 수 있다. 그러기 위해서는 정치적 질서에 편입되지 않고 도피할 수 있는 공간이 필요한데 사생활의 비밀과 자유, 즉 프라이버시권이 개인에게 그러한 공간을 제공한다고 볼 수 있다. 아감벤의 정치철학에 관하여는 윤재왕, "'포섭/배제'-새로운 법개념?: 아감벤 읽기 I", 고려법학 제56권, 2010, 270-272면.

고유한 가치와 개성을 잃지 않도록 보호한다. 이를 위해 프라이버시권은 인격권과는 구성요소에 있어 다음의 차별성을 갖는다. 프라이버시권의 경우 사적 영역에서의 자기결정권은 보장하되, 인격권과 달리 자기결정의 결과에 대해 책임을 져야 하는 자기책임의 원리는 적용하지 않는다. 이는 앞서 언급한 바와 같이 헌법 제17조 사생활의 비밀과 자유로 표현되는 프라이버시권이 경험적·실체적 권리가 아니라 관념적·형식적 권리임을 전제로 한 것이다. 프라이버시권을 성생활영역이나 의료정보영역과 같이 특정 생활영역을 중심으로 한 실체적 권리로 보는 입장에서는 이해할 수 없을 것이다. 왜냐하면 성생활이나 의료정보와 같은 내밀한 생활영역에서도 자신의 내밀한 것을 공유하는 타인과의 관계맺음이 있고, 그러한 사적 관계에서는 상호간에 자기책임의 원리가 적용될 수 있기 때문이다. 자기책임원리는 행복추구권으로부터 파생되는 일반적 행동자유권의 내용인 사적 자치의 권리 및 사적 자치의 원칙이 적용된 것이다.[97] 프라이버시권, 즉 사생활의 비밀과 자유가 적용된 것으로 볼 수 없다. 프라이버시권은 성생활이나 의료정보와 같은 경험적 생활영역을 보호하는 권리가 아니라, 그러한 생활영역에서 인간의 자율성, 인격의 발현이 개인의 고유한 개성을 실현하는 방향으로 이루어지도록 보호하는 관념적·형

---

[97] 헌법재판소 2003. 5. 15. 선고 2001헌바98 결정. 행복추구권은 미국 버지니아권리장전(1776년)에서 유래한 것으로 미국 독립선언문과 각 주 헌법에 영향을 끼친 자연법사상이다. 독립 후 미국의 각 주에서는 주 헌법을 제정하였는데, 이 중 노예제도를 찬성한 주는 생명, 자유, 재산을 천부인권으로 헌법에 규정하였다. 그러나 노예제도를 반대한 주에서는 재산의 개념에 노예가 포함되어 있다는 이유로 재산 대신 행복추구를 생명, 자유와 함께 천부인권으로 헌법에 규정하였다(정종섭, 헌법학원론, 박영사, 2022, 445면). 이와 같이 행복추구권은 재산권을 대신하는 것이기에 그 안에는 사유재산제도, 사적 자치의 원리가 내재해 있다. 이러한 점에서 행복추구권은 인격권과는 달리 보다 공동체의 구성원으로서 지위보다는 사적 영역에서의 개성발현을 위해 개인에게 부여된 포괄적 자유권이라 할 수 있다.

식적 권리이다. 그러므로 동일한 사적 생활영역에 있어서도 그 안에서 타인과의 관계맺음에 적용되는 행복추구권 및 사적 자치원리로 보호되는 부분과 개인이 타인과의 관계를 벗어나 자신만의 고유한 개성을 발견하고 실현하는 프라이버시권, 즉 사생활의 비밀과 자유로 보호되는 부분은 층위를 달리하여 별도로 존재한다. 성생활영역이나 의료정보영역과 같은 사적인 생활영역에 있어 프라이버시권으로 보호되는 부분은 따로 있으며, 여기서는 자기결정권의 한계로서 자기책임원리가 적용되지 않는다. 그 결과 개인은 사생활의 비밀과 자유로 보호받는 범위 내에서 법적·윤리적 책임의 부담 없이 자기만의 개성을 발현하는 결정을 할 수 있다.

6. 프라이버시권과 인격권의 보호대상

프라이버시권과 인격권의 이론적 구분은 현실의 사례에서도 논의의 실익이 있다. 프라이버시권도 자신의 내밀한 인격에 관한 정보를 자율적으로 통제하는 사적 영역에서의 자기결정권을 구성요소로 한다.[98] 따라서 사생활에 관한 내용을 타인이 본인의 승낙을 받고 그 범위 내에서 공개한다면 민사상 불법행위책임 등 법적 책임을 타인에게 물을 수 없다.[99] 그러나 본인의 승낙없이 타인이 이를 외부로 공개할 경우에는 그 자체만으로 본인의 고유한 개성을 부정하거나 부정당하게 내버려두는 것이 된다. 질병이나 심신장애와 같이 개인의 육체적·정신적 상태에 관한 의료정보나 성생활에 관한 정보 등이 그러하다. 이는 그 사람이 비밀로 하고 싶은 내밀한 인격에 관한 내

---

[98] 대법원 1998. 7. 24. 선고 96다42789 판결.
[99] 대법원 1998. 9. 4. 선고 96다11327 판결.

용으로 외부로 알려진다면 개인적 정체성이 근본적으로 흔들릴 수 있다. 정보의 공개가 본인에게는 수치심과 모멸감을 느끼게 하여 주관적인 감정세계와 정신적 내면생활을 심각히 침해하기 때문이다.[100] 그런데 우리 헌법재판소는 수치심이나 모욕감으로부터 보호받을 권리를 인격권으로 보고 있다. 하지만 관련 사례를 살펴보면 드러내고 싶지 않은 신체부위의 공개를 강제당하는 경우, 자신의 개인적인 이동을 추적당하는 경우, 외부로 알리고 싶지 않은 자신의 신분상태를 알려야 하는 경우 등 인격권보다는 프라이버시권에 해당하는 사례가 대부분이다.[101]

한편, 주관적·내면적 감정인 모욕과 달리 명예는 그 사람에 대한 사회적 평가로 외부에서 매겨지는 개인의 객관적 가치이다. 이는 프라이버시권이 아닌 인격권의 보호대상이다. 사회적·윤리적 책임을 벗어나 개인의 고유한 개성만을 보호하는 프라이버시권보다는 외부와의 상호작용 속에서 고양된 인격을 전제로 하는 인격권이 그 사람의 사회적·객관적 가치를 뜻하는 명예의 보호에 더 부합한다. 즉, 명예권은 사적 자율성뿐만 아니라 공적 자율성으로서의 자아까지 모두 포함하는 인격권에서 도출된다. 공적 자율성과 관련한 대표적 기본권으로 헌법 제21조 제1항 표현의 자유가 있다.[102] 표현의 자유는 민

---

100 헌법재판소 2007. 5. 31. 선고 2005헌마1139 결정.

101 헌법재판소 2002. 7. 18. 선고 2000헌마327 결정(정밀신체수색), 헌법재판소 2006. 6. 29. 선고 2004헌마826 결정(정밀신체검사), 헌법재판소 2011. 5. 26. 선고 2010헌마775 결정(항문검사), 헌법재판소 2018. 2. 22. 선고 2016헌마780 결정(신체촉수검사), 헌법재판소 2015. 9. 24. 선고 2015헌바35 결정(위치추적 전자장치 부착), 헌법재판소 2012. 12. 27. 선고 2010헌가82 결정, 2011헌바393 (위치추적 전자장치 부착), 헌법재판소 2012. 7. 26. 선고 2011헌마332 결정(수형자점호), 헌법재판소 1999. 5. 27. 선고 97헌마137 결정, 98헌마5(병합)(교도시설 밖 재소자용 의류착용), 헌법재판소 2015. 12. 23. 선고 2013헌마712 결정(재판출석시 재소자용 의류착용).

주사회의 여론형성에 참여하는 의사소통적 기본권으로 각자 자신의 의사를 표현하고 전파할 뿐만 아니라, 다른 사람이 이를 알 권리까지 포함한다.[103] 표현의 자유를 통해 개인은 공동체의 구성원으로서 민주적 의사형성에 참여하여 공적 자율성을 실현한다. 그런데 우리 헌법은 표현의 자유와 함께 헌법 제21조 제4항에서 언론·출판에 의한 표현행위는 타인의 명예를 침해해서는 안 되며, 만약 침해할 경우 피해를 배상할 것을 규정하고 있다. 이는 표현의 자유와 명예권이 불가분적 관계에 있음을 보여준다. 여론 형성을 통해 공적 자율성을 실현함에 있어 표현의 자유는 평등한 배려와 존중의 원리를 기본으로 한다.[104] 그런데 어떠한 표현이 특정 개인의 명예를 침해한다는 것은 그에 대한 사회적 평가를 저하시켜 향후 그 사람이 공적 여론의 형성에 참여하여 의사표현을 하더라도 다른 사람과 동등하게 평가받지 못하게 만든다. 이는 표현의 자유의 기본원리인 평등한 배려와 존중을 위반한 것으로 불공정하고 왜곡된 여론형성의 환경을 만든다. 따라서 의사표현이 아무런 제한없이 다른 사람의 명예를 침해한다면 이는 공적 자율성의 조건이 결여된 상태를 말하므로 이를 표현의 자유로 주장하는 것은 스스로 자기모순에 빠지는 것이다. 이러한 이유로 우리 헌법에서는 헌법 제21조에서 표현의 자유와 함께 명예권의 보호도 규정하고 있다.[105] 이렇게 명예권은 사적 영역과 공적 영역

---

102 박찬권, "헌법체계상 인격권과 표현의 자유의 규범적 위상 및 상호관계 -상업광고의 기본권 보호범위에 관한 보론-", 공법연구 제48권 제1호, 2019, 153면.

103 헌법재판소 1992. 2. 25. 선고 89헌가104 결정; 헌법재판소 1989. 9. 4. 선고 88헌마22 결정.

104 헌법재판소 1999. 6. 24. 선고 97헌마265 결정.

105 독일 기본법 제5조에서도 표현의 자유와 명예권의 보호를 함께 규정하고 있다. 독일 기본법 제5조 ① 누구든지 자기의 의사를 말, 글 및 그림으로 자유로이 표현·전달하고, 일반적으로 접근할 수 있는 정보원으로부터 방해받지 않고 정보를 얻을

모두에 걸쳐 발현되는 고양된 인격을 전제로 하는 점에서 사생활의
비밀과 자유, 즉 프라이버시권이 아닌 인격권의 보호대상이 된다.

Ⅳ. 결론 - 민감정보의 유형에 따른 안전조치 기준의 차별화

앞서 프라이버시권과 인격권에 관한 논의를 토대로 개인정보 보
호법이 갖는 헌법적 의미를 살펴보면 다음과 같다. 먼저 제2조에서
는 법률의 보호대상인 개인정보의 개념을 살아있는 개인과의 동일성
을 식별할 수 있는 일체의 정보로 규정하였다.[106] 이는 그 개인의 정

권리를 가진다. 출판의 자유와 방송과 영상으로 보도할 자유는 보장된다. 검열은
허용되지 아니한다.
② 이 권리들은 일반 법률의 조항, 청소년 보호를 위한 법규 및 개인적 명예권에 의
하여 제한된다.
Grundgesetz Art ① Jeder hat das Recht, seine Meinung in Wort, Schrift und
Bild frei zu äußern und zu verbreiten und sich aus allgemein zugänglichen
Quellen ungehindert zu unterrichten. Die Pressefreiheit und die Freiheit der
Berichterstattung durch Rundfunk und Film werden gewährleistet. Eine
Zensur findet nicht statt.
② Diese Rechte finden ihre Schranken in den Vorschriften der allgemeinen
Gesetze, den gesetzlichen Bestimmungen zum Schutze der Jugend und in
dem Recht der persönlichen Ehre.
106 개인정보 보호법 제2조(정의) 이 법에서 사용하는 용어의 뜻은 다음과 같다.
　1. "개인정보"란 살아 있는 개인에 관한 정보로서 다음 각 목의 어느 하나에 해당하
　　는 정보를 말한다.
　　가. 성명, 주민등록번호 및 영상 등을 통하여 개인을 알아볼 수 있는 정보
　　나. 해당 정보만으로는 특정 개인을 알아볼 수 없더라도 다른 정보와 쉽게 결합
　　　하여 알아볼 수 있는 정보. 이 경우 쉽게 결합할 수 있는지 여부는 다른 정보
　　　의 입수 가능성 등 개인을 알아보는 데 소요되는 시간, 비용, 기술 등을 합리
　　　적으로 고려하여야 한다.
　　다. 가목 또는 나목을 제1호의2에 따라 가명처리함으로써 원래의 상태로 복원
　　　하기 위한 추가 정보의 사용·결합 없이는 특정 개인을 알아볼 수 없는 정보
　　　(이하 "가명정보"라 한다)
　3. "정보주체"란 처리되는 정보에 의하여 알아볼 수 있는 사람으로서 그 정보의 주

체성과 관련한 모든 정보로 인격적 존재로서 그 사람에 대한 내용이 므로 인격권의 보호대상이 된다. 그러므로 개인정보가 본인의 동의 없이 외부로 누출되는 등 정보주체의 통제권을 벗어날 경우 개인이 자신의 생활영역을 자율적으로 형성하는 인격권의 침해로 귀결된다. 특히, 개인정보 보호법 제4조에서는 타인에 의한 개인정보 처리를 동의하고 그 범위를 정하는 등 정보주체의 권리를 두고 있는데, 이는 개인정보자기결정권을 법률로 구체화한 것으로 인격권의 요소인 자 기결정권에 근거한다.[107] 한편, 제1조에서는 법률의 목적을 개인정 보의 처리와 관련한 개인의 자유와 권리보호 및 개인의 존엄과 가치 를 실현함에 두고 있다.[108] 인격권은 개인의 존엄과 가치로부터 직접 도출되기에 개인정보 보호법 전반을 구속하는 규범적 의미를 갖는 다. 다만, 인간의 존엄과 가치가 아닌 개인의 존엄과 가치로 규정한 것은 개인정보와 관련하여서는 사적 자율성의 보호에 그 중심이 있 음을 보여준다. 이는 개인정보보호의 원칙을 규정한 제3조 제1항과 제6항 및 제7항에서도 잘 드러난다.[109] 개인정보를 처리할 경우 목적

체가 되는 사람을 말한다.

[107] 개인정보 보호법 제4조(정보주체의 권리) 정보주체는 자신의 개인정보 처리와 관 련하여 다음 각 호의 권리를 가진다.
1. 개인정보의 처리에 관한 정보를 제공받을 권리
2. 개인정보의 처리에 관한 동의 여부, 동의 범위 등을 선택하고 결정할 권리
3. 개인정보의 처리 여부를 확인하고 개인정보에 대하여 열람(사본의 발급을 포함 한다. 이하 같다) 및 전송을 요구할 권리
4. 개인정보의 처리 정지, 정정·삭제 및 파기를 요구할 권리
5. 개인정보의 처리로 인하여 발생한 피해를 신속하고 공정한 절차에 따라 구제받 을 권리

[108] 개인정보 보호법 제1조(목적) 이 법은 개인정보의 처리 및 보호에 관한 사항을 정 함으로써 개인의 자유와 권리를 보호하고, 나아가 개인의 존엄과 가치를 구현함을 목적으로 한다.

[109] 개인정보 보호법 제3조 (개인정보 보호 원칙) ① 개인정보처리자는 개인정보의 처

스마트 치료의 공법학

에 필요한 최소한의 범위에서만 해야 하고, 정보주체의 사생활을 최소한으로 침해하는 범위에서만 허용한다. 또한 그 자체로는 정보주체와의 동일성이 없으나 다른 정보와 결합하여 사용함으로써 특정인을 식별할 수 있는 것을 가명정보라 하고, 다른 정보를 결합·사용하더라도 특정인과의 동일성을 알 수 없는 정보를 익명정보라 하여 둘을 구분하면서 개인정보의 처리는 익명으로 할 것을 원칙으로 하고 있다. 이는 개인정보가 헌법 제17조 사생활의 비밀과 자유로 표현되는 프라이버시권과 밀접한 관련이 있으므로 특정인의 고유한 개성과 정체성을 보호하기 위해서는 정보 공개의 가능성을 가능한 배제하기 위해서이다. 더불어 국가 등의 책무를 규정한 제5조에서도 국가와 지방자치단체는 인간의 존엄과 개인의 사생활 보호에 필요한 시책을 마련할 것을 요구하는데 여기서도 인격권과 함께 프라이버시권이 개인정보보호와 관련한 주된 헌법상 근거임을 보여준다.

이를 토대로 암호화되었지만 복호화의 가능성이 있는 환자의 의료정보를 본인의 동의 없이 미국 통계회사인 IMS Health사에 판매한 약학정보원의 개인정보법 위반사건을 살펴보면 다음과 같다. 개인정보 보호법 제23조에서는 민감정보의 개념을 정의하고 유형을 열거한다. 법률의 전반적 취지를 볼 때 개인정보는 프라이버시권의 보호대상이므로 함부로 타인에 의해 공개되지 않아야 하다. 민감정보는 개인정보 중에서도 특히 정보주체의 사생활을 침해할 우려가 있는

리 목적을 명확하게 하여야 하고 그 목적에 필요한 범위에서 최소한의 개인정보만을 적법하고 정당하게 수집하여야 한다.
⑥ 개인정보처리자는 정보주체의 사생활 침해를 최소화하는 방법으로 개인정보를 처리하여야 한다.
⑦ 개인정보처리자는 개인정보를 익명 또는 가명으로 처리하여도 개인정보 수집 목적을 달성할 수 있는 경우 익명처리가 가능한 경우에는 익명에 의하여, 익명처리로 목적을 달성할 수 없는 경우에는 가명에 의하여 처리될 수 있도록 하여야 한다.

정보를 말한다. 법률은 민감정보에 해당하는 예로 개인의 사상, 신념, 노동조합이나 정당의 가입 및 탈퇴, 정치적 견해, 건강, 성생활 등에 대한 정보를 든다. 다만, 공적 인물은 그의 사생활에 대한 정보가 여론형성 등 민주적 의사결정에 기여하는 내용으로 공공성과 사회성을 갖는 경우에는 프라이버시권으로 보호될 수 없다. 이러한 경우에는 외부로부터 단절된 채 특정인의 고유한 개성과 개인적 자율성만을 보호하는 프라이버시권보다는 외부와의 소통을 통해 공적 자율성으로까지 고양되는 것을 전제로 하는 인격권의 보호대상이 된다. 따라서 공적 여론 형성에 기여하는 내용에 가까울수록 프라이버시권의 보호범위는 줄어들고 그 공백을 인격권의 보호범위로 메움으로써 정보공개의 정당성을 찾을 수 있다. 이렇게 볼 때 제23조 제1항에서 열거한 민감정보의 예들은 수정할 필요가 있다. 건강과 성생활과 같은 경우에는 외부의 책임과 비난으로부터 벗어나 개인이 자연인으로서 갖는 고유한 개성에 해당하므로 이에 대한 프라이버시권의 보호는 더욱 강화해야 한다.[110] 환자의 의료정보가 그 대표적인 예이다. 반면, 사상, 신념, 노동조합이나 정당의 가입 및 탈퇴, 정치적 견해 등은 공직에 취임하거나 공적 여론에 참여하는 등 시민권을 행사하는 자를 평가함에 중요한 자료가 된다. 국가권력을 담당하는 공무원의 경우 정치적 중립성과 헌법에 대한 충실의무가 일반국민보다 많이 요구되기 때문이다. 따라서 이에 관한 정보를 건강, 성생활과 함께 민감정보로 묶어 규정한 것은 문제가 있다. 민감정보에서 제외하는 입법조치를 하거나 법률해석을 할 때 프라이버시권으로 보호되는 정도

---

[110] 유전정보(DNA)도 자연인으로서 개인의 독자적 정체성과 밀접한 관련이 있으므로 민감정보로 분류되어 프라이버시권에 의한 엄격한 보호가 요구된다. 이에 관하여는 엄주희, "유전자 프라이버시와 적법절차 -헌재 2018. 8. 30. 2016헌마344에 대한 평석-", 저스티스 제173호, 2019, 441-442면.

를 달리할 필요가 있다. 반면, 건강에 관한 의료정보나 성생활에 관한 정보는 개인의 사생활에서 핵심영역에 해당하므로 외부로 공개하는 것 자체가 당사자에게 모욕감을 줄 정도로 개인의 정체성을 흔들 수 있는 민감한 사안이다. 따라서 공직에 취임하거나 여론의 대상이 되는 공적 인물이라도 이러한 민감정보는 공개될 수 없게 프라이버시권으로 보호해야 한다.

한편, 민감정보를 규정한 제23조는 제2항에서 민감정보의 처리에 대해 정보주체의 동의를 얻은 경우라도 분실이나 유출 등이 되지 않게 안전조치를 취할 의무를 개인정보처리자에게 부여한다. 개인정보처리자의 안전조치의무가 제29조에 이미 두고 있음에도 민감정보와 관련하여 제23조에서 다시 규정한 것은 그만큼 민감정보의 처리에 있어서는 일반적인 개인정보보다 안전조치를 더욱 강화할 것을 요구하는 것으로 볼 수 있다. 앞서 본 약학정보원이 IMS Health사에 환자의 의료정보를 판매한 행위는 환자의 동의없이 한 행위이므로 환자의 동의가 있음을 전제로 안전조치의무를 규정한 제23조 제2항이 직접 적용되지는 않는다. 그러나 환자의 동의가 있을 때에도 민감정보에 대한 안전조치의무가 법률에 의해 요구되었다면 환자의 동의가 없는 경우에는 당연히 안전조치의무가 요구되는 것으로 해석해야 한다. 더 나아가 앞서 본 제23조 제1항에 열거된 민감정보의 예에 있어 프라이버시권의 보호정도가 다를 수 있음을 고려한다면 사상, 신념, 노동조합이나 정당의 가입 및 탈퇴, 정치적 견해 등의 민감정보에 대한 안전조치와 건강, 성생활의 민감정보에 대한 안전조치는 그 정도를 달리할 것이 요구된다. 이에 대한 기준으로 동 사건에 대한 민사법원의 제1심과 제2심의 판단기준을 차용하고자 한다. 민사재판에서는 해당 정보가 개인정보에 해당하는지 여부, 즉 개인정보호법의 보호대상에 해당하는지 여부를 판단하는 기준으로 재식별가능성의 정도를 적용하였다. 1심법원은 '재식별가능성이 현저한지'를 기준으로, 2심법원은 '재식별가능성이 합리적으로 존재하는지'를 기준으로 당해 사안이 개인정보에 해당하는지를 판단하였다. 그러나 본 논문에서는 이러한 재식별가능성의 기준을 개인정보처리자가 지켜야 할 안전조치의무 정도를 설정하는 기준으로 삼고자 한다. 제23조 제1항에서 민감정보로 규정한 사상, 신념, 노동조합이나 정당의 가입 및 탈퇴, 정치적 견해 등의 내용은 프라이버시권과 인격권이 겹치는 영역으로 공적 인물의 경우에는 공적인 의사형성 과정에서 그 사람에 대한 평가의 자료로 사용될 수 있다. 따라서 이에 대한 안전조치의무의 정도는 보다 완화된다. 개인정보처리자가 취한 안전조치가 타인으로 하여금 정보주체와의 동일성을 인식할 가능성, 즉 재식별가능성이 현저하지 않다면 안전조치의무를 준수한 것으로 보아야 한다. 이러한 민감정보들을 본인의 동의 없이 고도의 암호화한 상태에서 타인에게 제공하였다면, 상대방이 이를 복호화할 아무런 경제적 이유가 없거나 이후 관련 정보를 삭제한 정황이 있다면 개인정보처리자는 안전조치의무를 준수하였다고 볼 것이다. 반면, 해당 사안과 같이 환자의 건강과 관련된 의료정보인 경우에는 고유한 개성과 내밀한 인격을 보호하는 사생활의 비밀과 자유, 즉 프라이버시권의 핵심영역으로 보다 강한 보호가 요구된다. 따라서 개인정보처리자가 고도로 암호화된 안전조치를 취하더라도 매칭테이블이 함께 제공된 경우라면 이를 받은 IMS Health사 담당직원의 삐뚤어진 욕망이나 자의적인 결정으로 매칭테이블과 연결해 환자의 의료정보를 복호화할 가능성은 합리적으로 예측할 수 있다. 이 경우에는 상대방에 의한 재식별가능성이 합리적으로 존재하므로 개인정보처리자는 안전조치의무를 이행하였다고 볼 수 없기에 개인정보 보호법 위반이 된다.

참고문헌

김일환, "독일기본법상 '일반적 인격권'의 성립과 발전", 법과 정책 제6권, 2000.

박찬권, "헌법체계상 인격권과 표현의 자유의 규범적 위상 및 상호관계 － 상업광고의 기본권 보호범위에 관한 보론 －", 공법연구 제48권 제1호, 2019.

베르너 마이호퍼, 심재우·윤재왕 역, 법과 존재/인간질서의 의미에 관하여, 박영사, 2022.

서주실, "Warren－Brandeis의 The Right to Privacy", 미국헌법학연구 제6호, 1995.

양천수, "인격권의 법철학적 기초 －인격권의 구조·성장·분화－, 법과 정책연구 제11권 제3호, 2011.

엄주희, "유전자 프라이버시와 적법절차－헌재 2018. 8. 30. 2016헌마344에 대한 평석－", 저스티스 제173호, 2019.

윤재왕, "'포섭/배제'－새로운 법개념?: 아감벤 읽기 I", 고려법학 제56권, 2010.

이수종, "일반적 인격권으로서 음성권에 관한 비교법적 연구", 언론과 법 제15권 제3호, 2016.

임마누엘 칸트, 백종현 역, 순수이성비판 2, 아카넷, 2008.

_____, 백종현 역, 실천이성비판, 아카넷, 2009.

_____, 백종현 역, 윤리형이상학 정초, 아카넷, 2009.

최희경, "프라이버시권리의 변천", 법조 제53권 제12호, 2004.

한스 켈젠 저, 변종필 역, 순수법학, 길안사, 1999.

Alan F. Westin, Privacy and freedom, Ig Publishing (1967).

E. Bloustein, Privacy as an Aspect of Human Dignity: An Answer to Dean Prosser, 39 New York University Law Review, New York University School of Law (1964).

Ellen Alderman & Caroline Kennedy, The right to privacy, Knopf (1995).

Federalist Papers No. 10 (1787).

Federalist Papers No. 51 (1788).

Frank Fechner, Medienrecht. 15. Aufl, Mohr Siebeck (2017).

Hans Kelsen, Reine Rechtslehre, Franz Deuticke (1960).

Hans Peters, Die freie Entfaltung der Persönlichkeit als Verfassungsziel, Girardet (1953).

Hermann von Mangoldt & Friedrich Klein, Das Bonner Grundgesetz, Franz Vahlen (1985).

Immanuel Kant, Kritik der praktischen Vernunft, Grundlegung zur Metaphysik der Sitten(Auflage 20), Suhrkamp (2012).

Immanuel Kant, Kritik der reinen Vernunft 2, Suhrkamp(1974).

Klaus Stern & Michaek Sachs, Das Staatsrecht der Bundesrepublik Deutschland(Bd. III/I): Allgemeine Lehren der Grundrechte, C.H.Beck (1988).

Konrad Hesse, Grundzüge des Verfassungsrechts der Bundesrepublik Deutschland, (20. Aufl), C.F,.Müller (1995).

Linnet Taylor & Luciano Floridi & Bart van der Sloot, Group Privacy: New Challenges of Data Technologies, Philosophical Studies Series (2017).

Rainer Mühlhoff, Predictive privacy: towards an applied ethics of data analytics, Ethics and Information Technology 23, Springer Science + Business Media (2021).

Rhoda E howard, Human rights and the Search for Community, Westview Press (1995).

Richard Clayton & Hugh Tomlinson, The law of human rights, Oxford university press (2000).

Richard F. Hixson, Privacy in a public society: human rights in conflict, Oxford University Press (1987).

Warren & Brandeis, "The Right to Privacy", Vol.4 No.5 Harvard Law
Review, Harvard Law School (1890).

William pitt the elder, Speech on the Excise Bill, House of Commons
(March 1763).

PART 02

스마트 치료의 인프라
: 메타버스와 비대면 의료

01_ 의료에서 메타버스 활용과 법적 쟁점
02_ 디지털 헬스케어 발전의 법적 과제 - 비대면 의료를 중심으로

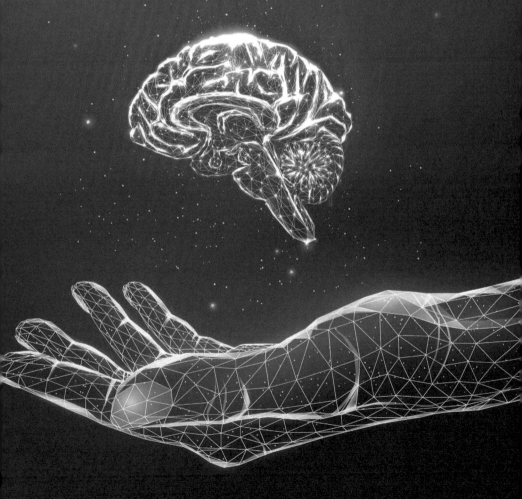

01

의료에서 메타버스 활용과 법적 쟁점

목 차

I. 서론

II. 새로운 디지털 환경과 메타버스

III. 메타버스와 의료

IV. 메타버스 의료 활용에 있어서
   법적 쟁점

V. 결론

국문초록

　보건의료 분야는 무엇보다 인간의 생명과 직결된 영역이기 때문에 충분히 검증되지 않은 불안한 기술을 시도하거나 이용하기 어렵다는 특징이 있다. 의료에서의 메타버스 활용은 현실적으로 여러 가지 법률적 제약이나 의료인과 환자의 거부감, 관련된 기본권의 제한과 보호 때문에 새로운 시도나 기술을 선택하지 못하는 문제가 발생할 수 있다. 따라서 해당 문제점을 종합적으로 분석하여 점진적으로 그 해결방안을 모색해야 한다.

　특히 메타버스와 같은 새로운 패러다임을 적용하고, 디지털 기술을 사용하는 경우에는 의료인과 환자 등이 그러한 기술을 이해하고 사용할 수 있도록 효과적인 사용자 인터페이스와 상호작용 방법이 개발되는 것이 필수적이라고 하겠다. 또한, 새로운 디지털 기술이 등장하였을 때 이를 어떻게 받아들일 것인지의 윤리적 · 정책적 · 법률적 문제도 해결해야 할 것이다.

　가상세계, 증강현실 등 메타버스 세계관의 적용과 디지털 기술을 활용하여 현재의 의료 체계를 가능한 한 미래지향적이고 효율적인 방향으로 개선할 필요는 존재하지만, 아직까지는 관련 사항들이 체계적으로 완비되지 않았다고 보인다. 정부와 관련 부처는 메타버스를 비롯한 새로운 디지털 기술이 활성화되도록 규제 완화 및 입법·정책·제도를 하루빨리 정비해야 한다. 보건의료 분야에 있어서 메타버스 세계관 및 디지털 기술을 적극적으로 활용·적용하고 이를 통해 얻을 수 있는 장점은 매우 크고 유용하다고 할 수 있다. 따라서 사회적·경제적·산업적 파급효과에 대한 지속적인 관찰과 연구 그리고 이러한 변화에 맞춘 사회규범과 법·제도의 보완이 필요한 시점이다.

I. 서론

최근 사물인터넷(IoT, Internet of Things), 가상현실(Virtual Reality), 증강현실(Augmented Reality), 디지털 트윈(Digital Twin), 라이프로깅(Life Logging) 등과 같은 새로운 디지털 기술이 발달함에 따라 "메타버스(Metaverse)"에 대한 관심이 증가하고 있다.[1] 잘 알려진 것처럼 메타버스라는 용어 자체는 1992년에 출간된 소설 '스노우 크래쉬(Snow Crash)'에서 처음 사용된 것이다.[2]

그러나 이 용어가 많은 주목을 받게 된 것은 2007년에 ASF(Acceleration Studies Foundation)에서 발표한 '메타버스 로드맵(Meta-verse Roadmap)'을 통해서였다. '메타버스 로드맵'에서는 당시의 기술 수준을 전제로 그로부터 10년 후의 기술 발전과 변화에 대해 예측했다. 국내에서도 이에 관한 소개 및 분석이 일부 이루어지기는 했지

---

[1] https://www.metaverseroadmap.org/overview/ (최종방문일 2022. 7. 13.).
[2] 이승환, 메타버스 비긴즈 -인간X공간X시간의 혁명, 굿모닝미디어, 2021, 24면.

만 큰 이슈가 되지는 않았다.[3] 그러나 2010년대 이후 증강현실 및 가상현실에 대한 관심과 연구가 지속되고 관련 제품과 서비스가 다양하게 출시되기 시작하면서 상황이 달라졌다.

특히, 코로나19로 인해 여러 가지 비대면 기술이 사용되기 시작하면서 가상현실을 기반으로 한 메타버스의 활용 분야와 범위에 관한 관심이 커지기 시작했다. 이처럼 누구도 예상하지 못한 코로나 팬데믹 상황에서 네트워크를 이용한 비대면 활동도 충분히 대면 활동 못지않다는 사실을 경험하게 되면서 전 세계가 새로운 시대의 도래와 미래상으로 메타버스의 가능성에 주목하고 있다.

우리 사회에서는 2021년부터 포스트 디지털 시대를 주도하는 새로운 패러다임으로 '메타버스'가 자주 언급되고 있다. 비대면 시대의 도래와 다양한 콘텐츠의 등장 그리고 가상융합기술의 발전에 따라 탁월한 성능을 지닌 디바이스가 대중적으로 공급되면서, 기존에는 관심을 가지고 있던 일부에게만 활용되던 가상의 공간이 이제는 누구나 접속할 수 있는 일상적인 영역으로 확장되고 있다. 특히 게임이나 소셜 네트워크 서비스(SNS)와 같은 개인적 경험의 차원을 넘어, 단체로 진행되는 행사나 공공 영역에 메타버스가 활용되면서 정부와 기업들도 앞다투어 메타버스를 새로운 시장이자 기회로 인식하고 있다.

이처럼 메타버스의 적용 분야는 개인뿐만 아니라 기업, 대학[4] 등

---

3 서성은, "메타버스 개발동향과 발전전망 연구", 한국HCI학회 학술대회 자료집, 2008.2, 1450-1457면; 한혜원, "메타버스 내 가상세계의 유형 및 발전방향 연구", 디지털콘텐츠학회 논문지 제9권 제2호, 2008, 317-323면.

4 국내에서는 순천향대학교와 서강대학교 메타버스 전문대학원, 국외에서는 UC버클리대학 등이 각각 메타버스 입학식 및 졸업식을 시행한 바 있다. https://www.sedaily.com/NewsView/22JNGW7LOL (최종방문일 2022. 7. 15.). 특히 순천향대학교는 2021년에 이어서 2022년 입학식도 SM엔터테인먼트 에스파(aespa)와 함

과 같은 단체에 있어서도 계속해서 확장되고 있는 중이다.[5] 메타버스 플랫폼을 운영하고 있는 에픽게임즈(www.epicgames.com)나 로블록스(www.roblox.com), 개더타운(gather.town) 같은 기업과 엔비디아(NVDA), 페이스북(facebook) 등의 글로벌 기업 그리고 관련 기술 및 산업 컨설팅 업체들 모두 메타버스를 인터넷과 모바일 이후의 새로운 플랫폼으로 주목하며, 메타버스를 통해 현실의 물리적인 제약을 극복하고 자유로운 가상세계 속에서 새로운 자아로 살아갈 수 있다고 적극적으로 설파하고 있다.

나아가 가상현실은 메타버스의 일부일 뿐이며, 메타버스에 부여하고 있는 이상은 더 거대하다고 할 수 있다. 앞서 언급한 메타버스 로드맵은 '가상현실', '증강현실', '거울세계' 그리고 '라이프로깅'의 4가지 시나리오를 제시하였는데, 15년이 지난 지금은 인공지능, 네트워크 등 과학기술이 이전보다 더 발전하였으므로 메타버스의 이상과 구현에 대한 논의도 그때와는 달라졌다.

더욱이 이러한 기술의 흐름은 정치, 경제, 사회, 문화 전 분야에 영향을 미치고 있다. 최근 정부에서는 대규모 데이터를 확보하고, 인공지능을 학습시키며, 초고속 네트워크 기반으로 산업현장의 문제를 해결하는 D.N.A.＋XR 계획을 발표한 바 있다.[6] 정부는 이 계획을 통

께하는 버추얼 메타버스 방식으로 개최했다. 이 행사는 순천향대학교 메타버스 세계관의 대표 인물인 아바타 '스칼라(SCHolar)'의 사회로 진행되었다.

5 국내 대표 통신회사인 SK텔레콤은 메타버스 기업으로의 변신을 선언하면서 지속적인 서비스 정책 및 개선을 펼치고 있다. SK텔레콤은 메타버스 사용 편의성을 높이고, 다양한 가상공간과 아바타를 통해 이용자의 메타버스 경험을 극대화할 메타버스 플랫폼 '이프랜드(ifland)'를 출시하였는데, 이프랜드의 특징은 누구나 쉽고 간편하게 메타버스 세상을 즐길 수 있도록 프로세스 간소화와 사용성에 중점을 두었다는 점이다. https://www.fntimes.com/html/view.php?ud=2022071309165574 58645ffc9771_18 (최종방문일 2022. 7. 15.).

6 구체적으로는 데이터 기술(D, Data Technology)과 네트워크 기술(N, Network),

해 궁극적으로 의료, 제조, 교육, 유통 등 사회 전반에 걸쳐 국민의 삶의 질이 높아지고 생산성이 증대하게 될 것으로 예측하고 있는데, 이같이 변화된 환경은 특별히 국민의 생명을 책임지는 보건의료 분야의 발전에 있어 더 많은 영향을 미칠 것으로 기대되고 있다.

하지만 메타버스가 무한대에 가까운 자유를 향유할 수 있는 가상의 세계이자 공간이라 하더라도 이를 이용하는 인간은 현실에 기반하고 있으며, 메타버스에서 이루어지는 인간 간의 상호작용이 늘 긍정적일 수만도 없다고 할 수 있다. 따라서 본고에서는 먼저 새로운 디지털 환경으로 부각되고 있는 메타버스의 특징과 가능성에 대해 살펴보고(Ⅱ), 이를 의료적 관점에서 어떻게 이용하고 활용할 것인지에 대한 논의사항들을 정리해본 후(Ⅲ), 현행 법체계를 중심으로 메타버스와 관련한 의료적·사회적·법적 이슈와 쟁점에 대하여 고찰해보고자 한다(Ⅳ).

Ⅱ. 새로운 디지털 환경과 메타버스

1. 메타버스의 개념

알려진 대로 메타버스는 '초월'을 의미하는 그리스어 '메타(Meta)'와 '세상, 우주'를 의미하는 '유니버스(Universe)'의 합성어이다. 메타버스에 대한 정의는 다양하게 내려지고 있는데, 가장 많이 인용되는 '메타버스 로드맵'의 정의는 "(1) 가상으로 향상된 물리적 현실, (2) 물

그리고 인공지능 기술(A, Artificial Intelligence)과 가상융합기술(XR, eXtended Reality)을 의미한다. https://www.asiae.co.kr/article/2020121009331876138 (최종방문일 2022. 7. 16.).

리적으로 지속 가능한 가상공간 또는 양자의 융합, 단, 이용자는 이를 각각 경험할 수도 있음"이라고 하여 주로 가상공간 측면에서 개념적 정의를 내리고 있다.

이외에도 국내에서는 "컴퓨터, 인터넷, 스마트폰 등 디지털 미디어에 담긴 새로운 세상, 디지털화된 지구",[7] "가상과 현실이 상호작용하며 공진화하고 그 속에서 사회 · 경제 · 문화 활동이 이루어지며 가치를 창출하는 세상"[8] 등으로 정의되고 있어서 사실상 메타버스를 가상공간 또는 가상세계로 바라보는 것이 보편적인 시각으로 생각된다.

엄밀히 말해 메타버스 그 자체와 메타버스라는 공간을 제공하는 서비스는 구별된다고 할 수 있지만, 이러한 가상공간 자체가 기술의 구현이기 때문에, 경우에 따라서 메타버스는 기술 그 자체를 의미하는 것으로 사용되기도 한다.[9] 그럼 이하에서 메타버스에 대해 보다 자세히 살펴보도록 한다.

2. 메타버스의 유형

메타버스의 유형 등 세부 내용에 대해 가장 널리 알려진 것은 '메타버스 로드맵'에서의 분류이다. 메타버스 로드맵에서는 메타버스를 '가

---

[7] 김상균, 메타버스: 디지털 지구, 뜨는 것들의 세상, 플랜비디자인, 2020, 23면.

[8] 이승환, 앞의 책, 24면.

[9] 식품의약품안전처의 「가상 · 증강현실(VR · AR) 기술이 적용된 의료기기의 허가 · 심사 가이드라인」(2018.6)에서는 증강현실, 가상현실, 혼합현실을 기술로 정의하고 있다. 이 가이드라인은 행정규칙의 형식이기는 하지만 국내에서 가상현실과 같은 가상융합기술에 대해 규범적 측면에서 적극적으로 정의를 내린 최초의 사례로 평가된다. 보다 자세한 내용은 이승민, "VR/AR 산업 활성화를 위한 법 · 제도 개선방안 - 의료 · 교육 · 영상 관련 실감 콘텐츠 규제를 중심으로", 경제규제와 법 제13권 제1호, 2020, 77-78면 참조.

상세계(Virtual World)', '거울세계(Mirror World)', '증강현실(Augmented Reality)', '라이프로깅(Life Logging)'으로 유형화하였는데, 이것은 그에 관한 기술이 내향적(Intimate)인지 아니면 외부적(External)인지,[10] 모의(Simulation)에 해당하는지 아니면 증강(Augmentation)에 해당하는지를 기준으로 분류한 것이다.[11]

그러나 이 같은 메타버스 로드맵의 분류에 대해서는 내향성과 외부성의 구분이 불분명하고, 라이프로깅이나 증강현실은 특정 서비스의 일부분에 해당하는 기술에 불과하여 각 유형별 비중도 불균형적이라는 지적이 제기된다.[12] 앞서 살펴본 것처럼 메타버스가 공간의 개념이라면 증강현실의 경우에는 가상세계나 거울세계와 같은 선상에서 바라보기 어려운 것은 사실이며, 라이프로깅도 이용자에게 일

---

10 내향적 기술이라는 것은 개인 또는 사물의 자아 내지 본성이라는 내면에 초점을 맞추고 있는 기술이라는 의미로 사용되며, 메타버스 측면에서는 이용자 또는 일정한 지능을 갖춘 사물이 아바타나 디지털 프로필을 통해서 또는 어떤 시스템에 행위자로 직접 등장하여 해당 환경에 자신의 대리인 내지 기관을 갖게 되는 기술을 의미한다고 본다. 반면 어떤 기술이 외부적이라는 것은 현실 세계에 초점을 맞추고 있다는 뜻이며, 메타버스 측면에서는 이용자 주변의 세계에 대한 정보를 제공하거나 이용자 주변의 세계를 통제할 수 있도록 해주는 기술을 의미한다고 보고 있다. 결국 내향적 기술은 이용자가 메타버스 안으로 들어오도록 해주는 기술이고 외부적 기술은 이용자가 자기 주변의 현실 세계를 더 잘 활용할 수 있도록 해주는 것으로 볼 수 있다. 모의 기술은 현실을 모방하여 또는 현실과 병렬적으로 완전히 새로운 환경을 제공해주는 것으로서, 메타버스 측면에서는 상호작용의 공간으로 모의 세계를 제공해주는 기술을 의미하고, 증강 기술은 기존의 현실 세계에 새로운 가능성을 더해주는 것으로서, 메타버스 측면에서는 우리의 인식에 새로운 통제체계 및 정보를 더해주는 기술을 의미한다. 이러한 분류에 따르면, 가상세계는 내향적인 모의 기술, 거울세계는 외부적인 모의 기술, 증강현실은 외부적인 증강 기술, 라이프로깅은 내향적인 증강 기술에 해당한다고 볼 수 있다.

11 John Smart · Jamais Cascio · Jerry Paffendorf, *A Metaverse Roadmap: Pathways to the 3D Web, 2007*, Acceleration Studies Foundation, 2007, pp. 1-5.

12 류철균 · 윤현정, "가상세계 스토리텔링의 이론", 디지털스토리텔링연구 제3권, 2008, 6-7면.

정한 공간을 제공하는 서비스 내지 활동을 의미하는 것이지 그 자체가 공간은 아니기 때문에 역시 메타버스의 유형으로 분류하기에는 어려운 점이 있다고 할 수 있다.

이런 이유로 근래에는 기존과 다른 관점에서 메타버스를 분류하는 경우가 늘어나고 있다. 예컨대, 메타버스를 게임 기반, 소셜 네트워크 서비스(SNS) 기반, 생활·산업 기반 메타버스로 분류하는 견해가 있는데, 여기서 생활·산업 기반 메타버스는 운동, 교육, 훈련 등을 목적으로 게임적 요소(레벨, 보상 등)를 접목하여 활동에 동기를 부여한 과도기적 형태의 메타버스를 의미하며, 탁스(TACX)의 '스마트 인도어 사이클링(SIC)', 닌텐도(Nintendo)의 '링피트(RingFit)'나 산업용으로 활용도가 높은 마이크로소프트(Microsoft)의 '홀로렌즈(HoloLens)'와 같은 기기들이 이를 위한 것들이라고 할 수 있다.[13]

한편 메타버스의 본질이라고 할 수 있는 가상세계를 중심으로 분류하기도 하는데, 예를 들면 가상세계를 '게임형'과 '생활형'으로 분류하는 관점이 그것이다. 이 관점에서는 '월드 오브 워크래프트(World of Warcraft)'와 같은 게임형 가상세계는 '목적 지향적(goal-oriented)' 가상세계로서 표층적 목적 제시, 개발자의 스토리텔링, 내재화된 목표 달성이 중요하고, '세컨드 라이프(Second Life)'와 같은 생활형 가상세계는 '목적 개방적(open ended)' 가상세계로서 심층적 목적을 지향하고 사용자 스토리텔링이 중요하다고 설명한다.[14] 또 다른 관점에서는 가상세계를 유희를 중심으로 한 게임형 가상세계, 현실의 일상생활을 구현 내지 재현하는 생활형 가상세계, 교육·전시·의료 등

---

13 고선영·정한균·김종인·신용태, "메타버스의 개념과 발전 방향", 정보처리학회지 제28권 제1호, 2021, 8-11면.

14 윤현정, "가상세계의 목적지향적 서사구조 연구", 한국컴퓨터게임학회논문지 제14호, 2008, 192-193면.

목적을 지닌 파생형 가상세계로 분류하기도 한다.[15]

현행 법·제도 측면에서 이러한 분류와 유형은 일정한 의미를 가진다고 볼 수 있다. 특히 국내에서는 게임물에 대한 규제가 강한 편이기 때문에, 어떤 서비스에서 활용되는 콘텐츠가 게임물에 해당하는지 여부는 해당 콘텐츠 산업의 발전에 적지 않은 영향을 미친다. 그런데 메타버스는 융복합 서비스이기 때문에 메타버스 내에서 활용되는 다양한 콘텐츠나 메타버스 내부의 다양한 활동들에 대해 과연 게임 규제가 동일하게 적용되어야 하는지가 문제될 수 있고, 이때 해당 메타버스가 어떠한 목적과 유형으로 시작된 것인지가 게임 규제의 적용 여부를 결정하는 데 있어 적절한 기준과 의미를 제공할 수 있다.

다만 이 같은 상황에도 불구하고, 메타버스 로드맵에서 제시한 4가지 메타버스 유형이 메타버스에 대한 논의에 있어 이미 널리 활용되고 있기 때문에 그 유형별 특징에 대해서 자세히 알아야 할 필요가 있다.

(1) 가상세계

가상세계는 물리적 세계, 즉 현실 세계의 사회·경제적 삶을 강화하는 것으로서, 이용자의 인격이 화체된 이른바 '아바타(Avatar)'가 핵심요소이다. 이 밖에도 가상세계는 "사용자들이 아바타를 만들어서 거주하고 상호작용하는 컴퓨터 기반의 시뮬레이션 환경으로 게임, 의사소통, 상거래 등 다양한 사회, 경제, 문화, 예술 활동을 할 수 있는 공간"으로 정의되기도 하는데,[16] 여기서도 아바타는 가상세계

---

15 한혜원, 앞의 논문, 321면.
16 한혜원, 앞의 논문, 318-319면.

의 필수요소로 등장한다.

이러한 가상세계의 특징으로는 ① 공용 스페이스(shared space), ② GUI(Graphical User Interface), ③ 즉시성(immediacy), ④ 상호작용성(interactivity), ⑤ 지속성(persistence), ⑥ 사회화(socialization)·커뮤니티(community) 등이 있으며, 현실 세계의 상부 또는 하부구조로 존재하는 것이 아닌 그 자체로 독립적으로 존재한다는 점에 그 특색이 있다고 한다. 또 다른 견해에서는 ① 가상과 현실의 연결성(connectedness), ② 새로운 자아 형성, ③ 관계성 및 사회성 강화, ④ 투명성이 그 특징으로 제시되기도 한다.[17] 이와 같은 가상세계는 메타버스의 4가지 유형 중 다양성과 규모 면에서 성장 속도가 가장 빠르다고 평가받으며, '세컨드 라이프'[18]에서 드러난 것처럼 이용자로 하여금 또 다른 자아에 대한 인간의 욕망을 충족시켜 준다고 할 수 있다. 또한, 그 자체가 하나의 사회를 구성하기 때문에 자체 경제 시스템을 보유하는 특징도 보인다.[19]

물론 현재의 기술 수준이 매우 고도화된 가상세계까지는 이르지 못했지만, 기술발전 속도로 보아 가까운 미래에 그러한 수준에 도달

---

[17] 황경화·정주연·권오병, "가상세계형 메타버스 지속방문의도에 영향을 미치는 요인 연구", 한국경영정보학회 춘계통합학술대회 자료집, 2021.6, 44-45면.

[18] '세컨드 라이프(Second Life)'는 린든 랩이 개발한 인터넷 기반의 가상세계로 2003년에 서비스를 시작했다. 세컨드 라이프 뷰어라는 클라이언트 프로그램을 통해 이용자는 다른 아바타와 상호 작용하며, 보편적인 메타버스의 모습과 결합한 소셜 네트워크 서비스를 제공한다. 세컨드 라이프의 가장 큰 특징은 주민에게 주는 창조성과 소유권이다. 세컨드 라이프는 3D 물체를 제작하는 도구를 갖추었으며, 주민은 세컨드 라이프에서 건물이나 의상 등인 '오브젝트'들을 제작하고, 게임에서 자신이 갖고 싶어하는 오브젝트를 창조한다. 자신이 제조한 물건의 소유권도 주민 자신이 가지며, 다양한 제품을 제작하여 판매도 가능하다. https://ko.wikipedia.org/wiki/%EC%84%B8%EC%BB%A8%EB%93%9C_%EB%9D%BC%EC%9D%B4%ED%94%84 (최종방문일 2022. 7. 16.).

[19] 서성은, 앞의 논문, 602면.

할 것이라고 예측해도 큰 무리는 아닐 것이다. 이미 다양한 메타버스 세계에서 아바타가 활성화되고 있으며, 이처럼 아바타를 통한 복수의 인격을 보유하는 것은 대중적인 현상으로 자리 잡을 것으로 예상되고 있다.

(2) 거울세계

거울세계는 정보적으로 강화된 가상세계 또는 물리적 세계를 반영한 것을 의미하는데, 이는 "실제 세계의 모습, 정보, 구조 등을 가져가서 복사하듯이 만들어 낸 메타버스"로서 현실 세계에 효율성과 확장성을 더해 만들어지는 것으로도 설명된다. 최근 들어 논의되는 '디지털 트윈(Digital Twin)'[20]과도 밀접한 연관이 있다.[21]

초기에는 아마존의 'Block View'와 같이 온라인 'Yellow Pages'를 보완하기 위한 수단으로 개발되었으나, 최근에는 쇼핑, 관광, 길안내, 각종 비즈니스와 리서치 등 다양한 용도로 활용될 수 있는 개방형 표준(open standard)으로서 더 큰 의미를 갖는다고 평가받으며, 대표적으로 구글의 'Google Earth'는 개방형 표준임과 동시에 대중적 플랫폼으로서의 모습을 보여주었다. 메타버스 로드맵에서는 향후

---

[20] 현실에 존재하는 객체(사물, 공간, 환경, 공정, 절차 등)를 컴퓨터상에 디지털 데이터 모델로 표현하여 똑같이 복제하고 실시간으로 서로 반응할 수 있도록 한 것으로, 2010년에 나사(NASA)에서 우주선의 물리 모델 시뮬레이션을 위해 최초로 시작되었다. 이후 제너럴 일렉트릭(GE)에서 제조업에 적용하면서 폭넓게 확산되었다. 디지털 트윈은 물리적인 사물, 공간, 환경, 사람, 프로세스 등의 자산을 소프트웨어를 사용하여 가상의 모델로 만들어 실세계에서 하는 것과 같이 동작시키거나 동일한 행위를 해볼 수 있게 한다. 즉, 사용자는 가상의 세계에서 현실 세계 자산의 정보를 확인하거나 모의실험을 통해 자산의 미래 상태를 정확하게 예측할 수 있는 기회를 가지게 된다. https://100.daum.net/encyclopedia/ view/55XXXXX98180 (최종방문일 2022. 10. 26.).

[21] 김상균, 앞의 책, 156면.

개방형 표준과 오픈 소스가 거울세계 서비스를 지배하는 데 있어 중요한 요소가 될 것이라는 점을 언급하고 있다. 현재 거울세계는 '에어비앤비(Airbnb)'나 '배달의 민족'과 같은 플랫폼에서 활용되고 있고, '업랜드(Upland)'나 '디센트럴랜드(Decentraland)'와 같은 가상 부동산 거래 서비스 분야 등에서도 다양하게 활용되고 있다.[22]

특이하게도 메타버스 로드맵에서는 이러한 거울세계의 문제점 및 그에 대한 해결책을 함께 제시하고 있다.[23] 즉 거울세계의 기술 발전에 따라 정보수집능력이 증대되면 개인정보보호 측면에서 법률적인 문제가 발생할 수 있다는 것이다.[24] 또 거울세계에서는 데이터 입력, 시뮬레이션의 고도화 및 정확성이 중요하기 때문에 유용한 새로운 정보에 대한 접근을 통제하려는 경향이 나타나고, 국가나 특정 기업이 이와 같은 정보를 지배 도구로 사용할 우려가 있으며, 개인이 거울세계 관련 기술을 남용할 우려 등이 제기될 수 있다는 것이다.

위와 같은 문제점들을 해결하기 위해서는 정보의 개방과 정보에 대한 동등한 접근권 확보, 거울세계 관련 기술의 투명성과 책임성 강화가 필요한데, 이 같은 관점과 논의 내용은 현시점에서도 매우 유효하고 의미 있는 사항들이다. 다만 메타버스 로드맵에서는 위와 같은 우려에도 불구하고 결국 거울세계는 시민의 자유나 권리, 사회적 가치를 보호하고 자아를 구현하는 데 긍정적으로 작용할 것이라는 희

---

22 이상우, "메타버스가 온다", N콘텐츠 제18호, 2021, 28면.

23 John Smart · Jamais Cascio · Jerry Paffendorf, *A Metaverse Roadmap: Pathways to the 3D Web, 2007*, Acceleration Studies Foundation, 2007, p. 11.

24 즉 자기정보에 대한 통제권인 개인정보자기결정권이 침해될 수 있다. 개인정보자기결정권은 자신에 관한 정보가 언제 누구에게 어느 범위까지 알려지고 또 이용되도록 할 것인지를 그 정보주체가 스스로 결정할 수 있는 권리로서, 정보주체가 개인정보의 공개와 이용에 관하여 스스로 결정할 권리를 말한다. 헌법재판소 2005. 5. 26. 선고 99헌마513 결정.

스마트 치료의 공법학

망적인 전망을 결론으로 제시하고 있다.

(3) 증강현실

증강현실은 위치 인식체계를 사용하여 개인에게 외부의 물리적 세계를 강화시켜 주고, 세계에 대한 일상적 인식에 네트워크화된 정보를 더해주는 것으로,[25] 다르게 표현하면 "현실 세계의 모습 위에 가상의 물체를 덧씌워서 보여주는 기술"을 의미한다.[26] 이처럼 증강현실은 가상공간이라기보다는 디지털 기술에 가까운 개념이라고 볼 수 있다.

이를 활용한 예로는 'MARS'와 같은 디지털 여행가이드 시스템[27] 이나 'StreetMuseum'과 같은 전시 서비스,[28] 'Pokemon GO'와 같은 게임이 있고, 이외에도 에어버스(Airbus)나 보잉(Boeing)에서 항공기 제작 공정에 증강현실 기술을 활용한 'Smart Factory'를 통해 작업 정확도와 생산성을 향상시키고 있다.[29] 증강현실이라고 해서 반드시 고도의 기술이 필요한 것은 아니며, 현실에 무엇인가를 덧씌워서 사람들의 감각, 경험, 생각을 증강하거나 다른 곳으로 이끌면 그것이 증강현실에 해당한다는 것이다.[30]

메타버스 로드맵에서는 증강현실의 발전과 관련하여 증강현실

---

25 John Smart · Jamais Cascio · Jerry Paffendorf, *A Metaverse Roadmap: Pathways to the 3D Web, 2007*, Acceleration Studies Foundation, 2007, p. 12.

26 김상균, 앞의 책, 44면.

27 이동은 · 함고운, "시나리오 기법을 활용한 증강현실 서비스 발전 전망", 인문콘텐츠 제17호, 2010, 4면.

28 최희수 · 김상헌, "역사교육을 위한 메타버스 콘텐츠 연구", 글로벌문화콘텐츠 제26호, 2017, 209면.

29 김상균, 앞의 책, 84-85면.

30 김상균, 앞의 책, 71면.

운영체계와 표준은 모바일 핸드폰을 통해 도입될 가능성이 있으며, 가상 데이터가 급증함에 따라 정보 과부하가 보편적인 문제가 될 수 있다고 예측한 바 있다.[31] 아울러 단기적으로는 증강현실 기기를 통해 이용자는 자신의 가치와 관심사를 스스로 조직하여 증진시키고, 어떤 대상에 자신의 의견을 덧붙이고 표현하는 것을 가능하게 해줄 것이고, 참여형 웹(participatory web)과 스마트 태그 기반 네트워크에 따라 식당, 상점, 서비스 등에 대한 이용자들의 추천 기능이 구현될 것이며, 약속, 배달 등 시간형 프로세스가 이용자의 시각적인 인터페이스에 작은 위젯으로 표현될 수 있을 것이고, 장기적으로는 서로 다른 사람들이 동일한 장소에서 다양한 경험을 하게 될 수 있지만, 극단적인 경우에는 다른 사람을 착각에 빠뜨리거나 공격하는 용도로 사용될 수 있고, 자기 몰입, 고립화 또는 중독의 새로운 형태로서 불쾌한 현실을 회피하고 기존의 편견과 욕구를 고수하는 '포템킨 빌리지(Potemkin Village)'[32]와 같은 정보의 장막으로 활용될 수 있으며, 미디어 서비스, 종교단체, 소프트웨어 회사 등이 '필터 마켓(filter market)'에서 경쟁하게 될 수 있으므로, 증강현실 기술이 개인을 통제하는 것이 아닌 개인의 능력을 강화하는 데 이용될 수 있도록 하기 위해서는 정치·경제적 다원주의가 필요하다는 점을 강조하고 있다.[33]

하지만 이러한 메타버스 로드맵의 예측은 현재의 증강현실 발전 상황과는 다소 거리가 있고, 우려했던 문제점들은 오히려 인터넷을

---

[31] John Smart · Jamais Cascio · Jerry Paffendorf, *A Metaverse Roadmap: Pathways to the 3D Web, 2007*, Acceleration Studies Foundation, 2007, p. 12.

[32] https://en.wikipedia.org/wiki/Potemkin_village (최종방문일 2022. 10. 26.). 관용적 표현으로 "초라하거나 바람직하지 못한 상태를 은폐하기 위해 꾸며낸 겉치레"라는 뜻을 가지고 있다.

[33] John Smart · Jamais Cascio · Jerry Paffendorf, *A Metaverse Roadmap: Pathways to the 3D Web, 2007*, Acceleration Studies Foundation, 2007, p. 13.

기반으로 동영상 등의 콘텐츠를 제공하는 서비스인 OTT나 소셜 네트워크 서비스에서 나타나고 있다고 평가받고 있다.

(4) 라이프로깅

라이프로깅은 사물 및 이용자의 기억, 관찰, 의사소통, 행동 모형 등을 강화하여 사물 및 이용자의 내재적 상태나 인생사를 기록 내지 보고하는 기술을 의미하며, 비행기록장치와 같은 '사물 라이프로그(Object Lifelogs)'와 개인의 삶을 기록하는 '이용자 라이프로그(User Lifelogs)'로 세분된다.

라이프로깅은 "자신의 삶에 관한 다양한 경험과 정보를 기록하여 저장하고 때로는 공유하는 활동"으로 정의되기도 하며,[34] 이용자가 자신의 실제 모습과 생활 중 타인에게 보이고 싶지 않은 것은 삭제하고 다듬어진 내용으로 게재하는 편집 현상이 일어나고, 가상세계의 아바타를 통해 발생하는 것과 같은 멀티 페르소나 현상이 나타날 수 있다는 점에 그 특징이 있다.[35] 소셜 네트워크 서비스(SNS), 나이키의 '나이키＋런(Nike＋Run)', '나이키 트레이닝 클럽(Nike Training Club)'과 같은 모바일 앱을 비롯하여 '브이로그(Vlog)'도 이러한 라이프로깅에 속한다고 볼 수 있다.[36]

메타버스 로드맵의 라이프로깅 발전 시나리오를 살펴보면, 라이프로깅 적응에 어려움을 겪으면서 단순했던 과거의 삶에 대해 향수를 느끼는 기성세대와 라이프로깅을 보다 잘 활용하는 라이프로깅 어댑터(lifelogging adopter)가 분화될 것이고, 과거의 잘못이 기록·저

---

34 김상균, 앞의 책, 94면.
35 김상균, 앞의 책, 96, 113-114면.
36 김상균, 앞의 책, 137면.

장되어서 지나간 것이라 하더라도 그냥 잊혀지도록 하기 어렵게 되는 단점이 있지만, 개인들이 자신들의 잘못을 인정하고 생각과 행동의 변화에 좀 더 열린 자세를 갖게 된다는 장점도 있으며, 가상세계와 달리 라이프로깅은 타인으로서의 삶을 살게 해주지는 않지만, 타인의 시선으로 세계를 바라볼 수 있게 해줌으로써 어떤 장소나 사건에 대해 다양한 시각을 접할 수 있게 해주고, 이를 통해 교육, 훈련이 가능하고 자신과 사회에 대한 자각 또는 갈등 해소 등에 도움이 될 수 있다는 점에서 '위로부터의 감시'가 아닌 '아래로부터의 감시'가 가능하게 된다는 것이다.[37]

그리고 기술적인 측면에서는 사물·얼굴에 대한 인식이 가능한 시각적 인공지능(AI)이 10~20년 내에 등장하여 이용자가 이를 통해 친구나 친지들을 인식하고 자신의 개인적 네트워크에 담긴 사회적 기억을 이들과 공유하면서 한편으로는 어떤 사람 또는 사물에 대한 평판을 공유하는 네트워크(reputation network)를 형성할 수 있을 것이며, 다만 이를 통해 잘못되거나 유해한 정보가 확산된다면 그에 대한 책임이 문제될 가능성이 있다는 것이다.[38] 물론 현재의 기술 수준은 이러한 예측을 구현하는 단계까지 이르지 못한 것으로 보이지만, 위와 같은 내용은 라이프로깅의 발전이 향후 야기하게 될 상황과 당면하게 될 위기에 대한 흥미로운 예측인 것은 분명하다고 보여진다.

그 밖에도 메타버스 로드맵에서는 거울세계, 증강현실, 라이프로깅은 공적 투명성은 물론 이용자의 동의를 전제로 사적 투명성도 강화할 것이지만, 해킹이나 시스템 조작 시도 역시 불가피하게 늘어날

---

37 John Smart · Jamais Cascio · Jerry Paffendorf, *A Metaverse Roadmap: Pathways to the 3D Web, 2007*, Acceleration Studies Foundation, 2007, pp. 15-16.

38 John Smart · Jamais Cascio · Jerry Paffendorf, *A Metaverse Roadmap: Pathways to the 3D Web, 2007*, Acceleration Studies Foundation, 2007, p. 16.

스마트 치료의 공법학

것이므로 보안, 개인정보보호, 사기 예방, 시민의 자유와 권리 보호 등이 중요한 문제가 될 것으로 전망하였는데, 이러한 전망 또한 현시점에서 매우 의미 있고 유효한 지적이라고 할 수 있다.

이상에서 메타버스 로드맵에서 제시한 4가지 메타버스 유형에 대해 간단히 살펴보았다. 그러나 이러한 유형들은 독립하여 따로 존재하기보다는 서로 기술적으로 융합되어 있는 특징을 가지고 있다. 메타버스 로드맵에서도 메타버스 유형별 시나리오 사이의 '연결'과 '중첩'에 대해 설명하고 있는데, 이에 따르면 거울세계와 가상세계 시나리오는 모방 및 몰입 기술을 통해 연결되고, 증강현실과 거울세계 시나리오는 인지 기술, 네트워크화된 기기, 사물의 지능화를 통해 연결되며, 증강현실과 라이프로깅 시나리오는 인터페이스 기술 및 네트워크 발전을 통해 연결되고, 라이프로깅과 가상세계 시나리오는 사람들 간 또는 아바타 간의 끊임없는 상호작용을 가능케 해주는 '디지털 자아(digital identity)'의 출현을 통해 연결된다고 한다.[39]

현실적으로도 융합형 메타버스가 이미 등장하고 있기 때문에 앞으로 이러한 방향으로의 발전은 필연적이라고 할 수 있다. 가까운 예로 페이스북의 '호라이즌(Horizon)', 네이버의 '제페토(Zepeto)', SK텔레콤의 '점프(Jump)' 등은 아바타, 마켓플레이스, 소셜 네트워크, 게임, 이벤트 공간 등 가상세계, 거울세계, 라이프로깅으로서의 유형과 성격을 모두 지니고 있다.[40] 따라서 이제 메타버스는 어느 하나의 기술에 의존적이라기보다는 AR/VR, 인공지능, 빅데이터 등 다양한 디지털 기술과 플랫폼, 통신사, 게임사, 전문개발기업 등이 융합하여

---

39 John Smart · Jamais Cascio · Jerry Paffendorf, *A Metaverse Roadmap: Pathways to the 3D Web, 2007*, Acceleration Studies Foundation, 2007, p. 17.

40 김상균, 앞의 책, 266-268면.

가치를 창출하는 생태계를 의미한다고 볼 수 있다.

III. 메타버스와 의료

1. 국내 의료 분야 동향[41]

코로나19 팬데믹으로 대부분 사회활동이 비대면으로 전환되면서 메타버스에 대한 관심은 전 세계적으로 급증하였고, 온라인 강의와 원격회의 등 비대면 산업이 빠르게 성장하였다. 사람들은 이러한 상황에 적응해 나가면서 온라인 공간에서도 다양한 경험을 원했으며, 메타버스는 이러한 욕구를 충족시켜 주었다. 비대면 상황의 지속화로 금지되었던 대규모 행사들이 메타버스라는 가상공간에서 이루어질 수 있게 되면서 이에 대한 일반 대중들의 관심은 가속화되고 있다.[42]

특히 의료인과 환자의 접촉 없이 이루어지는 방식의 비대면 헬스케어가 주목받고 있다.[43] 비대면 헬스케어는 비대면이라는 특성상

---

[41] 최근 코로나19 사태 이후 의료·헬스케어 부문에서는 '원격의료'가 중요한 이슈가 되고 있다. 원격의료는 원거리에 있는 의료수요자와 의료공급자 사이에 정보통신기술(쌍방향 오디오, 음성, 이메일, 스마트폰, 무선 수단, 데이터 통신, 애플리케이션, PC 등)을 이용하여 의료정보나 의료서비스를 제공하는 것이라고 정의할 수 있는데, 단순히 비대면 의료서비스라는 표현보다 더 복잡한 의료서비스에 대한 다양한 논의를 포함하고 있다. 김진숙·오수현, "디지털 융복합시대에 원격의료 규제 완화에 관한 쟁점 분석", 디지털융복합연구 제18권 제12호, 2020, 447-452면. 즉 기존부터 많은 논의와 검토가 이루어진 부문으로, 도입에 있어서 찬성과 반대가 오랫동안 팽팽하게 대립되어온 영역으로서, 이에 관한 선행연구들이 다수 있고, 메타버스 기술과 관련한 의료와는 다소 거리가 있어서 본고에서는 별도로 자세히 언급하지 않았다. 해당 쟁점과 관련하여서는 이준호, 비대면 산업 성장에 따른 법제 정비방안 연구, 한국법제연구원, 2021, 197-212면 참조.

[42] 메타버스 산업은 단순히 게임과 콘텐츠 산업을 넘어 문화, 예술, 홍보, 마케팅, 교육, 생산, 제도 등과 같은 일상생활부터 공적 영역까지 전 산업적으로 확대되고 있다. 정준화, "메타버스(metaverse)의 현황과 향후과제", 이슈와 논점 제1858호, 2021, 1-2면.

스마트 치료의 공법학

정보통신기술이 필수적으로 활용된다. IoT, 모바일, 빅데이터, 인공지능 등 정보통신기술들이 적극적으로 융합되어 다양한 비대면 헬스케어 서비스를 가능하게 만들고 있다.[44]

---

43 이에 관한 사법부의 판단을 살펴보면, 「구 의료법」 제89조 중 제17조 제1항 본문은 의료인이 환자를 직접 대면하여 진찰하지 아니하면 처방전 등을 작성하여 환자에게 교부 또는 발송하지 못한다는 점에서 대면 진료 의무를 규정한 것으로 해석할 수도 있고, 환자를 직접 진찰한 의료인이 아니면 처방전 등을 작성하여 환자에게 교부 또는 발송하지 못한다는 점에서 처방전 등 발급주체의 범위를 규정한 것으로 해석할 여지도 있으며, '직접 진찰한'이라는 구성요건이 의료인이 반드시 대면하여 환자를 진료하는 것에 한정되는지, 아니면 환자와 대면하지 않고 전화, 인터넷 및 기타 매체를 통하여 환자를 진료하는 것도 포함되는지 여부도 명백하지 않기 때문에 모호하고 다의적이어서 명확성 원칙에 위배된다는 주장에 대해 헌법재판소는 이를 받아들이지 않고 합헌 결정을 내린 바 있다(헌법재판소 2012. 3. 29. 선고 2010헌바83 결정). 그러나 대법원은 2013. 4. 11. 선고 2010도1388 판결에서 '직접 진찰'이 '대면 진찰'을 의미하는 것은 아니라고 판시하였고, 그 이후에도 피고인에게 무죄 판결이 계속 선고되자, 검찰은 유사 사례에서 적용 법조를 변경하여 원격의료 규정 위반으로 기소하였다. 이에 대해 대법원은 2020. 11. 5. 선고 2015도13830 판결에서 의료인이 전화를 이용하여 원격지에 있는 환자를 상대로 의료행위를 하는 것은 의료법 위반에 해당된다고 판시하였다. 현두륜, "원격의료에 대한 법적 규제와 그 문제점", 의료법학 제23권 제1호, 2022, 4면.

44 이를 통해 기존 대면 방식의 진찰은 전화나 화상 전송 시스템, 챗봇 등을 활용한 비대면 방식으로 이루어질 수 있다. 진단 검사 영역에서도 현장 진단키트를 이용하여 환자가 직접 시료를 채취하여 검사하는 현장 진단 검사가 이루어질 수 있으며, 시료 채취만 환자가 하고 채취된 시료를 보내 검사를 받을 수도 있다. 처방전의 발급 또한 온라인으로 이루어질 수 있으며, 의약품 배송과도 연계할 수 있다. 환자 상태의 원격 모니터링은 만성질환을 주요 대상질환으로 하여 유헬스(u-Health)라는 이름으로 그동안 많은 연구개발과 시범사업이 진행되었는데, 고혈압, 당뇨병 등 만성질환 환자의 혈압, 혈당 등의 정보를 집에서 측정하고 측정된 정보를 모니터링 센터로 보내 환자 상태를 관리하는 방식으로 제공된다.
또한, 최근 게임, 스마트폰 앱, 가상현실(VR), 챗봇 등과 같은 소프트웨어를 이용하여 환자를 치료하는 약처럼 이용하는 디지털 치료제에 대한 논의가 이루어지고 있다. 중독치료부터 시작하여 당뇨병, 우울증, 불면증, 비만, 주의력결핍 과잉행동증후군(ADHD), 외상후 스트레스 장애(PTSD) 등 다양한 질환에 대한 디지털 치료제가 시도되고 있으며, 소프트웨어 의료기기(SaMD, Software as a Medical Device)가 규제와 관리 대상이 되고 있다. 이러한 디지털 치료제는 소프트웨어를 이용한다는 측면에서 비대면 헬스케어의 한 예라고 할 수 있으며, 아직까지는 서비스 개발 또는 제공의 초기 단계 수준이라고 볼 수 있다. 김승환 · 정득영, "ICT 융합 기반의 비대면

이같이 특별히 보건의료는 우리의 삶의 질을 높이는 데 매우 중요한 역할을 하고 있다. 이제 메타버스는 의료 현장까지도 들어와 미래 의료계의 한 축을 담당하며 발전을 견인하고 있다.[45] 전자의무기록(EMR), 유전체 분석 등의 의료시스템뿐만 아니라 기존 의료시스템 밖의 디지털 기술이 의료분야에 빠르고 광범위하게 접목되고 있다.

다시 말해 첨단 디지털 기술의 대표적이고 최우선적인 활용 분야 중 하나가 바로 의료분야이다.[46] 물론 기술의 발전과 이를 구현할 수 있는 기기(PC, 스마트폰, HMD 등)의 등장, 이를 통해 일상 속에서 활용하기 시작한 메타버스의 확산은 이제 시작하는 단계에 해당한다. 즉 여러 산업과 사회영역에서 메타버스의 활용방안을 찾기 위해 노력하는 시작점에 가깝다고 할 수 있다. 관련 기업은 메타버스 관련 기술 경쟁력을 확보하는 데 주력하여 차별화된 경쟁력을 발휘하기 위해 어떤 의료기술 영역에 집중해야 하는지 가늠하는 시기이기도 하다.

일례로 충남 정보문화산업진흥원의 충남 콘텐츠기업지원센터에 입주해 있는 '디지포레(DIGIFORET)'라는 기업은 가상공간을 연결한다는 목표로 가상현실(VR), 증강현실(AR), 혼합현실(MR), 확장현실(가상융합기술, XR) 등을 통합해 솔루션으로 제공하는 스타트업 회사이다. 확장현실 기반 접속 교육 솔루션, 5G 기반 자동차·자동차 부

헬스케어 기술 동향", 정보와통신 제37권 제9호, 2020, 78면.

[45] 메타버스에서 구현되는 의료의 다양한 형태(의료 교육 및 비숙련의료인 훈련, 협력적 진료 및 증강 수술, 디지털 치료제)에 대한 분석과 고찰로는, 김문정·김혜경, "의료에서의 디지털 전환과 '뉴리터러시'", 인간·환경·미래 제29호, 2022, 77-87면 참조.

[46] 최윤섭, 디지털 헬스케어: 의료의 미래, 클라우드나인, 2020, 35-36면. 헬스케어 관련 대표적인 트렌드로는 의료 AI 사용, 클라우드 컴퓨팅 및 스토리지, 원격의료, 빅데이터 활용, 소프트웨어 시스템을 통한 데이터 상호 운용 및 의료 공급망 확보, 접근이 쉬워진 건강정보 등이 있다.

품 비대면 XR 원격 품평 시스템 개발, 실감형 콘텐츠(국제우주정거장 체험, 스마트 팩토리 체험, 증강현실 애니메이션 시각화 등) 개발 경험을 통해 기반 기술을 구축하여, 의료 현장에서 교육하고 실습할 수 있는 XR 메디컬 메타버스 플랫폼을 구축을 진행 중이다. 또한 가상공간 내 전문 메디컬 데이터를 연동해 교육, 회의, 서비스 등 다양한 영역으로 활동할 예정이다. 이외에도 '3D Depth Camera'로 촬영한 환자의 체표면 데이터를 취득하는 시스템을 개발해 'Novalis 방사선 치료 시스템'에 적용하였으며, 치위생사들이 증강현실을 활용해 치아 엑스레이(X-Ray) 촬영을 교육하고 실습할 수 있는 시뮬레이터(Simulator) 개발 경험을 갖고 있다.[47]

이처럼 국내 의료분야에서의 가상융합기술(XR)은 재활치료, 의료훈련, 인력개발 목적으로 활용되고 있다.[48] 일부 기업은 가상 의료 교육 플랫폼을 개발하여 실제 환자를 대신하여 인체모형을 활용한 의료 훈련을 진행하고 있다. 즉 다양한 긴급 상황 시나리오를 구현하여 이용자로 하여금 심폐소생술을 훈련할 수 있는 VR 재활치료 프로그램을 개발하였다. 또 다른 기업은 AR 기술을 접목한 'Xvision'을 개발했으며(AR 글래스), 척추구조를 수술 부위와 빗대어 수술 위치를 파악하고 이를 시술에 활용하고 있기도 하다. 이외에도 VR/MR/XR 기술은 로봇 팔 수술, 시력 회복 및 보조 작업 환경 등 외과 훈련이나 시뮬레이션 의료 훈련 분야에서 적극적으로 활용되고 있다. 특히 가상융합기술인 XR은 뇌질환 환자를 위한 VR 재활 치료 솔루션에 활용되고 있다. 실제 대구보건대학교 시니어웰니스 센터에서는 뇌손상

---

47 https://it.donga.com/32396/ (최종방문일 2022. 7. 30.).

48 한상열·방문영, 글로벌 XR 활용 최신 동향 및 시사점, 소프트웨어정책연구소, 2021, 6-7면. https://spri.kr/posts/view/23080?code=industry_trend (최종방문일 2022. 7. 30.).

환자 대상으로 인지 재활 콘텐츠와 신체 재활 콘텐츠를 개발하여 재활훈련에 유용하게 사용하고 있다.[49]

한편 각자 자신이 있는 공간에서 HMD(Head Mounted Display) 장비를 가지고 실제 수술 모습을 지켜볼 수도 있다. 스마트수술실의 $360°-8K-3D$ 카메라는 수술을 진행하는 의료진과 수술실 환경까지도 원하는 대로 볼 수 있도록 중계해준다. 현장의 자세한 모습과 함께 3D XR 이머시브(immersive) 사운드 기술을 활용해 음성 대화까지 현장감 있게 전달할 수 있다. 이러한 기술은 한자리에 모일 수 없는 사람들을 한자리에 모이게 하고, 실제 참관하는 것보다도 더욱 세밀하게, 현실감을 제공한다. 그 밖에 프록터링(Proctoring)을 통한 진료실 시뮬레이션 구현도 가능하다. 실제 환자처럼 움직이는 가상의 환자에게 치료법을 실습할 수 있는 교육 공간을 말한다. 환자에게 정맥주사와 채혈 등의 실습이 가능하고, 촉감까지도 재현된다. 단순한 시청각적 체험이 아니라 가상의 환자와 소통하며 상호작용을 할 수도 있어 더욱 효과적이다. 실습 중 감염이나 의료 사고 등의 위험으로부터 안전하다는 장점도 있다. 또한 코로나19 환자를 위한 시뮬레이션, 개인보호복 착탈의 시뮬레이션, 재난 중증도 분류 시뮬레이션 게임 등 다양한 시뮬레이션 교육 프로그램들이 개발되어 의료종사자들과 구급대원, 예비 의료종사자인 관련 학과 대학생들의 교육에 도움을 주고 있다. 그 결과 현장에 투입되기 전 최대한 현장감 있는 훈련을 하는데 메타버스가 필수적이라는 평가가 나오고 있기도 하다.

예를 들어 목포대의 경우, 의료분야 학생 교육에 있어 직접 실습의 어려움은 $360°$ 비디오를 활용한 가상체험으로 해결하고 있으며, 스마트 글래스를 이용하여 보건의료인이 배워야 할 핵심수기술을 실

---

49 https://it.donga.com/32396/ (최종방문일 2022. 7. 30.).

스마트 치료의 공법학

습 및 습득하도록 하고 있다. 또한 구글글래스 기반 원격협업 시스템을 이용하여 협력학습을 도모하고, 스마트 글래스와 스마트워치를 이용하여 심폐소생술(CPR)과 제세동(AED) 훈련을 실시하고 있다.[50]

나아가 메타버스는 의료진들만을 위한 것이 아니라 의료서비스의 질을 높이고 환자의 회복력을 높이는 데에도 활용될 수 있다. 현재 암환자들이 편안한 마음으로 항암치료를 받을 수 있는 가상환경을 구현하는 노력이 이어지고 있으며, 어린 환자들이나 임산부, 정신과 환자를 위한 VR을 활용한 메타버스 서비스, 일반 대중들이 의료지식을 습득할 수 있는 메타버스 등 다양한 프로그램들이 개발될 예정으로 알려져 있다.[51]

2. 메타버스 관련 의료 정책 및 제도

현재 세계적으로 의료서비스의 패러다임이 변화하고 있다. 과거의 치료 및 진단 중심에서 정밀의료, 예측의료, 예방의료 중심으로 변화하고 있으며, 헬스케어 산업은 ICT와 융합되면서 미래 혁신을 주도하는 산업이 될 것이라는 예상이다.[52]

헬스케어 산업은 ICT 기술의 발전, 고령화 등에 따른 노인인구의 증가, 건강에 대한 관심 증대, 늘어나는 의료서비스의 수요와 부족한 의료인력 등의 상황에서 효율적인 서비스 제공이 가능한 형태로 계속해서 진화하고 있다. 기존의 병원과 공급자 중심 및 질병의 진단과

---

50 김선경·고영혜·박건우·문지현·양효정·최종명·이영호, "메타버스를 향한 보건의료분야 기술동향", 정보와통신 제39권 제2호, 2022, 52-54면.

51 의료분야에서 메타버스의 활용에 대한 구체적인 사례로는 김상균, 메타버스 II, 플랜비디자인, 2022, 254-259면 참조.

52 김희태·허성민, DNA 헬스케어 4.0, 모아북스, 2022, 253-258면.

치료에서 환자와 소비자 중심의 질병 예방과 관리로 패러다임이 바뀌고 있으며, 필요할 때 언제든지 제공되는 일상화된 서비스로 변화하고 있다. 또한, 개인의 유전적·신체적 특성과 생활습관 등을 기반으로 맞춤형 서비스를 제공하는 정밀의료가 시도되고, 빅데이터와 인공지능 기술을 기반으로 지능화된 진단과 치료, 건강 예측을 통한 예측 의료, 자동화된 의료서비스 등 새로운 형태의 헬스케어로 발전하고 있다.[53]

이처럼 ICT 기업, 헬스케어 기업, 병원 등은 서로 협력하여 새로운 서비스와 시스템, 생태계를 만들어 내면서 기존 영역을 확장해가고 있다. 미국, 중국 등의 주요 국가들은 헬스케어 산업을 향후 국가 경제의 신성장 동력으로 평가하고, 인력과 자본을 지속적으로 투자하고 있다.[54]

우리 정부는 2016년부터 메타버스 구현 기술인 AR/VR/XR 등의 연구개발, 융합, 콘텐츠 제작 지원, 인재 양성 등의 계획을 발표한 바 있으며, 메타버스 실현을 위한 기술 투자와 정책 지원을 확대해나가고 있다. 특히 가상융합경제 선도국가 실현을 목표로 가상융합기술(XR) 관련 기업들을 집중적으로 육성하려고 하고 있으며, 타산업과의 시너지 창출을 목적으로 관련 정책을 추진하고 있다. 2017년 12월 혁신성장동력 13대 분야 중 하나로 '메타버스'를 선정하였으며, 2021년 4월 정부 부처 합동으로 추진한 '메타버스 작업반'을 통해 국내 최초로 '메타버스'를 명시한 정책을 수립하였다.[55]

---

53 김승환·정득영, 앞의 논문, 77면.

54 김희태·허성민, 앞의 책, 253면.

55 미래창조과학부, 대한민국 미래를 책임질 9대 국가전략 프로젝트, 미래창조과학부, 2016. https://www.korea.kr/news/pressReleaseView.do?newsId=156146578 (최종방문일 2022. 7. 31.).

스마트 치료의 공법학

한편 과학기술정보통신부는 2018년 3월 '디지털콘텐츠 플래그십 프로젝트'를 발표했다. 핵심기술인 AR/VR/MR 기반으로 디지털콘텐츠 분야에서의 산업 간 융합을 촉진, 신시장 창출 및 글로벌 진출을 목표로 수립되었으며, 이 중 의료분야인 '첨단 ICT 기술 활용한 치매 케어 서비스 개발'은 치매, 뇌졸중 등 노인성 질환을 예방·진단·재활 치료를 위한 고품질 인터렉티브 콘텐츠 개발을 목표로 하며, 해부·시술·수술 등 생체 확보의 어려움, 환자 대상으로 한 직접적 교육의 어려움을 고려하여 가상 기반의 의학 실습이 가능한 교육 환경 제공을 목적으로 한다.

또한 문화체육관광부·과학기술정보통신부 관계부처 협업으로 2019년 10월 '콘텐츠 3대 혁신전략'이 발표되었으며, 이 중 '선도형 실감 콘텐츠 활성화 전략'을 통해 메타버스 핵심기술인 AR/VR 산업 발전을 위한 정책을 마련하였다. 특히 의료분야에 접목한 '가상수술'은 인체의 3D 데이터와 가상컨트롤러 등을 통한 수술 전 과정을 사전에 훈련할 수 있도록 설계한 VR 수술 시뮬레이션 시스템이다. 해당 시스템을 통하여 환자의 2D 데이터(CR·MRI)를 3D 데이터로 실시간 변환이 가능하며, 원격으로 환자의 3D 데이터 공유 등을 통한 다른 의사와의 협진이 가능하다.[56]

2019년 10월에는 실감 콘텐츠산업을 집중 육성하여 글로벌 경쟁력을 확보하기 위하여 관계부처 합동으로 '가상·증강현실(AR/VR) 분야 선제적 규제혁신 로드맵'을 발표하였다. 이를 통해 가상·증강현실 기술 발전과 분야별 서비스 시 적용·확산 시나리오를 예측하였고, 관련 규제를 선제적으로 정비하는 규제혁신 로드맵(총 35개 과제)을 마련하였다. 의료분야에서는 'AR/VR 활용 혁신의료기술 평가

---

[56] https://www.nocutnews.co.kr/news/5214073 (최종방문일 2022. 7. 31.).

체계 개선', 'AR/VR 의료기기 품목 신설', '재외국민 비대면 진료 시 AR 서비스 활용', '의료데이터 공유·활용을 위한 법령 정비 및 기준 명확화' 등의 과제 이슈가 도출되었다.

2020년 12월에는 민간 주도의 가상융합경제 발전을 위해 '가상융합경제' 전략을 발표했다. 이는 가상융합기술(XR)을 전면적으로 활용하여 산업현장에서 사회문제를 해결하기 위한 것으로서 6대 핵심산업 중 하나인 의료분야에서도 가상융합기술(XR) 플래그십 프로젝트 추진 계획을 수립하였다.

2021년 2월 과학기술정보통신부는 코로나19 경제위기 극복 및 경제·사회 전반의 디지털 대전환을 가속화하는 디지털 뉴딜 4대 분야 혁신프로젝트를 발표했으며, 디지털 뉴딜 정책은 D.N.A 생태계 확장 및 강화, 교육인프라 디지털전환, 비대면 산업육성, SOC 디지털화 등 4대 분야이며, 이에 따른 세부 추진과제 12개를 포함하고 있다. 이 중 '교육' 분야에서는 온·오프라인 융합학습 환경을 구축하며, 직업훈련기관의 디지털 기반 교육 인프라를 조성하며 강화하였고, '산업' 분야에서 스마트 의료 및 돌봄 인프라 구축 등을 통한 비대면 산업을 강화하는 내용이 포함되어 있다.

그리고 2021년 4월, 기술 기반의 신산업 발굴과 지원을 위해 범부처 차원에서 혁신성장전략회의 산하에 신산업 전략지원 태스크포스(TF)를 구성하였는데, 그중 하나가 '메타버스 작업반'이다. 메타버스 작업반은 2021년 5월 메타버스·클라우드·블록체인·AI로봇·디지털 헬스케어 등 총 5개 분야 핵심과제 및 향후 일정에 대해 논의하며, 메타버스 산업 발전 및 생태계 육성을 위한 방안을 구체적으로 논의하였다. 같은 달, 국내 산업계와 협회 등이 주축이 되어 '메타버스 얼라이언스'가 출범하였는데, 해당 프로젝트는 메타버스 생태계 조성 및 현실과 가상에서의 개방형 메타버스 플랫폼 기획 및 실현을 목표로 하는 민간프로젝트로서 정부가 이를 뒷받침하게 된다.[57·58]

현 윤석열 정부도 메타버스 등 첨단 정보통신기술(ICT) 진흥을 국정과제로 선정하였다. 공개된 국정과제 이행 계획서에 따르면 윤석열 정부는 메타버스를 미래산업으로 선정하여 육성하며, 구체적으로는 메타버스 특별법 제정과 5년 내 글로벌 메타버스 시장 점유율 5위 달성을 명시하고 있다.[59]

향후 메타버스는 단순한 개별 서비스에 머무르지 않고 우리 사회의 정치·경제·사회·문화 등 인간 삶의 모든 부분에 혁신적인 변화를 이끌 수 있는 핵심 성장동력으로서 성장할 가능성이 매우 높다고 할 수 있다. 이러한 메타버스가 제대로 실현되기 위해서는 인공지능, 반도체, 스마트 디바이스, 빅데이터, IoT와 미래 인터넷, AR/VR/XR, 음성인식기술, 자율주행 모빌리티 등 다양한 요소가 결합되어 우리의 일상이 메타버스와 융합·일체화되는 단계가 되어야지만 가능할

---

57 외국의 경우 메타버스 자체를 대상으로 하기보다는 주로 XR에 관한 디바이스·콘텐츠 육성에 초점을 두고 정책을 추진하고 있다. 미국은 공공부분 ICT R&D 프로그램의 일환으로 다양한 XR 기술개발 및 활용을 추진 중이다. 미 국방부는 육군 훈련에 XR 기술을 활용하고, 국토안보부는 응급상황 대응을 위한 가상훈련 플랫폼을 개발하여 사용 중이다. 영국은 4대 디지털 핵심기술로 XR을 지정하고, 지역 클러스터 기반으로 XR 산업발전을 추진하고 있다. 특히 XR 기술을 활용하여 산업과 사회·문화적 가치를 창출하는 실감경제(Immersive Economy) 개념을 제시하면서 범용기술로서 XR의 역할과 파급력에 주목하고 있다. 중국은 중앙정부가 전략형 신흥산업 육성을 위한 XR 확대 정책을 펼치고, 지방정부별로 지역 맞춤형 XR 산업 육성 정책을 추진하고 있다. 특히 베이징·난창·허베이 등 중국 동부지역에 VR·AR 산업단지가 조성되어 XR 체험부터 창업 생태계 조성까지 XR 산업발전을 위한 폭넓은 지원을 추진 중이라고 한다. 정준화, 앞의 논문, 3면.

58 권오상, 메타버스(Metaverse) 산업 관련 해외 규제동향 조사·분석, 한국법제연구원, 2021, 77-100면 참조.

59 http://www.sisajournal-e.com/news/articleView.html?idxno=276782 (최종방문일 2022. 12. 31.).

것이다.

이처럼 메타버스가 단순한 개별 서비스를 넘어 다양한 ICT 구성요소의 발전을 기초로 하여 미래 사회로 도약하는 계기를 만든다고 할 때, 메타버스 사회로 전면 전환되는 과정에서 나타나는 문제에 적절히 대응할 수 있는 제도적·법적 기반이 필요하다고 할 수 있다. 즉 메타버스에서 새롭게 나타나는 다양한 문제점을 해결하여 메타버스의 신뢰성과 안전성을 향상시켜서 지속가능성을 제공하고, 메타버스의 자율규제 체계를 보장하면서도 이와 보조를 맞추어 필요 최소한의 범위 내에서 법적 규제의 틀을 합리적으로 만들어갈 필요가 있다고 할 수 있다. 무엇보다 메타버스의 자율적인 체계를 통하여 이용자 피해를 구제하거나 메타버스 참여자 상호 간의 분쟁이나 이해관계의 충돌을 합리적으로 해결할 수 있는 메커니즘을 만들어갈 수 있도록 법·제도적 뒷받침이 함께 이루어져야 할 것이다. 또한 종래의 규제 틀 속에서 메타버스 발전을 저해할 수 있는 요소가 있는 경우에 이를 적절히 제거하고 메타버스 환경에 맞게 수정할 수 있는 체계를 만들어야 한다. 이러한 전제에서 메타버스의 의료 활용에 있어 발생 가능한 법적 쟁점에 대한 논의를 이하에서 정리해 보고자 한다.

Ⅳ. 메타버스 의료 활용에 있어서 법적 쟁점

그동안 정치권의 메타버스 관련 입법 시도는 점증적인 경향을 띠고 있었다.[60] 특히 최근 들어서는 메타버스 안에서의 성희롱 등 범죄

---

[60] 메타버스 산업을 진흥하기 위한 기본법으로, 「메타버스산업 진흥법안」이 2022. 1. 11. 김영식 의원(국민의힘)의 대표발의로, 「가상융합경제 발전 및 지원에 관한 법률안」이 2022. 1. 24. 조승래 의원(더불어민주당)의 대표발의로 각각 발의되었으며, 2022. 3. 30. 국회 과학기술정보방송통신위원에 상정되었다. 두 법안은 공통적으

행위에 해당하는 사례[61]가 발견되면서 국가의 국민에 대한 기본권보장의무[62]로부터 비롯되어 제기되기 시작했다고 볼 수 있다. 입법 제정과 관련하여 제기되는 메타버스 공간에서의 주요 법적 문제점은 청소년 유해 콘텐츠, 참여자가 생성한 콘텐츠에 대한 권리와 거래의 자유, 아바타의 인격권 부여 문제, 대체불가 토큰(NFT, Non-fungible Token) 연동에 따른 상거래, 투기, 해킹에 관한 문제 등이 있다. 이들 문제의 일부는 기존 인터넷 환경과 구분되는 특징을 갖고 있지만, 대부분은 기존 인터넷 환경[63]에서 나타난 문제점들이 심화된 형태이다. 따라서 메타버스 공간에서 발생하는 법적 문제점들을 규율하는 데 있어서 개별 입법 제정이 필요한 것인지, 기존 관련 법제로 대응할 것인지의 고민이 필요한 시점이다.[64]

로 메타버스 관련 산업, 서비스, 기업 경쟁력 등을 진흥하기 위한 법적인 기반을 마련하는 내용을 담고 있다. 그리고 2022. 6. 16. 김승수 의원(국민의힘)의 대표발의로 메타버스 관련 법안인 「문화산업진흥 기본법」 및 「콘텐츠산업 진흥법」 개정안이 발의되었다. 「문화산업진흥 기본법」 개정안은 메타버스, 메타버스 콘텐츠, 실감 콘텐츠, 실감문화콘텐츠 등의 정의 조항을 신설했고, 관련 산업을 지원 영역에 포함하는 내용이 핵심이다. 「콘텐츠산업 진흥법」 개정안은 정부가 메타버스 등 신기술을 활용한 콘텐츠 산업을 활성화하기 위해 시책을 마련하도록 한 것이 골자다. 해당 법안은 윤석열 정부 출범 이후 발의된 첫 메타버스 관련 법안이다.

61 https://www.hankookilbo.com/News/Read/A2021122217000002279?did=NA (최종방문일 2022. 7. 31.).

62 현행헌법 제10조 후문은 '국가의 기본권보장의무'를 통하여 국가가 기본권의 수범자라는 것을 분명하게 밝히고 있다. 한수웅, 헌법학(제11판), 법문사, 2021, 411면.

63 메타버스는 인터넷에 기반한 공간으로 인터넷의 특성을 갖는다고 볼 수 있다. 헌법적으로 확인된 인터넷의 의미는 의사표현의 매개체라고도 할 수 있다. 의사표현의 매개체로서 인터넷은 개방성, 상호작용성, 탈중앙통제성, 접근의 용이성, 정보의 다양성 등을 특징으로 한다. 따라서 인터넷에 기반한 메타버스는 이러한 인터넷의 특징을 당연히 갖게 되며, 기존의 SNS서비스 등 웹기반 서비스보다 아바타 간의 관계성과 상호작용성이 높은 보다 진화된 인터넷 네트워크의 한 형태라고 볼 수 있을 것이다. 헌법재판소 2002. 6. 27. 선고 99헌마480 결정; 헌법재판소 2010. 2. 25. 선고 2008헌마324 · 2009헌바31(병합) 결정.

의료에 있어서 메타버스 활용은 현재까지 시뮬레이션과 원격의료, 디지털 치료제 등을 결합하는 융복합 개념 정도로 사용되고 있다.[65] 즉 디지털 트윈을 통해 환자의 신체 상태와 경과 예측을 맞춤형으로 관리하거나 복강경 수술 등과 같은 제한된 환경에서의 보조적 시뮬레이션 활용, 코로나 감염병 상황에서 비대면 진료의 일환으로 논의되기 시작한 원격의료의 도입 및 확장 가능성, 디지털 치료제의 효과 및 인정 여부, 의료 교육에 있어서 메타버스 기술의 접목 가능성 연구 등의 분야가 활발하게 연구되고 있다.

하지만 메타버스 의료 활용에 관한 법·제도적 논의에 있어 먼저 확인해야 할 것은 메타버스가 기존의 서비스에 비해 어떠한 점에서 차별성을 갖는지 일 것이다. 앞서 살펴본 메타버스의 유형 및 특징은 주로 기술적인 측면에서 각각의 기술마다 일정한 법적 쟁점들이 언급되기는 하지만, 이것만으로는 메타버스와 관련된 법적 문제가 무엇인지 분명하게 확인하기 어렵다는 고민이 있다. 따라서 메타버스 의료라는 특수성에서 발견되는 법적 쟁점 및 제도적, 윤리적 쟁점도 있겠지만, 이 역시 보편적으로 메타버스의 특수성에서 발생하는 문제[66]를 포함한다고 볼 수 있으므로 그러한 점을 중점으로 살펴보고자 한다.

앞서 살펴본 메타버스의 유형별 특징 등을 고려할 때, 법적 측면에서 가장 주목할 특징은 먼저 메타버스는 현실 세계에 가까운 디지

---

64 이희옥, "메타버스 공간에서의 기본권 보호와 플랫폼 규제에 관한 시론적 연구", 헌법학연구 제27권 제4호, 2021, 129-130면.

65 남승석·김효정, "내러티브의 상상력과 의료 메타버스의 미래: 질병과 디지털 치료제의 미디어 재현", 2022년 한국콘텐츠학회 종합학술대회 논문집, 2022.7, 265-266면.

66 이와 관련된 구체적인 사례는 이승환, 앞의 책, 224-247면 참조.

털 가상공간이라는 점 그리고 그러한 가상공간 내에서는 이용자들이 사전에 예측하기 어려운 다양한 활동을 할 수 있다는 점, 이에 따라 가상공간이 하나의 공동체, 나아가 가상사회를 형성하게 된다는 점이다. 이처럼 메타버스는 가상세계이자 하나의 사회이기 때문에 무엇보다 해당 공간 내에서 이용자가 어떤 활동을 하느냐가 중요해진다. 그러므로 메타버스의 법적 쟁점은 메타버스 이용자들이 디지털 공간 속에서 다양한 디지털 재화와 서비스를 창출하고 제공할 수 있다는 점과 밀접한 연관이 있다. 가상세계 또는 그에 기반한 융합형 메타버스가 기존의 소셜 네트워크 서비스, 게임 등과 가장 크게 구별되는 점은 이와 같은 열린 생태계에서 이용자들이 프로슈머(prosumer)로서 능동적으로 활동하고 이들 사이에서 폭넓은 상호작용이 발생한다는 것이다. 여기에 더하여 메타버스가 디지털 기술의 소산이자 글로벌 시장환경을 염두에 두고 이에 대한 연구개발이 이루어지고 있는 점도 빼놓을 수 없을 것이다.[67]

이상과 같은 메타버스의 특징 내지 특수성은 메타버스 규제나 법적 쟁점에 관한 논의의 기초가 되는 동시에 그 외연 또는 한계를 구성한다. 따라서 메타버스 세부 유형 중 외적 특징이 두드러지는 가상세계 또는 가상세계를 포함한 융합형 메타버스에서 새로운 법적 쟁점들이 중요하게 대두될 것으로 예측되고 있다. 이와 달리 거울세계, 증강현실, 라이프로깅이 가상세계의 속성을 포함하지 않는 경우에 대해서는 기존에 축적된 논의와 이미 마련되어 있는 법제에 의해 상당 부분 해결이 가능하다고 볼 수 있다.

---

67 국회 과학기술정보방송통신위원회, 국가전략기술 육성 및 메타버스(가상융합경제) 선도를 위한 법률 제정 관련 공청회 자료집, 2022.3, 31면.

현재 메타버스와 관련하여 논의되는 법적 쟁점들은 대체로 메타버스 내의 문제가 외부 현실 세계와 일정한 연관성이 있는 경우에 발생한다. 디지털 트윈의 경우에는 그 구축 단계에서 현실 세계의 규율(지적재산권 관련 법제)이 문제되고, 아바타의 경우에는 그 활동 과정에서 어느 정도의 영향을 미칠 것인지가 문제되며, 디지털 화폐나 대체불가 토큰(NFT) 등은 그 가치를 현실 세계에서 어떻게 다루고 인정할 것인지가 문제된다. 그렇기 때문에 메타버스 의료 활용의 법적 측면에서는 가상세계와 현실 세계의 연결 정도 또는 둘 사이의 간극을 어떻게 인식할 것인지, 그 연결 고리는 무엇인지를 확인하는 것이 중요하다고 할 수 있다.

1. 입법 및 정책적 쟁점

(1) 일반적으로 메타버스의 확산으로 인하여 가장 우려가 되는 문제는 과몰입이나 중독, 현실 도피와 같은 정신적·심리적 병리현상이라고 할 수 있다. 가상융합기술의 발전으로 몰입감이 개선되고, 콘텐츠의 종류가 다양해지면서 메타버스 세계가 제공하는 실제 같은 환상과 강력한 자극에 익숙해지다 보면 현실을 시시하게 여기고 무력감에 빠지거나, 현실로부터 고립되어 가상현실 속에서만 살아가는 사회 부적응 현상이 늘어날 가능성이 있다. 메타버스로의 과몰입이나 현실 도피가 극단으로 치달으면서 발생할 수 있는 대표적인 사회 문제가 '리셋 증후군'이다. 리셋 증후군은 게임을 리셋하면 새로 시작할 수 있듯 현실에서도 리셋이 될 수 있다고 믿기 때문에 살인이나 폭력과 같은 극단적인 행동을 주저하지 않고 실행하는 현상을 말한다. 특히 IT 기술의 발전으로 실재감과 몰입감이 개선되면 될수록 가

상과 실제의 혼란이 일어날 가능성이 크다고 할 수 있다.[68]

(2) 메타버스로부터 제기되는 또 다른 문제는 '디지털 격차의 심화 현상'이다. 디지털 격차는 정보 접근 능력에 대한 차이뿐만 아니라 정보를 이해하고 이용자 자신에게 이로운 방향으로 활용할 수 있는 능력의 차이를 포괄하는 개념이다. ICT 기술의 발전으로 인하여 정보에 대한 접근권이 크게 신장되고 있음에도 중요한 정보에 대한 접근권과 그것을 활용할 수 있는 능력의 격차가 여전히 나타나고 있다.[69] 그리고 메타버스의 확산은 이러한 디지털 격차를 더욱 가중시킬 수 있다.

디지털 격차와 관련하여 우려되는 첫 번째 사항은 세대 간 발생하는 격차이다. 로블록스나 제페토와 같이 현재 유행하고 있는 메타버스 플랫폼의 주 이용층은 이른바 MZ세대로, 이 같은 경향이 장기화될 경우 장년층과 노년층의 메타버스 이용은 더욱 어려워질 수 있다. 특히 메타버스가 PC와 모바일을 뛰어넘어 일상생활에서 주도적인 플랫폼으로 자리 잡았을 때, 메타버스의 개념이나 매뉴얼에 익숙하지 않은 세대는 접근 자체가 쉽지 않을 것이다. 게다가 이용자의 창의성으로 콘텐츠가 구성되는 메타버스의 특성을 감안하면 장년층이나 노년층이 공감하고 편하게 즐길 수 있는 콘텐츠가 충분하게 생성되지 못하고, 이는 다시 장년층과 노년층이 메타버스 세계에서 배척되는 악순환이 반복될 수 있다. 따라서 메타버스에 대한 물리적 접근성을 보장하는 것 외에도 다양한 세대가 즐길 수 있는 콘텐츠가 충분하게 생성될 수 있도록 지원책을 마련할 필요가 있다.

---

68 김정언 외, ICT 신산업 활성화와 효율적 규제개혁 추진을 위한 정책방안 연구, 정보통신정책연구원, 2017, 133면.

69 김상일 외, 2016년 기술영향평가 보고서: 가상·증강현실 기술, 미래창조과학부, 2017, 74면.

두 번째 우려 사항은 집단별 발생하는 격차이다. 특히 메타버스의 세계관에 현실에 적용되는 윤리관이나 가치관을 접목하는 것이 적절한지 그리고 가상현실이라는 공간에서 발생하는 혐오표현이나 차별적인 표현에 대해서 어느 정도의 규정을 강제해야 하는지 등의 문제에 대해서 사회적인 합의가 필요하다고 할 수 있다. 명시적이고 노골적인 표현이 아니더라도 콘텐츠 제작자의 사회·문화적 배경이 콘텐츠에 녹아들어서 이용자에게 일방적으로 전달되면서 발생하는 문제도 경계해야 한다. 메타버스가 현실과 연결된 새로운 세계를 창조하는 것이라면 콘텐츠의 다양성을 보장하기 위하여 이용자뿐만 아니라 메타버스 플랫폼 및 콘텐츠의 개발자·창작자에 대한 다양성을 보장하기 위하여 노력해야 한다. 다시 말해 다양한 연령, 인종, 문화 등에 속하는 사람들이 소외되지 않도록 하는 게 메타버스의 미래를 위한 주요 과제임을 잊지 말아야 할 것이다.

세 번째로 우려되는 사항은 경제적 상황에서 발생하는 격차이다. 이는 다시 현실 세계에서 파생되는 문제인 메타버스 구현 기기에 대한 접근성과 메타버스 내부에서 발생하는 경제적인 이슈로 구분할 수 있다. 아직은 메타버스 세계관이 확립되는 초기 단계이기 때문에 일부 사람들 중심으로 형성되어 가고 있고, 기술 개선이나 시장 확장에 따른 대량 생산으로 기기 가격이 하락할 여지는 충분하지만, 충분한 몰입감을 주는 메타버스에 접근하기 위한 하드웨어나 기기의 가격과 비용이 여전히 부담스러운 것도 사실이다. 메타버스가 현실에서 인터넷과 모바일 기기 정도로 편하게 일상적으로 활용이 가능하려면 경제적으로 취약하거나 사회적 약자에 해당하는 계층에 대해서도 충분한 접근성을 보장할 수 있도록 정책적인 지원이 필요하다.[70]

---

70 특히 메타버스의 내부에서 발생하는 경제적인 문제는 사람들의 일상적인 경제관념

스마트 치료의 공법학

(3) 메타버스라는 가상공간은 현실 세계의 우리가 직접 살고 있는 공간이 아니다. 현실의 법체계는 기본적으로 '오프라인'이라는 현실 속에서 발생하는 행위를 규율하기 위한 것이고, 온라인에서 발생하는 행위를 규율하는 법률이라 하더라도 메타버스 의료 내에서 일어나는 행위를 포함한 모든 행위를 제재하는 것에는 한계가 있다고 할 수 있다. 메타버스 내에서만 영향을 미치고 현실의 우리에게 영향을 미치지 않는 경우 적절한 법의 적용이 어려울 수 있고, 설사 정보통신망법이나 성폭력처벌법과 같은 현실의 법을 적용한다고 하더라도 증거 수집은 물론 피의자가 우리나라의 사법관할권 내에 있지 않은 경우에는 소환 등의 문제도 쉽지 않다.

한편 메타버스 의료에서 일어나는 범죄 등의 행위에 대하여 플랫폼 운영자에게 책임을 묻는 방법도 생각해볼 수 있으나 이 역시 아직까지는 명백한 한계가 있다. 현실에서 법이 적용되는 영역은 기본적으로 한 국가의 영토 내로 제한되기 때문에 국내에 전혀 연고가 없는 해외 기업에 대해서는 이용자 보호의무 등을 강제하는 것이 사실상 쉽지 않으며, 메타버스는 책임 있는 운영자가 누구인지를 명확하지 규정하기 어렵기 때문에 수범자를 특정할 수가 없다는 한계가 존재한다.

하지만 메타버스 세계에서 아바타를 통한 사람 간의 상호작용이 일어난다고 한다면 우리는 현실에서 발생하는 범죄 등의 행위가 메타버스에서도 유사하게 일어날 수 있을 것이라고 쉽게 가정해 볼 수 있다. 메타버스가 주목받기 이전에도 온라인상에서 플레이어를 향한

과도 연관되어 있다. 개별 아이템의 가격이 낮고 현실의 통화와 다른 단위를 사용하기 때문에 무분별한 소비가 일어날 수도 있으며, 아바타가 메타버스 세계 내에서 쇼핑을 하고 게임이나 다른 활동을 하는 과정에서 새로운 빈부격차 문제가 발생할 수도 있다.

모욕이나 폭행, 집단 괴롭힘 등은 꾸준히 제기되어 온 문제이기 때문에 기술의 발전으로 가상공간에서 발생하는 경험이 생생하게 전달되고, 다양한 메타버스 플랫폼이 등장하게 되면서 이러한 문제점은 점점 더 부각될 것이다.[71]

그리고 메타버스 내 의료에서 이루어지는 원하지 않는 가상의 신체접촉이나 성추행과 관련해서도 법적인 처벌이 가능한지에 대해서 논란의 여지가 있을 수 있다. 이러한 행위가 현실에 실존하는 인물에게 실제로 신체적 피해를 입히게 되는 경우는 발생하지 않는다고 하더라도, 이와 관련한 정신적·심리적 피해에 대해서 관계기관에 고발하고 제재를 가하는 등의 조치를 취하는 것은 쉬운 일은 아닐 것이다. 또한 다른 이용자에게 해를 끼치지는 않으나, 이용자 간의 합의 하에 메타버스 내에서 이루어지는 불법행위도 문제가 될 수 있다. 메타버스에서 발생하는 범죄 등 행위에 연루된 사람이 청소년인 경우에는 문제가 복잡해질 수 있다. 미성년자나 청소년이 대상이 되는 범죄는 더욱 큰 문제이다. 현실에서는 청소년이 일으키는 범죄행위에 대해서 미성숙한 인격과 육체 발달을 인정하여 처벌의 강도와 방법을 다르게 규정하는데, 14세 미만은 형사미성년자로 형사처벌을 받

---

[71] 온라인에서의 명예훼손과 관련하여 「정보통신망 이용촉진 및 정보보호 등에 관한 법률」 제44조에서는 온라인에서 타인의 권리를 침해하는 정보를 유통시키는 것을 금지하고 있으며, 서비스를 운영하는 사업자에게 이러한 정보가 유통되지 않도록 노력할 것을 규정하고 있다. 동법 제70조에서는 정보통신망을 이용하여 타인의 명예를 훼손하는 경우 형법에서의 명예훼손보다 더욱 강력한 처벌규정을 두고 있다. 그러나 법원은 게임에서 발생한 명예훼손이나 모욕은 게임 내의 '닉네임'을 특정 인물로 인식할 수 있는지 그리고 게임 내의 '공연성'과 '사회적 평판'에 대한 고려 기준 등에 대하여 소극적인 태도를 취하고 있다. 다시 말해서 피해자가 주장하는 명예훼손이나 모욕의 주체가 '닉네임'에 불과하며, 온라인 닉네임이나 캐릭터를 지칭하는 것만으로는 그 사람이 누구인지 특정하기 어렵기 때문에 특정인이 피해를 입었다고 보기 어렵다는 입장이다(대법원 2011. 10. 27. 선고 2011도9033 결정; 대법원 2012. 4. 13. 선고 2012도901 판결 등).

지 않고, 10세 이상 19세 미만의 아동청소년은 소년법의 대상이 되어 소년보호사건에 의한 처분을 받는다. 그러나 메타버스 플랫폼 안에서 상대방의 연령을 알 수 있는 정보는 존재하지 않기 때문에 청소년들이 일반 성인과 마찬가지로 자유와 권리를 누리게 된다는 점이 발생한다.

메타버스 로드맵에서도 지적한 것처럼 가상세계에서는 성, 인종, 연령, 사회계층 등의 집단적 가치 등을 둘러싼 사회규범이 새롭게 창조되거나 변경될 수 있는데,[72] 이처럼 이용자들이 활동하는 과정에서 자생적으로 수립되는 규칙은 원칙적으로 법적 규율의 대상이 되기는 어렵다고 보여진다. 다만 그러한 규범이 반사회적 성격을 띠게되는 경우에는 이를 어디까지 용인할 것인지, 만약 규율을 한다면 어떤 방식으로 규율해야 하는지와 같은 어려운 문제에 봉착할 수 있다. 이 같은 반사회적 규범의 수립 자체를 막을 방법은 거의 없다. 다만 그러한 반사회적 규범의 경우 그 자체가 현실 세계 규범에 따른 범죄를 구성하는 경우에는 일정한 제한이 가능할 수 있을 것이다. 물론 이를 현실 세계의 규범으로 규제하는 것에는 논란이 발생할 수 있다. 이처럼 범죄나 금지행위에 해당하는 경우 외에는 메타버스 내에서 자생적으로 발생한 반사회적 규범을 법적으로 제한하기는 어려우며, 메타버스 플랫폼의 자율적인 이용약관에 의해서만 통제될 가능성이 있을 뿐이다.

---

72 John Smart · Jamais Cascio · Jerry Paffendorf, *A Metaverse Roadmap: Pathways to the 3D Web, 2007,* Acceleration Studies Foundation, 2007, p. 8.

2. 입법 및 정책의 방향

(1) 메타버스의 개방적 성격과 내부 중심적 활동은 기존의 콘텐츠, 특히 매체물에 대한 내용규제 체계에도 상당한 어려움을 가져올 수밖에 없다. 우선 문제될 수 있는 것은 메타버스 이용자들이 스스로 만들어 내는 콘텐츠를 내용규제 측면에서 어떻게 취급할 것인지이다. 그리고 메타버스에서 이용되는 콘텐츠 중 실감 기술이 활용된 것은 기존에 실감 콘텐츠에 관하여 제기되었던 문제들이 그대로 반복되어 제기될 수 있다. 즉 그러한 콘텐츠를 게임물, 음악, 영상물 등 기존의 분류식 규제 체계 중 어디에 포함시켜야 하는지, 등급분류 기준을 정함에 있어 실감 기술에 따른 몰입감, 시각적 효과 등과 그것이 인체나 정신 건강 등에 미치는 영향은 어떻게 고려해야 하는지 등 어려운 문제가 남는다.[73] 메타버스 이용이 인간의 신체와 정신에 미치는 영향에 대해서는 국가 차원에서 지속적으로 연구를 하여 그 결과를 사회적으로 공유할 필요가 있다. 이러한 실증적인 조사 결과는 향후 등급분류 기준 설정이나 과몰입 방지 등 다양한 정책을 수립할 때 불필요한 논란 해소에 유의미하게 기여할 수 있을 것이다.

다른 측면에서는 메타버스가 '디지털 치료제(DTx: Digital Thera−peutics)'[74] 형태로 발전할 가능성도 있기 때문에 이러한 새로운 기술을 반영한 의료기기 및 의약품 규제 체계 정비가 필요할 수도 있다.[75]

---

[73] 이승민 · 김진웅 · 홍민정, VR 등 실감 콘텐츠 등급분류 제도화 방안 연구, 영상물등급위원회, 2020.9, 45-59면 등 참조.

[74] 의학적 근거에 의해 치료제로 인정받은 디지털 소프트웨어나 하드웨어를 의미한다. 디지털 치료제는 크게 인지행동 치료, 생활습관 개선, 신경 재활 치료 등에 활용된다. 김상균, 앞의 책, 255면.

[75] 박지훈 · 송승재 · 배민철, "디지털치료제 기술동향과 산업전망", PD ISSUE REPORT 20-3, 2020, 89-90면.

즉 「의료기기산업 육성 및 혁신의료기기 지원법」 등 관련 법률 및 규제개선과 정책 지원을 통해 디지털 치료제 시장의 지속가능한 성장에 대비할 필요가 있다.[76]

(2) 그리고 의료기술 및 치료 방법 등에 있어 향후 메타버스를 통한 상업광고의 방식과 표현이 매우 다양해지고, 가상세계에서의 활동 정보를 바탕으로 한 맞춤형 광고와 인공지능 및 알고리즘을 활용한 맞춤형 광고가 증가할 수 있으므로 활동 정보 수집 등과 관련하여 개인정보보호 차원의 규율이 논의될 필요가 있다.[77]

메타버스라는 가상공간에서는 참여자들의 활동이나 대화 등 모든 내용이 자동으로 데이터화되어 메타버스 플랫폼에 수집된다. 이러한 정보는 유용하게 쓰일 수도 있지만 다른 한편으로는 악용될 수 있다는 문제점이 있다. 현재 대부분의 메타버스 플랫폼은 사용자가 계정을 생성하고 아바타를 만들어 활동하도록 하고 있는데, 그 과정에서 개인정보가 노출되면 사용자들의 현실 세계에서의 개인정보뿐만 아니라 신용, 사회적 평가 등에 부정적인 영향을 미칠 수 있다. 또한 현재까지의 입력장치가 일반적으로 키보드, 마우스 그리고 터치패널 정도였다면, 메타버스 세계관에서는 가상융합기술인 XR(확장

---

76 알약 등 저분자 화합물을 1세대 치료제, 항체 · 단백질 · 세포 등 생물제재를 2세대 치료제, 디지털 치료제를 3세대 치료제라고 하기도 한다. 디지털 치료제는 기존 의약품처럼 근거 기반의 치료적 중재를 제공하기 때문에 임상시험을 실시하고, 치료 효과를 검증하며, 규제당국의 허가와 의사의 처방 및 보험 적용 등 의약품이 가지는 거의 모든 과정들을 거쳐 제공된다. 미국의 경우, 미국식품의약국(FDA)의 인허가를 취득해야 한다. 디지털 치료제로 제공되는 소프트웨어 프로그램의 형태는 매우 다양하여 모바일 앱, 게임, 가상현실, 챗봇, 인공지능 등의 형태를 가지게 된다. 이승민, "메타버스와 규제", 신산업규제법제리뷰, 2021.10, 25-26면.

77 손승우, "메타버스의 현실과 미래: 기술발전과 법의 대응", 한국데이터법정책학회 자료집, 2021.6, 22-24면.

현실)을 지원하는 기기들을 활용하는 플랫폼들이 증가하고 있어 생체정보에 대한 문제가 발생할 수 있다. XR 이용을 위한 하드웨어기기에는 HMD, XR 헤드셋, 트레이드밀, VR 신발, VR 의자, XR 장갑 햅틱 슈츠 등이 다양하게 존재하는데, 이러한 기기에 부착된 센서들이 착용자의 눈동자 움직임이나 홍채 정보를 인식하고, 움직이고 걷거나 뛰는 등의 물리적인 행동을 감지하기 때문에 생체정보가 유출되는 상황이 발생할 수 있다.

이러한 생체정보 중에서 의료정보는 매우 민감한 개인정보이기 때문에 더욱 보안에 힘써야 한다.[78] 예컨대 환자의 라이프로그 데이터가 본인 의사에 반하여 노출될 경우에는 보험료가 인상되거나 보험금 지급에 있어서 문제가 생길 수 있고, 의약품이나 건강기능식품 판촉이나 광고에 이용될 수 있는 위험이 존재한다.[79] 또한 음성을 기반으로 한 플랫폼을 이용할 때도 목소리 정보(음성권) 등이 쉽게 노출될 수 있다는 문제점이 있다.[80]

(3) 따라서 메타버스 기술의 의료 활용에 있어 보다 확실하고 안전한 개인정보보호를 위해서는 먼저 메타버스를 통해 수집된 개인정

---

[78] 예컨대 「디엔에이신원확인정보의 이용 및 보호에 관한 법률」 제3조에서는 "국가는 디엔에이감식시료를 채취하고 디엔에이 신원확인정보를 관리하며 이를 이용함에 있어 인간의 존엄성 및 개인의 사생활이 침해되지 아니하도록 필요한 시책을 마련"하여야 하며, "데이터베이스에 수록되는 디엔에이신원확인정보에는 개인 식별을 위하여 필요한 사항 외의 정보 또는 인적사항이 포함되어서는 아니 된다"고 규정하고 있다. 성낙인, 헌법학(제21판), 법문사, 2021, 1381면.
[79] 최민지 · 채경민 · 송기원, "의료 분야 메타버스의 보안 문제에 관한 연구", 2022년도 한국통신학회 하계종합학술발표회 논문집, 2022.6, 655-656면.
[80] 조은영 · 최재홍 · 안인희 · 이준동 · 주용완, "메타버스와 보안 이슈에 대한 고찰", 2022년도 한국컴퓨터정보학회 동계학술대회 논문집 제30권 제1호, 2022.1, 110-111면.

보 및 생체정보를 비식별 처리하도록 해야 한다. 이러한 정보들은 개발자와 광고주뿐만 아니라 각종 연구기관 및 국가적 차원에서 활용 가치가 무궁무진하기 때문에 반드시 서비스 개선 등과 같은 과학적 연구나 공익적 기록 보존으로만 활용되도록 체계적인 관리와 감독이 요구되며, 필요한 경우 관련 입법을 통해서 강력하게 통제장치를 마련해야 한다.

또 이러한 정보를 취급하는 기관 및 시설에서는 실시간으로 빅데이터를 처리할 수 있는 데이터 암호화 시스템을 자동화 상태로 구축하여 데이터 수집 단계에서부터 확실하게 정보 유출 및 해킹의 위험을 차단해야만 한다. 따라서 인공지능을 이용한 데이터 기록 관리 시스템을 갖추고, 데이터 최적화 프로세스 및 자동화된 암호화 서비스와 같은 첨단 보안 기술을 채택하여 운영하여야 하며, 관련 법률 제정을 통해 철저하게 관리해야 한다.

3. 소결

현재까지 보건의료 분야에서는 가상현실, 증강현실, 사물인터넷, 스마트 글래스 등 다양한 기술을 융합하여 메타버스로 향하기 위한 노력들이 있어 왔다.[81] 보건의료 분야는 무엇보다 인간의 생명과 직결된 영역이기 때문에 충분히 검증되고 안전하지 않은 기술을 시도하거나 이용하기 어렵다는 특징이 있다. 이 때문에 현실적으로 여러 가지 법률적 제약이 있으며, 의료인과 환자의 거부감 때문에 새로운 기술이나 시도를 선택하지 못할 수도 있다. 따라서 충분한 시간을 가지고 해당하는 문제점을 종합적으로 분석하면서 그 해결책을 찾아야

---

[81] 김선경·고영혜·박건우·문지현·양효정·최종명·이영호, 앞의 논문, 52-54면.

한다. 메타버스와 같은 새로운 기술을 사용하는 것은 인간이므로 의료인과 환자 모두 그러한 기술을 잘 이해하고 사용할 수 있도록 사용자 인터페이스와 상호작용 방법이 개발되고 지속적으로 개선되어야 한다. 또한, 새로운 기술이 등장하였을 때, 이를 어떻게 받아들일 것인가라는 윤리적·정책적·법률적 문제도 해결해야 할 것이다.

위와 같은 사항들을 고려하여 현재의 의료 체계를 가능한 한 미래지향적 메타버스 기술을 적용하여 개선해야 하겠지만, 구체적으로 무엇을 어떻게 할 것인지에 대해 현재로서는 정확한 답을 제시하기가 어렵다. 다만 메타버스를 비롯한 새로운 디지털 기술이 탈국경을 지향하고 있는 것은 분명하기 때문에 각국의 상황에 맞는 내용만을 주장하거나 강조하는 것은 실효성을 담보하기 어렵다고 할 수 있다. 그러므로 글로벌 표준에 맞는 기술과 규제를 고려하지 않을 수 없고, 한편으로는 집행의 실효성 측면에서 실질적으로 자율적인 정책 및 법적 규제 완화를 고려하지 않을 수 없다고 예상된다.

V. 결론

지금까지 메타버스의 개념, 유형 및 특징과 메타버스 의료 환경·기술 그리고 이를 둘러싸고 발생할 수 있는 다양한 형태의 제도적·법적 쟁점에 대해 살펴보았다.

메타버스는 지속적으로 가상세계를 바탕으로 하거나 가상세계가 접목된 융복합 서비스로 발전할 것으로 보이며, 가상사회이자 열린 생태계로서의 메타버스의 특징으로 인하여 기존의 규범 체계는 상당한 도전을 받게 될 것으로 예측된다. 그러나 중요한 점은 메타버스는 아직 본격적으로 활성화되지 않은 공간이며, 향후 가상현실기기

(HMD, AR 글래스 등)와 음성인식 및 인공지능 기술이 충분히 결합하고, 아바타를 통한 활동이 유희적인 수준을 넘어서 디지털 자산 거래가 활성화되는 등의 단계에 이르러야 메타버스 고유의 규제 이슈들이 비로소 현실화될 것으로 생각된다. 그러므로 현 단계에서 메타버스와 관련한 법적 쟁점을 정확하게 예측하고 파악하기는 매우 어려우며, 일정한 법적 쟁점을 파악한다 하더라도 그에 관한 규제를 섣불리 도입하는 것은 성장하는 시장과 기술 발전을 가로막는 장애물이 될 수 있다. 특히 메타버스가 사회적 차원의 관점이 아닌 경제적 차원의 관점에서 문제되는 경우에 있어서는 법·제도적 규제의 필요성을 정당화할 정도의 사회적 해악이 드러나기 전까지 규제 도입에 더욱 신중해야 할 것이다. 그러므로 현 단계에서는 메타버스에 대한 규제보다는 메타버스 및 관련 산업 발전의 장애물이 되는 부분, 예컨대 지나치게 과도한 규제나 지식재산권 및 개인정보보호 관련 규정의 불확실성 등을 합리적 규율을 통해 해소하는 데 주력하는 것이 타당해 보인다.

결론적으로 메타버스는 아직 정형화되지 않은 개념으로 기술의 발전에 따라서 또한 플랫폼을 제작하는 개발자와 내부 콘텐츠를 제작하는 창조자의 의지에 따라서 그리고 메타버스 이용자들이 만들어가는 사회적인 규범에 따라서 다양한 모습이 발현될 수 있다. 또한 메타버스의 열풍은 코로나19가 가져온 비대면 상황에 의한 일시적인 현상에 불과하며, 코로나19 종식 이후 일상으로의 회귀가 이루어지면 수요가 급감하면서 다른 많은 기술처럼 잊혀질지도 모른다는 예측도 있다. 그러나 메타버스로 대표되는 여러 디지털 기술이 인간과 세계가 상호작용하는 방식을 획기적으로 변화시킬 수 있음에는 이론의 여지가 없어 보이며, 디지털 전환이라는 시대적인 흐름 속에서 언젠가는 현실과 가상의 벽이 무너지면서 현재의 메타버스 또는 또 다른 의미의 현실을 초월한 세계가 나타날 수밖에 없을 것이다.

따라서 중요한 것은 현재 단계의 메타버스를 지나치게 규율하거나 이를 긍정적으로만 예측하는 것이 아니라 메타버스라는 세계관을 이해하고 메타버스의 여러 가능성과 기술들이 안전하게 시도될 수 있는 환경을 만드는 것이 중요하다고 보여진다. 앞서 살펴본 것처럼 보건의료 분야에 있어서 메타버스 세계관 및 기술을 활용하고 이를 통해 얻을 수 있는 장점은 매우 크고 유용하다고 할 수 있다. 그러므로 사회적·경제적·산업적 파급효과에 대한 지속적인 관찰과 연구 그리고 이러한 변화에 맞춘 사회규범과 법·제도의 적용이 필요하다. 다만 메타버스를 활용할 수 있는 안전한 환경을 만든다는 명분으로 현실 공간에서의 법·제도적 규율을 적절한 고려 없이 그대로 적용하거나, 엄격한 사전적 규제를 적용하는 것은 적절하지 않다고 할 수 있다. 특히 우리의 미래를 위해 모든 세대들이 적절하게 활용할 수 있는 안전하고 유용한 메타버스 환경과 기술을 만들어가기 위해서는 보다 열린 태도와 자세로 다양한 담론을 펼쳐나가야 할 것이다.

참고문헌

I. 국내문헌

1. 단행본

김상균, 메타버스: 디지털 지구, 뜨는 것들의 세상, 플랜비디자인, 2020.
_____, 메타버스 Ⅱ, 플랜비디자인, 2022.
김희태 · 허성민, DNA 헬스케어 4.0, 모아북스, 2022.
성낙인, 헌법학(제21판), 법문사, 2021.
이승환, 메타버스 비긴즈 - 인간X공간X시간의 혁명, 굿모닝미디어, 2021.
최윤섭, 디지털 헬스케어: 의료의 미래, 클라우드나인, 2020.
한수웅, 헌법학(제11판), 법문사, 2021.

2. 논문

고선영 · 정한균 · 김종인 · 신용태, "메타버스의 개념과 발전 방향", 정보처
    리학회지 제28권 제1호, 2021.
국회 과학기술정보방송통신위원회, 국가전략기술 육성 및 메타버스(가상융
    합경제) 선도를 위한 법률 제정 관련 공청회 자료집, 2022.3.
김문정 · 김혜경, "의료에서의 디지털 전환과 '뉴리터러시'", 인간 · 환경 · 미
    래 제29호, 2022.
김선경 · 고영혜 · 박건우 · 문지현 · 양효정 · 최종명 · 이영호, "메타버스를 향
    한 보건의료분야 기술동향", 정보와통신 제39권 제2호, 2022.
김승환 · 정득영, "ICT 융합 기반의 비대면 헬스케어 기술 동향", 정보와통신
    제37권 제9호, 2020.
김진숙 · 오수현, "디지털 융복합시대에 원격의료 규제 완화에 관한 쟁점 분
    석", 디지털융복합연구 제18권 제12호, 2020.
남승석 · 김효정, "내러티브의 상상력과 의료 메타버스의 미래: 질병과 디지
    털 치료제의 미디어 재현", 2022년 한국콘텐츠학회 종합학술대회
    논문집, 2022.7.

류철균·윤현정, "가상세계 스토리텔링의 이론", 디지털스토리텔링연구 제 3권, 2008.

박지훈·송승재·배민철, "디지털치료제 기술동향과 산업전망", PD ISSUE REPORT 20−3, 2020.3.

서성은, "메타버스 개발동향과 발전전망 연구", 한국HCI학회 학술대회 자료집, 2008.2.

손승우, "메타버스의 현실과 미래: 기술발전과 법의 대응", 한국데이터법정 책학회 자료집, 2021.6.

윤현정, "가상세계의 목적지향적 서사구조 연구", 한국컴퓨터게임학회논문 지 제14호, 2008.

이동은·함고운, "시나리오 기법을 활용한 증강현실 서비스 발전 전망", 인 문콘텐츠 제17호, 2010.

이상우, "메타버스가 온다", N콘텐츠 제18호, 2021.

이승민, "VR/AR 산업 활성화를 위한 법·제도 개선방안 − 의료·교육·영 상 관련 실감 콘텐츠 규제를 중심으로", 경제규제와 법 제13권 제1 호, 2020.

_____, "메타버스와 규제", 신산업규제법제리뷰 한국법제연구원, 2021.10.

정준화, "메타버스(metaverse)의 현황과 향후과제", 이슈와 논점 제1858호, 2021.

조은영·최재홍·안인희·이준동·주용완, "메타버스와 보안 이슈에 대한 고찰", 2022년도 한국컴퓨터정보학회 동계학술대회 논문집 제30권 제1호, 2022.

최민지·채경민·송기원, "의료 분야 메타버스의 보안 문제에 관한 연구", 2022년도 한국통신학회 하계종합학술발표회 논문집, 2022.6.

최희수·김상헌, "역사교육을 위한 메타버스 콘텐츠 연구", 글로벌문화콘텐 츠 제26호, 2017.

한혜원, "메타버스 내 가상세계의 유형 및 발전방향 연구", 디지털콘텐츠학 회 논문지 제9권 제2호, 2008.

현두륜, "원격의료에 대한 법적 규제와 그 문제점", 의료법학 제23권 제1호, 2022.

황경화 · 정주연 · 권오병, "가상세계형 메타버스 지속방문의도에 영향을 미치
는 요인 연구", 한국경영정보학회 춘계통합학술대회 자료집, 2021.6.

3. 보고서

권오상, 메타버스(Metaverse) 산업 관련 해외 규제동향 조사 · 분석, 한국법
제연구원, 2021.

김상일 외, 2016년 기술영향평가 보고서: 가상 · 증강현실 기술, 미래창조과
학부, 2017.

김정언 외, ICT 신산업 활성화와 효율적 규제개혁 추진을 위한 정책방안 연
구, 정보통신정책연구원, 2017.

미래창조과학부, 대한민국 미래를 책임질 9대 국가전략 프로젝트, 미래창조
과학부, 2016.

이승민 · 김진웅 · 홍민정, VR 등 실감 콘텐츠 등급분류 제도화 방안 연구, 영
상물등급위원회, 2020.9.

이준호, 비대면 산업 성장에 따른 법제 정비방안 연구, 한국법제연구원,
2021.

한상열 · 방문영, 글로벌 XR 활용 최신 동향 및 시사점, 소프트웨어정책연구
소, 2021.

II. 외국문헌

John Smart · Jamais Cascio · Jerry Paffendorf, *A Metaverse Roadmap:
Pathways to the 3D Web, 2007*, Acceleration Studies Foundation,
2007.

02

디지털 헬스케어 발전의 법적 과제

― 비대면 의료를 중심으로 ―

목차

I. 서론

II. 디지털 헬스케어와 비대면 의료
   의의

III. 국민이 비대면의료를 선택할 수
   있는 권리의 헌법적 의의

IV. 디지털 헬스케어 관련 법적
   쟁점

V. 결론 - 디지털 헬스케어 정책
   시행의 방향

국문초록

2019년 12월 코로나19가 발생한 이후, 오랜 기간 대유행(Pandemic)으로 확대되면서 의료시스템에 많은 변화가 나타났다. 환자가 진료나 정기검진 등을 위해서 의료기관을 방문해야 하는데도 감염의 위험성으로 내원을 꺼리거나, 의료기관 측에서 환자 이외에 보호자 등의 방문을 최소화했다. 환자는 여전히 양질의 의료서비스를 받기를 원하나 쉽지 않고, 의료기관은 환자의 급감으로 경영상의 어려움을 겪고 있다.

우리나라도 코로나19 확산을 억제하기 위해서 2020년 2월부터 전화상담·처방이 가능한 비대면 진료를 한시적으로 허용했다. 그리고 2020년 12월 「감염병의 예방 및 관리에 관한 법률」 개정과 제4차 감염병관리위원회 심의 · 의결에 따라서 감염병 확산 종료 시까지 정부는 코로나19의 병원 내 감염을 막고 조기진단을 위해서 경증환자, 만성질환자 등에게 의사의 판단에 따라 직접 방문하지 않고 전화상담 및 처방, 대리처방을 허용했고, 병원에 방문한 환자는 병원 내 별도 공간에서 간호사 등 의료인의 보호 속에 화상으로 진료를 받을 수 있게 되었다.

2023년 5월 코로나19가 엔데믹(Endemic)으로 변화되면서 3년간의 코로나19가 막을 내리고 위드 코로나 시대가 시작되었는데, 비대면 진료시스템을 유지하는 것이 바람직한지를 디지털 헬스케어 산업, 국민의 보건권, 의료의 공공성 등과 함께 논의해 보고, 향후 입법의 방향을 제시하고자 한다.

I. 서론

4차 산업혁명 시대에 진입하면서 ICT 발전과 함께 디지털 혁명은 기존의 패러다임을 바꾸면서 새로운 전환점을 맞이하게 되었다. 이 과정에서 학문과 산업 영역 간에 구분은 무의미하게 되었고, 융합은 새로운 트렌드가 되면서 다양한 산업이 새롭게 창출되었다. 그 중에서도 디지털 헬스케어 산업은 고령화 인구의 증가, 건강에 관한 관심 증대, 만성질환자 증가 등으로 앞으로도 꾸준히 성장할 것으로 전망된다.

그러나 우리나라에서 디지털 헬스케어 산업발전에 한계가 있다. 2002년 의료법 개정을 통해서 처음으로 원격의료제도를 법제화했으나, 아직도 찬반 논란이 팽팽하게 맞서고 있으면서 가장 기본적인 단계(의료인 간의 원격자문)에 머물러 있고, 다른 외국과 비교해서 뒤처져 있는 것이 현실이다.

2019년 12월 코로나19가 발발한 이후, 상당한 기간 대유행(Pandemic)

으로 확대되면서 의료시스템에 많은 변화가 나타났다. 환자가 진료나 정기검진 등을 위해서 의료기관을 방문해야 하는데도 감염의 위험성으로 내원을 꺼리거나, 의료기관 측에서 환자 이외에 보호자 등의 방문을 최소화하고 있다. 환자는 여전히 양질의 의료서비스를 받기를 원하나 쉽지 않고, 의료기관은 환자의 급감으로 경영상의 어려움을 겪고 있다. 미국과 유럽의 많은 국가는 코로나19의 대유행으로 자국 내 봉쇄조치(lockdown)로 인해 비대면 의료가 급속도로 확산하였다.[1] 우리나라도 코로나19 확산을 억제하기 위해서 2020년 2월부터 전화상담·처방이 가능한 비대면 진료를 한시적으로 허용하고 있다. 그리고 2020년 12월 「감염병의 예방 및 관리에 관한 법률」 개정과 제4차 감염병관리위원회 심의·의결에 따라서 감염병 확산 종료 시까지 정부는 코로나19의 병원 내 감염을 막고 조기진단을 위해서 경증환자, 만성질환자 등에게 의사의 판단에 따라 직접 방문하지 않고 전화상담 및 처방, 대리처방을 허용했고, 병원에 방문한 환자는 병원 내 별도 공간에서 간호사 등 의료인의 보호 속에 화상으로 진료를 받을 수 있게 되었다.[2]

---

[1] 미국에서 코로나19 상황 이전에 원격의료서비스 활용 비율이 전체 환자 중 11% 정도에 불과했으나, 코로나19 이후에 46%로 증가하게 되었고, 영국은 1년 동안 주치의 진료 중 원격지료는 1%에 불과했으나, 코로나19 이후에 매주 2배씩 증가할 정도로 크게 확산하였다. - 중소기업기술정보진흥원, "포스트 코로나 시대를 위한 비대면 의료 발전방향", 2021년 중소기업 전략기술로드맵 ISSUE REPORT Vol.1, 2021, 3면.

[2] "감염병 심각단계 '비대면 진료' 한시적 허용" - 보건뉴스 2020.12.15. http://www.bokuennews.com/news/article.html?no=198445 (최종방문일 2022. 4. 4.).
이에 대한의사협회는 강력히 반발했으나, 대한병원협회는 1) 초진환자 대면 진료 원칙, 2) 적절한 대상 질환 선정, 3) 급격한 환자 쏠림 현상 방지, 4) 의료기관 종별 역할의 차별 금지, 5) 환자의 의료기관 선택권 보장 등을 전제로 비대면 진료 도입을 찬성했다. 이는 코로나19와 같은 긴급한 상황에서 이루어진 선택이었으나, 의료계가 지금까지와 달리 좀 더 긍정적인 태도를 보인 것으로 볼 수 있다.

스마트 치료의 공법학

본고에서는 코로나19가 엔데믹(Endemic)으로 변화되어 가는 과정에서 비대면 진료시스템을 유지하는 것이 바람직한지를 디지털 헬스케어 산업, 국민의 보건권, 의료의 공공성 등과 함께 논의해 보고, 향후 입법의 방향을 제시하고자 한다.

Ⅱ. 디지털 헬스케어와 비대면 의료 의의

1. 디지털 헬스케어의 의의

ICT의 발달로 헬스케어(Healthcare)는 치료에서 예방과 관리로, 병원과 공급자 중심에서 환자와 소비자 중심으로 관심의 대상이 변하고 있다. 디지털 헬스케어는 다양한 의료 정보를 수집·분석·이용하여 맞춤형 의료서비스를 제공하는 4차 산업혁명의 핵심 분야 중 하나로 인식되고 있다. 인공지능(AI), 클라우드(Cloud), 사물인터넷(IoT) 등과 같은 새로운 디지털 기술이 생명의료산업과 결합하여 새로운 시장을 창출할 가능성을 열었고, 지능화된 진단과 치료, 미래 건강 예측을 통한 예측 의료, 자동화된 의료서비스 등 새롭고 혁신적인 형태의 헬스케어로 발전하고 있다.[3]

헬스케어 산업에서 1960년대에 병원정보시스템(HIS)이 도입된 이후 원격진료(telehealth), e－health, m－health, u－health 등을 거쳐 디지털 헬스케어의 개념으로 발전해 왔다. 그런 점에서, 디지털 헬스케어는 ICT와 헬스케어 산업의 융합을 통해 의료서비스의 효율성을 높이고 새로운 부가가치를 창출하며, 디지털 헬스케어 산업은

---

[3] 김승환, 정득영, "ICT 융합 기반의 비대면 헬스케어 기술 동향", 「정보와 통신」 제37권 제9호, 한국통신학회, 2020, 78면.

헬스케어 산업과 ICT 간의 융합 산업의 특성이 있으며 하드웨어, 소프트웨어, 서비스, 플랫폼 등과 같은 다양한 산업을 포함한다.[4]

2016년 8월 제2차 과학기술전략회의에서 정부는 '정밀의료'를 9개 국가전략 프로젝트의 하나로 선정하고 파편화된 보건의료빅데이터의 통합과 인공지능기술을 적용한 시스템 구축 지원사업을 추진하였다. 2017년 10월 대통령 직속으로 '4차산업혁명위원회'를 출범했고, 같은 해 12월 헬스케어 분야의 주요 의제를 논의하기 위해서 '헬스케어특별위원회'를 설치했는데, 이 위원회는 미래 헬스케어의 비전과 발전전략을 마련하고 4차 산업혁명을 선도하기 위한 헬스케어 분야의 구체적인 실행방안을 수립하는 것을 주요 내용으로 한다. 4차산업혁명 기반 헬스케어 발전전략의 주요 내용 중 중점추진과제로 헬스케어 빅데이터 생산·관리 시범체계 운영, 인공지능 활용 신약개발, 스마트 임상시험 체계 구축, 스마트 융복합 의료기기 개발, 헬스케어 산업 혁신 생태계 조성의 5개 과제와 각 세부 추진전략을 발표했다.[5]

2. 비대면 의료로의 전환

(1) 비대면 의료의 논의 필요성

비대면 의료는 원격의료를 포함하지만, 그보다 많은 의료 형태를 포함할 수 있는 개념으로 범위와 개념은 아직 제대로 정립되어 있지 않다. 영미권에서는 'Virtual Health'라는 용어를 사용하고 있으며, "디지털 기기를 이용하여 의료 제공자인 의사가 환자와 원격으로 실

---

4 김기봉·한군희, "4차 산업혁명시대의 디지털 헬스케어 산업에 대한 연구", 「융합정보논문지」 제10권 제3호, 중소기업융합학회, 2020, 8-9면.
5 김기봉·한군희, 앞의 논문, 12면.

시간 의사소통할 수 있는 모든 방법",[6] "의료 시스템 외부의 환자에게 의료서비스를 제공하기 위해 전화, 비디오, 모바일 앱, 문자 기반 메시징 및 기타 통신 플랫폼을 포함한 기술을 사용하는 것"[7] 등으로 정의 내리기도 한다. 그리고 원격의료(telehealth), 디지털 치료제(digital therapeutics), 의료시스템 운영(care navigation)을 포함한다고도 한다.[8]

우리는 비대면 의료에 관한 논의가 원격의료를 둘러싼 논쟁에 함몰되어서 정확한 현황 분석 또는 고찰이 어려울 수 있다. 그러나 코로나19로 인한 비대면 의료의 개념을 체계적으로 정립하고 국내외 현황과 쟁점을 분석하여 국내 비대면 의료 발전을 위한 함의를 도출할 필요가 있다.[9]

(2) 비대면 의료의 의의

비대면 의료는 의사, 간호사 등의 의료서비스 공급자와 환자 등의 소비자가 서로 대면하지 않고 이루어지는 의료체계이다. 지금까지 의료서비스는 질병의 증상이 나타나면 병원을 찾아가고 다양한 검사를 통해 증상에 따른 질병을 진단하고, 진단 결과에 따른 치료방법을 찾아내며, 이를 실행하여 증상을 제거하거나 완화하는 방식으로 진행되었다. 이러한 의료의 모든 단계에서 서비스 공급자인 의사,

---

[6] https://intouchhealth.com/finding-the-right-term-for-modern-digital-health-care/.

[7] https://tigerconnect.com/about/faqs/what-is-virtual-healthcare/.

[8] https://www.mckinsey.com/industries/healthcare-systems-and-services/our-insights/virtual-health-a-look-at-the-next-frontier-of-care-delivery.

[9] 김지연, "비대면 시대, 비대면 의료 국내외 현황과 발전방향", 「KISTEP Issue Paper」 2020-10, 2020, 2면.

간호사 등과 소비자인 환자가 반드시 접촉해야 한다. 따라서 의료서비스의 각 단계에서 의사, 간호사 등과 환자의 접촉 없이 이루어지는 의료서비스가 비대면 의료라 할 수 있다. 이러한 비대면 의료는 비대면이라는 특성상 ICT의 발전이 필수적인데, 앞에서 언급한 인공지능, 클라우드, 사물인터넷 등의 첨단기술을 적극적으로 활용하여 효과적이고 효율적인 비대면 의료를 가능하게 한다.[10]

코로나19의 대유행으로 2020년 2월부터 한시적으로 전화진료가 허용되어 전화진료가 허용되어 수십만 건의 전화진료를 통한 처방이 이루어졌다. 또한, 전화진료와 함께 의약품 전달 방법을 약사와 환자의 협의에 맡기면서 일부에서는 환자 환경에 따라 의약품에 대한 일반 택배배송이 이루어졌다. 고혈압 등 정기적인 검진을 요구받는 환자의 경우 전화진료와 의약품 택배배송은 환자의 편의성을 극대화하고, 팬데믹에 따른 사회적 거리두기의 요구를 충족시킬 수 있는 주요 비대면 의료가 되었다. 최근에는 전화나 화상 진료를 넘어 챗봇을 이용한 선별 진료가 이루어지는 등 ICT기술의 융합을 통한 다양한 형태의 비대면 진료가 나타나고 있다.[11]

(3) 비대면 의료의 내용

비대면 의료는 환자가 의료인과 직접 대면하지 않고 의료서비스를 받을 수 있는 모든 의료형태를 포함하는 개념으로, 관련 기술과 규제 및 제도적 이슈에 따라 '디지털 치료제'와 '원격의료'로 분류한다.[12] 디지털 치료제(Digital Therapeutics)는 질병 또는 장애를 예방,

---

10 김승환, 정득영, 앞의 논문, 78면.
11 김승환, 정득영, 앞의 논문, 79면.
12 비대면 시대, 비대면 의료 국내외 현황과 발전방향, 한국과학기술기획평가원, 2020.

스마트 치료의 공법학

관리 및 치료하기 위해 환자에게 직접 적용되는 근거 기반(evidence-based)의 소프트웨어 제품을, 원격의료(Telemedicine)는 의사가 ICT 기술을 활용하여 환자에게 제공하는 원격진단과 원격치료 중심의 의료서비스를 말한다.[13]

디지털 치료제는 인허가 분류체계상 의료기기로 분류되지만, 디지털 기술(소프트웨어)을 사용하여 기존 의약품과 유사한 치료 기능을 제공한다는 점에서 개념적으로는 의약품에 가깝다. 디지털 헬스케어 제품과는 다르게, 특정 질병 또는 장애를 대상으로 하며 근거기반 치료를 위해 기존 의약품처럼 임상시험을 통해 치료효과를 검증받고 규제기관의 인허가를 거쳐 대부분 의사의 처방을 통해 환자에게 제공되는데, 기존 치료제를 대체하거나 기존 치료제와 함께 치료 효과를 보완하는 유형으로 분류된다.

분류	소분류	정의
디지털 치료제	기존 치료제 대체	질병 또는 장애를 예방, 관리 및 치료하기 위해 환자에게 직접 적용되는 근거기반의 소프트웨어 제품
	기존 치료제 대체	
원격의료	원격진료	의사가 ICT 기술을 활용하여 환자에게 제공하는 원격진단과 원격치료 중심의 의료서비스
	원격수술	
	원격모니터링	

출처: 김지연, 앞의 보고서, 3면, 표1

---

[13] 김지연, 앞의 보고서, 3면.

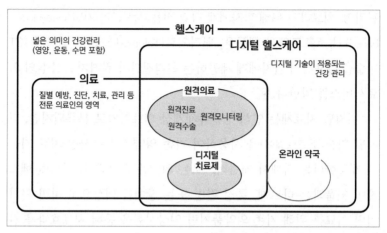

출처: 김지연, 앞의 보고서, 4면, 그림1

디지털 치료제는 ① 언어 및 인지기능 장애 증상을 치유하기 위한 신경 음악치료와 같은 **증상치유**, ② 2형당뇨, 고혈압, 비만 환자의 자기관리와 치료 효과를 개선하기 위한 치료제와 같은 **질병 · 장애 예방 또는 관리**, ③ 2형당뇨 환자를 위한 인슐린 투여 용량 계산 앱과 같은 **복약 최적화**, ④ 비디오 게임을 통한 ADHD 치료제와 같은 **질병 · 장애 치료**의 네 가지 유형으로 분류할 수 있다.

2017년 최초로 미국 FDA(U.S. Food and Drug Administration) 승인을 받은 디지털 치료제는 Pear Therapeutics가 개발한 약물중독 치료 모바일 앱인 reSET이고, 이후에 신경정신과 질환 치료제를 중심으로 다수의 디지털 치료제가 꾸준하게 FDA 승인을 받고 있다. 디지털 치료제의 소프트웨어 기술 형태는 모바일 애플리케이션, 챗봇(chat bot), 비디오 게임, 가상현실(VR, Virtual Reality) 등으로 다양하다.[14]

---

[14] 김지연, 앞의 보고서, 4-7면.

III. 국민이 비대면의료를 선택할 수 있는 권리의 헌법적 의의

1. 보건권

우리 헌법 제36조 제3항은 "모든 국민은 보건에 관하여 국가의 보호를 받는다."라고 규정하여 국가가 국민보건을 위해서 적극적으로 배려해야 하는 것으로 이해할 수 있다.[15] 그런데 이 규정을 통해서 국민의 보건을 국가의 보호대상으로 인정하고 있고, 직접 규정되어 있지는 않으나 보건권을 인정하는 것이 다수의 견해이다.[16]

헌법상 보건권은 국민이 자신의 생명 및 건강에 대한 국가의 침해 방지뿐만 아니라 다른 제3자로부터의 침해 방지나 적절한 지원을 받지 못한 경우 필요한 급부와 배려를 국가에 대해 요구할 수 있는 사회적 기본권의 성격을 지니고 있다. 따라서 국가에 의한 강제적인 불임시술·의학실험 등과 같이 국가의 직접적인 침해로부터 방어할 수 있는 소극적인 권리뿐만 아니라, 전염병 예방 및 관리, 식품의 유통과정에 대한 관리·감독, 건강보험제도와 같은 보건의료 정책의 시행 등을 적극적으로 요구할 수 있는 권리 포함된다.[17]

다른 한편으로 국가는 국민의 생명 및 건강을 유지·증진시키기 위하여 노력해야 할 의무를 부담하게 된다. 국가의 이러한 의무는 국민 각 개인의 생명 및 건강이 다른 개별 기본권 행사의 전제가 되므

---

15 성낙인, 헌법학(제18판), 법문사, 2018, 1445면.

16 보건권의 헌법상 근거규정으로 인간다운 생활을 할 권리(제34조 제1항), 환경권(제35조 제1항), 국가의 국민보건 보호(제36조 제3항), 인간의 존엄과 가치와, 신체를 훼손당하지 아니할 권리(제10조 제1문, 제12·13조) 등으로 제시하고 있다. - 계희열, 헌법학(중), 2004, 801면; 한수웅, 헌법학(제8판), 법문사, 2018, 1081면.

17 성낙인, 앞의 책, 1446면; 한수웅, 앞의 책, 1081면.

로, 자유를 실제로 행사할 수 있는 실질적 조건을 형성하고자 하는 사회국가적 의무로 이해할 수 있다.[18] 이것은 국가가 단순히 국민의 생명 및 건강을 침해해서는 아니 된다는 소극적 의미뿐만 아니라, 국민의 생명 및 건강을 침해하려는 제3자에 대해서도 필요한 조치를 하고 적극적으로 국민의 보건을 위한 정책을 수립·시행해야 할 의무를 부담한다는 적극적 의미도 포함한다. 그러나 국민의 권리 또는 국가의 의무에도 불구하고, 국가는 국민 보건을 위해 취할 수 있는 조치에 대하여 광범위한 형성권을 가지고 있으므로, 각 개인은 국가에 대해서 보건의료와 관련된 특정한 정책이나 조치를 요구할 권리가 부여되는 것은 아니라고 해석해야 한다.[19]

보건권과 관련해서 반드시 고려해야 할 요소 중 하나가 '공공성'이다. 보건권이 사회적 기본권으로서의 실효성을 위해서는 다양한 의료행위를 통해서 생명의 유지와 건강 회복 등의 결과가 중요한 것으로 인식될 수 있는데, 의료의 문제는 단순히 어떤 한 사람의 생명 유지와 건강 회복만으로 해결되는 것은 아니다. 오히려 국민의 보건권이나 국가의 보호의무가 의미하는 것은 다수의 또는 전체 국민의 생명, 건강에 대한 부분을 고려해야 한다는 점에서 공공성이 중요한 의미를 지니게 된다.

2. 의료의 공공성

(1) 의료 공공성의 의의

공공성이란 한 개인이나 특정한 단체가 아닌 일반 사회구성원 전

---

18 한수웅, 앞의 책, 1081면.
19 이한주, 의료서비스 격차해소를 위한 원격의료제도의 필요성과 개선방향, 인권법평론 제21호, 전남대학교 공익인권법센터, 2018, 253면.

스마트 치료의 공법학

체에 두루 관련되는 성질로 정의할 수 있고,[20] 사회구성원 전체에게 공적인 이익을 제공하고 그 이익의 양을 증가시키는 것을 의미한다. 이러한 공공성의 개념은, 1) 국가에 의한 공권력 차원에서 이해하거나, 2) 개인과 국가의 어느 쪽에도 속하지 않고 그 중간에 존재하는 제3의 영역에 관한 것으로 이해하는 것으로 구분할 수 있다.[21]

우리 법에서 '의료'에 대해 직접 정의하지는 않고, 다만 보건의료기본법에서 '보건의료'를 국민의 건강을 보호·증진하기 위하여 국가 등이 행하는 모든 활동으로 규정하고 있다.[22] 이는 문진, 검사 등의 사전 단계와 진료, 수술 등의 과정과 함께 건강의 증진을 위한 다양한 활동을 포함하는 광의의 개념으로 이해할 수 있다. 생명과 건강은 다른 무언가를 할 수 있는 기본이 되므로, 각 개인은 평생 관심을 가지고 생명과 건강을 유지·발전시키도록 노력해야 한다. 그러므로 의료 문제는 각 개인이나 유아 또는 노인과 같은 특정한 계층에 있는 사람만 필요한 것이 아니고, 국민 전체가 평생 관심을 가져야 하며, 국가도 국민의 의료에 관한 관심과 책임을 지니고 있으므로 사회적 기본권의 성격이 강하다 할 것이다. 따라서 의료는 모든 국민이 혜택을 받을 수 있도록 해야 하고, 일부에 의한 독과점이 발생하지 않도록 해야 하므로 규범적 의미의 공공성을 가진다고 할 수 있다.[23]

헌법재판소도 무면허 의료행위를 금지한 구 의료법 제25조 제1항에 관한 위헌제청심판에서, 의료행위의 공공성과 국가의 국민 보

---

20 표준국어대사전.

21 여영현·김혜정, "한국 보건의료의 제도적·운용적 특성과 공공성 연구", 「한국정책과학회보」 제22권 제1호, 한국정책과학학회, 2018, 54-55면.

22 보건의료기본법 제3조 제1호 참고.

23 이상이, "의료 양극화와 공공성 강화 방안", 「국회도서관보」 제45권 제10호(통권 제353호), 국회도서관, 2008, 15면 참고.

건에 관한 책임을 인정하는 견해를 밝혔다.[24] 그러므로 공공의료는 공중보건과 기본 의료를 제공하여 국민의 건강한 생활을 보장하는 사회안전망 시스템이라 할 수 있다.

(2) 의료 공공성의 특징

공공성의 개념을 2가지로 구분한 내용을 바탕으로 의료 공공성의 특징을 살펴보면, 1) 국가의 공권력 영역으로 이해할 때는 정부에 의한 것으로, 2) 개인도 국가도 아닌 제3의 영역으로 이해할 때는 서비스 수혜대상이 보편화되면서 정당성이 확보되는 것으로 이해할 수 있다. 다시 말해, 의료의 공공성은 개인의 이익보다 사회(또는 전체)의 이익을 지향하는 것으로 볼 수 있다. 그러므로 보건의료의 공공성은 대체로 공적 기관에 의해 설립 및 운영되는 의료기관의 소유 주체에 대한 의미도 있으나, 다수를 대상으로 보편적이고 전체적인 편익을 위해 의료서비스를 수행하는 것을 의미한다.[25]

---

[24] "이 사건 법률조항의 '의료행위'라 함은 질병의 예방과 치료에 관한 행위로서 의학적 전문지식이 있는 자가 행하지 아니하면 사람의 생명, 신체나 공중위생에 위해가 발생할 우려가 있는 행위를 말한다. 한 나라의 의료제도는 그 나라의 국민건강의 보호증진을 목적으로 하여(의료법 제1조 참조) 합목적적으로 체계화된 것이므로 국가로부터 의료에 관한 지식과 기술의 검증을 받은 사람으로 하여금 의료행위를 하게 하는 것이 가장 합리적이고 안전하며, 사람의 생명과 신체를 대상으로 하는 의료행위의 특성상 가사 어떤 시술방법에 의하여 어떤 질병을 상당수 고칠 수 있었다고 하더라도 국가에 의하여 확인되고 검증되지 아니한 의료행위는 항상 국민보건에 위해를 발생케 할 우려가 있으므로 전체국민의 보건을 책임지고 있는 국가로서는 이러한 위험발생을 미리 막기 위하여 이를 법적으로 규제할 수밖에 없는 것이다. … 요컨대, 이 사건 법률조항이 의료인이 아닌 자의 의료행위를 전면적으로 금지한 것은 매우 중대한 헌법적 법익인 국민의 생명권과 건강권을 보호하고 국민의 보건에 관한 국가의 보호의무(헌법 제36조 제3항)를 이행하기 위하여 적합한 조치로서, 위와 같은 중대한 공익이 국민의 기본권을 보다 적게 침해하는 다른 방법으로는 효율적으로 실현될 수 없으므로, 이 사건 법률조항으로 인한 기본권의 제한은 비례의 원칙에 부합하는 것으로서 헌법적으로 정당화되는 것이다." - 헌법재판소 2010. 7. 29. 선고 2008헌가19, 2008헌바108, 2009헌마269·736, 2010헌바38, 2010헌마275(병합) 결정.

의료 공공성은 다음과 같은 특징을 가진다. 첫째, 의료의 공공성은 서비스의 수혜대상이 보편적인 다수를 의미한다. 다수를 대상으로 하는 공공에 대한 의료서비스는 소수 또는 개인을 대상으로 하는 개별적 서비스와 구별되는 개념이다. 공공영역은 다수 인구를 대상으로 건강증진, 질병 예방 등을, 반면에 민간영역은 비교적 소수의 개인을 대상으로 하는 성형 등의 의료행위로 구분할 수 있다.

둘째, 의료의 공공성은 정부 또는 공공기관에서 설립한 의료기관이나 보건의료인력 및 관련 서비스를 의미한다. 이것은 공공의료기관을 주로 공적 소유로 판단하여, 정부에게서 위탁받은 공적 업무를 수행하거나 공공성이 높은 업무를 수행하는 민간의료기관을 제외할 수 있다. 그러나 기본적인 의료서비스의 이용에 영향을 미치는 인적·물적 자원은 공공성을 기본으로 하면서 정부의 의료재정이 투입되어야 한다.

셋째, 최소한의 인간적 삶과 국민의 건강을 위해서 보편적인 사회보험으로써 의료서비스는 형평성을 갖춰야 한다. 그러므로 의료 공공성은 국민의 의료비 납부 능력을 초과하지 않아야 하고, 빈부나 계층에 따른 사회적 차별이 발생하지 않도록 의료자원의 유용성을 높일 수 있어야 한다.[26]

3. 국가의 기본권 보호의무

기본권 보호의무는 헌법상 기본권적 법익을 국가가 아닌 제삼자의 위법한 위해를 예방하거나 위해로 인한 피해 발생을 방지해야 할 국가의 의무이다. 국가가 기본권을 침해하는 경우 기본권 주체가 방

---

25 김혜정, 앞의 논문, 51면.
26 여영현 · 김혜정, 앞의 논문, 55-56면.

어권을 행사할 수 있을 것인가의 논의는 개인－국가 간의 문제라 할 것이다. 그러나 현대사회에서 국가가 아닌 제삼자에 의한 기본권 침해가 발생할 때 국가－가해자－피해자라는 삼각관계를 중심으로 기본권 보호 문제를 해결해야 한다. 이때 국가는 침해자가 아닌 보호자의 지위에 있고, 국가가 아닌 가해자가 피해자의 기본권을 침해할 때도 객관적 가치질서성을 근거로 방어의 필요성이 있다. 이렇게 국가－개인, 개인－개인의 관계 속에서 위법한 위해 예방 또는 피해 발생 방지를 위해 나타나는 것이 기본권 보호의무이다.[27]

헌법 제36조 제3항을 통해서 국민은 누구나 생명과 건강 유지를 위해서 동등한 수준의 의료서비스에 접근할 권리가 보장되어야 하고, 국가도 이를 보호해야 할 의무가 있다. 그런 점에서 대도시에 거주하지 않은 경우, 의료기관을 방문할 수 없거나 방문할 필요가 없는 경우에도 다른 사람들과 동등한 의료서비스 혜택을 받기를 원하는 국민을 위해서 원격의료를 포함한 비대면 의료도 가능하도록 국가는 지원해야 한다.

Ⅳ. 디지털 헬스케어 관련 법적 쟁점

1. 의료법상 비대면 의료는 인정될 수 있는가?

(1) 의료법상 대면행위 유무의 중요성

지금까지 의사와 환자 간의 의료행위는 의사의 '전문적인 의료지

---

27 조홍석, "국가의 기본권 보호의무와 개인의 보호청구권", 「법과정책연구」 제11권 제3호, 한국법정책학회, 2011, 3면; 허완중, "기본권보호의무에서 과소보호금지원칙과 과잉금지원칙의 관계", 「공법연구」 제37집 제1-2호, 2008, 203-205면.

식'과 의사가 직접 환자를 문진하는 '대면성(對面性)'이 당연하게 인식되었다. 그러나 원격의료를 포함한 비대면 의료는 현실적으로 대면하는 것이 어려운 환자에게 컴퓨터 등의 정보통신기술을 활용해 의료서비스를 제공하는 것이므로 의사와 환자 간의 대면성을 인정하기 어렵다. 그런 점에서 모든 형태의 의료행위에 대면성을 필수적으로 인정할 것인지에 따라서 원격의료의 허용범위가 달라진다. 만약 의사와 환자 간의 대면행위가 필요한 것이라면 환자가 의사에게 의견을 묻는 원격자문 이외의 원격의료는 허용되지 않게 되고, 원격의료의 허용범위는 축소될 수밖에 없다. 그러나 실제 의료행위에서 문진이나 진찰 단계에서 종료되는 경우보다는 오히려 그 이후로 진단·처방·처치·시술 등의 절차까지 진행되는 경우가 훨씬 많다. 그런데 의료법 제17조에서 의료업에 종사하고 직접 진찰하거나 검안한 의사·치과의사·한의사가 아니면 처방전 등을 작성하여 교부하지 못하도록 규정하고 있는데,[28] 아래에서 특히 '직접' 진찰이 대면성을 의미하는 것인지에 대해서 대법원과 헌법재판소의 견해를 살펴보고자 한다.[29]

---

[28] 의료법 제17조(진단서 등) ① 의료업에 종사하고 직접 진찰하거나 검안(檢案)한 의사[이하 이 항에서는 검안서에 한하여 검시(檢屍)업무를 담당하는 국가기관에 종사하는 의사를 포함한다], 치과의사, 한의사가 아니면 진단서·검안서·증명서를 작성하여 환자(환자가 사망하거나 의식이 없는 경우에는 직계존속·비속, 배우자 또는 배우자의 직계존속을 말하며, 환자가 사망하거나 의식이 없는 경우로서 환자의 직계존속·비속, 배우자 및 배우자의 직계존속이 모두 없는 경우에는 형제자매를 말한다) 또는 「형사소송법」 제222조 제1항에 따라 검시(檢屍)를 하는 지방검찰청검사(검안서에 한한다)에게 교부하지 못한다. 다만, 진료 중이던 환자가 최종 진료 시부터 48시간 이내에 사망한 경우에는 다시 진료하지 아니하더라도 진단서나 증명서를 내줄 수 있으며, 환자 또는 사망자를 직접 진찰하거나 검안한 의사·치과의사 또는 한의사가 부득이한 사유로 진단서·검안서 또는 증명서를 내줄 수 없으면 같은 의료기관에 종사하는 다른 의사·치과의사 또는 한의사가 환자의 진료기록부 등에 따라 내줄 수 있다.

(2) 헌법재판소 결정

헌법재판소는 의료법 제89조 등의 위헌소원에서, 의료법 제17조 제1항에서 의사·치과의사·한의사가 처방전을 발행하기 위해서는 '직접' 진찰하도록 규정하고 있는데, '직접'의 사전적 의미, 해당 조항의 입법연혁, 의료법 관련 규정들을 종합적으로 판단하면, 동 조항에서의 '직접 진찰한'의 의미는 의료인이 '대면하여 진료를 한'으로 해석할 수밖에 없다고 판단하였다. 그리고 의료인이 환자나 보호자의 요청에 따라 진료하는 등 예외적인 경우가 아닌 한 그 의료기관 내에서 의료업을 하여야 한다는 제33조 제1항, 일정한 시설과 장비를 갖춘 경우에 컴퓨터·화상 등 정보통신기술을 활용하여 먼 곳에 있는 다른 의료인에만 의료지식이나 기술을 지원하는 원격의료를 할 수 있도록 하는 제34조 제1항 그리고 원격의료를 하는 자도 환자를 직접 대면하여 진료하는 경우와 같은 책임을 진다고 규정한 제34조 제3항은, 직접 대면 진료를 원격의료의 상대개념으로 하고 있다는 점에서, 제17조에서의 '직접 진찰한'은 의료인이 의료기관 내에서 '대면하여 진료를 한'의 의미로 해석해야 한다고 하였다.

또한 의료법 제17조 제2항은 "의료업에 종사하고 직접 조산한 의사·한의사 또는 조산사가 아니면 출생·사망 또는 사산증명서를 내주지 못한다."고 규정하고 있는데, 조산은 '대면' 조산 이외의 방법이 찾기 어려움에도 굳이 '직접 조산한'으로 규정한 것과 비교해보면, 비록 진찰은 대면 진료 이외의 방법이 있을 수 있다 하더라도 해당조항의 '직접 진찰한'은 '대면하여 진료한'으로 해석해야 한다고 하였다.

게다가 의료인의 사명, 신의성실의 원칙 등을 규정하고 있는 의

---

29 강의성·최종권, 앞의 논문, 133-134면.

스마트 치료의 공법학

료법의 취지와 현재의 의료수준을 고려할 때, 의료인이 환자를 대면하지 아니하고 전화 통화로 문진 등 일부 방법만으로 병상 및 병명을 규명·판단하는 것은 진료 의무를 성실히 이행한 것이라고 보기에 부족하고, 또 현재의 일반적인 의료수준이 대면 진료를 하지 않고도 이와 동일한 정도의 진료를 할 수 있는 수준에 달하였다고 보기도 어려우므로, 해당조항 중 '직접 진찰한'은 '대면하여 진료한' 이외에 달리 해석될 여지가 없다고 하였다.[30]

마지막으로 이 조항은 의료인을 수범자로 한정하고 있는데, 통상적인 법 감정과 직업의식을 지닌 의료인이라면 이 조항이 규율하는 내용이 '대면 진료'를 한 경우가 아니면 진단서 등을 작성하여 교부할 수 없고 이를 위반하면 형사처벌을 받게 된다는 것임을 인식하고 이를 의료행위의 기준으로 삼을 수 있으며, 이 조항의 내용은 이를 위반한 행위에 대한 형사소송에서 법관의 통상적인 해석·적용에 의하여 보완될 수 있으므로, 법 집행 당국의 자의적인 집행의 가능성 또한 예상되지 않는다고 하였다.[31·32]

---

[30] 이한주, 앞의 논문, 271-273면.

[31] 헌법재판소 2012. 3. 29. 선고 2010헌바83 결정.

[32] 한편 해당 결정에서 재판관 김종대, 목영준, 송두환, 이정미의 반대의견은 다음과 같다. - "구 의료법 제17조 제1항 본문은 직접 진찰한 의사(이하 "치과의사, 한의사"를 포함한다)가 아니면 진단서나 처방전 등을 작성하여 교부하는 행위(이하 "진단서 등의 발급"이라 한다)를 할 수 없다고 규정하고 있는바, 그 규정 중 "직접 진찰한"이라는 이 사건 법률조항의 의미가 진단서 등의 "발급 주체"만을 한정한 것인지, 아니면 "진찰행위의 방식"까지 한정한 것인지가 명확하지 않다. … 한편 법정의견과 같이, 이 사건 법률조항이 진찰 방식을 "대면 진찰"만으로 제한한다고 해석하는 경우에도, 이 사건 법률조항이 "대면 진찰" 이외의 모든 진찰을 전면적으로 금지하는 것인지, 아니면 "대면 진찰에 준하는 정도의 진찰"은 허용되는 것인지 여부가 여전히 불명확하다. … 그렇다면 이 사건 법률조항은 진단서 등의 발급을 위한 진찰 행위와 관련하여 어떠한 진찰 행위가 금지되고 처벌되는지를 명확하게 규정하지 않음으로써 죄형법정주의의 명확성원칙에 반하여 헌법에 위반된다고 할 것이다."

(3) 대법원 판결

헌법재판소와 달리 대법원은 의료법 제17조 제1항에서 '직접 진찰한 의사'의 의미를 문언 해석만으로 바로 전화 등으로 진찰한 의사가 포함되는지 여부를 판단하기는 어렵기 때문에 이 규정의 입법 취지와 목적 등을 고려하여 법률 체계적 연관성에 따라 의미를 파악할 필요가 있다고 하였다.

그런 판단의 근거로, 첫째, 의료법 제17조 단서 "환자를 직접 진찰한 의사 · 치과의사 또는 한의사가 부득이한 사유로 진단서 · 검안서 또는 증명서를 내줄 수 없으면 같은 의료기관에 종사하는 다른 의사 · 치과의사 또는 한의사가 환자의 진료기록부 등에 따라 내줄 수 있다."의 반대해석을 통하여 '직접' 진찰의 의미는 '자신이' 진찰한 것으로 이해할 수 있다고 하였다.

둘째, 동조 제2항 "의료업에 종사하고 '직접' 조산한 의사 · 한의사 또는 조산사가 아니면 출생 · 사망 또는 사산 증명서를 내주지 못한다.", 제3항 "의사 · 치과의사 또는 한의사는 '자신이' 진찰하거나 검안한 자에 대한 진단서 · 검안서 또는 증명서 교부를 요구받은 때에는 정당한 사유 없이 거부하지 못한다.", 제4항 "의사 · 한의사 또는 조산사는 '자신이' 조산(助産)한 것에 대한 출생 · 사망 또는 사산 증명서 교부를 요구받은 때에는 정당한 사유 없이 거부하지 못한다."와 같이 동조 다른 항들은 '직접'의 의미를 '자신이'와 같은 의미로 사용하고 있는데, 2007년 개정 전 조항에서 '자신이 진찰한 의사'만이 처방전 등을 발급할 수 있다고 한 것은, 처방전 등의 발급 주체를 제한한 규정이지 진찰방식의 한계나 범위를 규정한 것은 아니라 할 것이므로 '대면진찰'로 한정하는 것은 아니라고 하였다.

셋째, 의료법 제17조에서 '직접 진찰'이라는 용어를 사용한 것과 달리 제34조 제3항에서 '직접 대면하여 진료'라고 하여 의료법 내에서도 '직접 진찰'과 '직접 대면진찰'을 구별하여 사용하고 있다고 하였다.

넷째, 의료법 제34조에서 원격의료를 별도로 규정하고 있으므로, 해당 행위가 원격의료로 인정되는지는 해당 조문을 통해서 판단하는 것이 바람직하다고 하였다.

다섯째, 의료법의 목적이나 국민의 편의 도모, 세계 각국에서 원격의료제도가 시행·발전되고 있는 점 등을 고려하여, '전화진찰'을 했다는 것만으로는 '직접 진찰'이 아니라고 할 수 없다고 하였다.[33]

(4) 소결

의료법 제17조의 '직접 진찰'에 대해서 헌법재판소와 대법원은 서로 다른 의견을 드러냈다. 헌법재판소는 의사와 환자의 관계에서 의사의 전문성, 환자의 안전 등을 고려하여 의료행위의 대면성을 강조하였다. 한편 대법원은 의사의 진찰 범위를 폭넓게 인정하여 의료행위를 하는데 대면성이 필수요소는 아니라고 하였다. 그렇다고 해서 헌법재판소와 대법원의 결정이 상반되는 것은 아니고, 다만 의료인의 의료행위 과정에서 어떤 부분을 강조할 것인지에 따라서 진찰의 범위를 좁게 또는 넓게 해석하는 것으로 이해된다.

물론 의사와 환자 간의 진찰 과정에서 대면 행위는 중요하다. 따라서 의료인이 의료행위를 하는 데 대면 행위가 원칙적으로 필요하다. 그러나 반대로 대면 행위가 없으면 의료행위로 인정할 수 없다고 단정하기는 어렵다. 만약 의사와 환자의 대면 행위가 없더라도 위험

---

[33] 대법원 2013. 4. 11. 선고 2010도1388 판결.

이 발생할 가능성이 전혀 없거나 현저히 낮은 경우, 대면 행위를 할 수 없는 상황에서 의료인이 환자의 동의를 얻은 경우 등에서 행한 비대면 의료를 허용해서는 아니 된다고 주장하는 것이 타당한 것인지 의문이다. 다시 말해 대면 행위가 의사의 의료행위에 있어서 중요하고 필요한 요소라는 것은 분명하지만, 의사와 환자의 대면 행위가 없다고 해서 의료인의 의료행위로 인정받지 못하거나, 해당 의료인을 의료법 위반으로 처벌하는 것이 바른 판단으로 받아들이기 어렵다. 그런 의미에서 의료인의 대면행위가 필수요소로 인정되어야 한다고 주장하는 것은 타당하지 않다.[34]

2. 의사와 환자 간의 원격의료는 인정될 수 있는가?

의사와 환자의 대면행위가 의료행위에 있어서 필요한 것은 아니라고 앞에서 기술했는데, 이것이 바로 의사와 환자 간의 원격의료가 가능하다는 의미는 아니다. 의료법에서 의료행위는 의료인만 할 수 있도록 규정하고 있는데, 아래에서는 현지의사가 없는 상태에서 원격지의사가 환자에게 원격의료를 시행할 수 있는지 여부에 대해서 원격의료의 내용 중에서, 원격자문은 현재도 가능하다는 점에서, 원격처치와 원격수술은 현실적으로 불가능하다는 점에서 나머지 원격모니터링, 원격진찰과 진단, 원격처방에 대해서 검토해 보겠다.

환자가 본인 정보를 의사에게 전달하고, 의사가 단순히 해당 환자의 상태를 확인하는 원격모니터링은 현행 의료법을 통해서도 가능하다고 생각한다. 지난 2014년에 시행되었던 의사와 환자 간의 원격의료 시범사업도 환자의 상태만 측정하는 원격모니터링 사업을 시행

---

34 이한주, 앞의 논문, 274-275면.

하였는데,[35] 이는 의사의 진찰과 진단 없이 단순하게 환자의 상태만을 확인하는 상담은 어떤 위험성도 포함하지 않을 것이므로 논란을 최소화하기 위한 결정으로 판단된다. 그러나 실제 의료행위에서 상담, 진찰, 진단으로의 과정이 명확하게 구분될 수 있는 것이 아니므로 문제가 될 수 있다.[36] 그리고 의사가 만성질환자에 대한 지속적인 모니터링을 통해서 획득한 정보가 아니거나, 신규 환자일 때 원격모니터링을 인정하지 않는 것이 바람직하다.

원격진찰과 진단은 정보통신기술을 이용하여 원격지 의사와 환자 간에 정보전달을 통해서 환자의 상태를 확인하고 질환을 판단하는 것이므로, 이는 의사 또는 의료기관 간의 단순한 정보교환을 넘어서는 것이다. 따라서 의사와 환자 간에 대면 행위를 필수요건으로 하게 되면 원격지 의사의 원격진찰 및 진단은 허용될 수 없으나, 앞에서 밝힌 바와 같이 대면 행위가 의사와 환자 간의 의료행위에 있어서 필요한 요소가 아니라면 불가피한 경우에 인정될 가능성이 있다.[37]

원격처방은 의사가 원격의료를 통하여 환자에 대한 질환을 판단하고, 이에 따른 약물투여를 위한 처방까지 시행하는 것으로, (간호사, 조산사의 존재 여부와 상관없이) 현지의사가 없는 경우에 직접 처방전을 발급하는 것이다. 앞에서 기술한 바와 같이, 의료법 제17조는 직접 진찰한 의사 등에게만 처방전 발행할 수 있는 것으로 규정하고 있으나, '직접 진찰'이 반드시 대면진찰을 의미하는 것은 아니라 할 것이므로, 원격처방이 가능한 경우가 있는 것으로 해석하는 것이 타

---

35 보건복지부 보도자료, 2014.09.17. "의사-환자간 원격의료 시범사업 9월말부터 시작" 참고.

36 강의성·최종권, 앞의 논문, 154-155면.

37 이한주, 앞의 논문, 275-276면.

당하다. 그리고 의료법 제18조[38]에서 의사가 환자에게 교부하도록 규정하고 있으므로, 만약 환자가 아닌 제3자가 처방전을 수령하는 경우에는 문제가 될 수도 있는데,[39] 코로나19 상황과 같이 환자가 격리되어 있는 경우에는 가족 등에 예외를 인정하는 것이 바람직하다.

3. 디지털 헬스케어 산업이 발전하면 의료정보 유출의 피해가 커질까?

디지털 헬스케어 산업의 발전에 부정적인 견해 중에는, 원격의료를 포함한 비대면 의료를 시행하는 과정에서 정보통신기술을 이용하게 되고, 이 과정에서 환자의 의료정보가 본인의 의사와 상관없이 유출되어 피해를 볼 수 있다는 것을 지적한다. 게다가 빅데이터를 이용한 의료기술의 발달도 결국 다양한 의료정보가 집적되어야 가능하게 되는데, 이러한 정보의 집적을 통해서 여러 이해관계자가 이러한 정보에 대한 접근이 가능하게 되고, 이 과정에서 정보 유출 가능성이 커지며, 이에 따른 피해도 커지게 된다는 것이다.

「개인정보 보호법」 제23조에 의해 의료정보는 '민감정보'에 해당하고,[40] 그런 점에서 다른 일반 개인정보보다 높은 수준의 보호를 받

---

38 의료법 제18조(처방전 작성과 교부) ① 의사나 치과의사는 환자에게 의약품을 투여할 필요가 있다고 인정하면 「약사법」에 따라 자신이 직접 의약품을 조제할 수 있는 경우가 아니면 보건복지부령으로 정하는 바에 따라 처방전을 작성하여 환자에게 내주거나 발송(전자처방전만 해당된다)하여야 한다.

39 강의성 · 최종권, 앞의 논문, 155-156면.

40 개인정보 보호법 제23조(민감정보의 처리 제한) ① 개인정보처리자는 사상 · 신념, 노동조합 · 정당의 가입 · 탈퇴, 정치적 견해, 건강, 성생활 등에 관한 정보, 그 밖에 정보주체의 사생활을 현저히 침해할 우려가 있는 개인정보로서 대통령령으로 정하는 정보(이하 "민감정보"라 한다)를 처리하여서는 아니 된다. 다만, 다음 각 호의 어느 하나에 해당하는 경우에는 그러하지 아니하다.
1. 정보주체에게 제15조 제2항 각 호 또는 제17조 제2항 각 호의 사항을 알리고 다른

는다. 그리고 「의료법」 제21조에서 원칙적으로 환자만이 본인에 대한 기록 열람 등이 가능하도록 규정하고 있어서,[41] 환자는 본인의 정보에 접근하고 확인할 수 있는 권한을 부여하고, 다른 제3자에게 환자의 정보가 유출되지 않도록 의료인 등에게 의무를 부과하고 있다. 그러나 의료정보에 대한 보호 또는 이용 등에 대한 구체적인 내용을 규정하지 않았고, 정보통신기술을 이용하여 제3자에 대한 대리처방 등도 인정되지 않는 등 현행법상 규제의 측면이 강하게 나타나고, 다른 한편으로는 최근 다양한 디지털기술을 이용한 헬스케어 산업에서 의료정보의 유출 가능성에 대한 의구심이 존재한다는 점에서 원격의료를 활성화하기 어려운 측면이 있다.

물론 의료정보가 타인에게 유출되면 침해의 위험성이 다른 일반 개인정보 보다 크다는 점에서 의료정보에 대한 보호는 훨씬 강조되어야 한다. 그러나 외국과 비교해서 우리나라는 의료정보를 이용과 다양한 기술개발에 대한 규제 장벽이 높은 측면이 있는데, 이런 것들을 반드시 긍정적으로 평가하기는 어렵다. 이러한 규제로 의료산업에 대한 국가경쟁력은 하락할 것이고, 반대로 외국기업들에 의한 의

개인정보의 처리에 대한 동의와 별도로 동의를 받은 경우
2. 법령에서 민감정보의 처리를 요구하거나 허용하는 경우
② 개인정보처리자가 제1항 각 호에 따라 민감정보를 처리하는 경우에는 그 민감정보가 분실·도난·유출·위조·변조 또는 훼손되지 아니하도록 제29조에 따른 안전성 확보에 필요한 조치를 하여야 한다.

[41] 의료법 제21조(기록 열람 등) ① 환자는 의료인, 의료기관의 장 및 의료기관 종사자에게 본인에 관한 기록(추가기재·수정된 경우 추가기재·수정된 기록 및 추가기재·수정 전의 원본을 모두 포함한다. 이하 같다)의 전부 또는 일부에 대하여 열람 또는 그 사본의 발급 등 내용의 확인을 요청할 수 있다. 이 경우 의료인, 의료기관의 장 및 의료기관 종사자는 정당한 사유가 없으면 이를 거부하여서는 아니 된다.
② 의료인, 의료기관의 장 및 의료기관 종사자는 환자가 아닌 다른 사람에게 환자에 관한 기록을 열람하게 하거나 그 사본을 내주는 등 내용을 확인할 수 있게 하여서는 아니 된다.

료산업이 심각한 침해를 받을 수밖에 없다.

의료정보를 이용한 다양한 학문연구의 발전이나 새로운 기술개발의 가능성 측면에서, 결국 의료정보의 활용도 함께 고민해야 한다. 오늘날 방대한 의료 빅데이터를 이용하여 다양한 기술개발이 가능하게 되는 이른바 4차 산업혁명을 통해서 기존의 의료 시스템을 혁신적으로 바꿀 수 있을 것으로 기대하고 있다. 게다가 의료법 제23조는 전자의무기록을 의료기관 내 독립된 서버에 저장하고 외부 시스템에 연동될 수 없도록 되어 있었으나, 2016년 의료법 개정으로 법 제23조의2 및 시행규칙 제16조 등을 통해서 의료정보의 클라우드 저장 등의 방법이 허용되었다.[42] 그리고 최근 많은 논의가 진행되고 있는 블록체인 기술을 의료기관 간의 정보공유를 위해서 활용할 수도 있을 것이다. 기존의 의료정보시스템은 중앙서버를 중심으로 외부의 접근을 차단함으로써 거래 정보를 보호·관리하는 것인데, 블록체인 기술을 이용할 경우에는 의료기관 간에 공유될 수 있는 의료정보를 쉽게 열람할 수 있도록 공개한 상태에서 의료기관이나 제3자에 의한 위·변조나 불법적인 유출이 어렵게 만들 것으로 기대할 수 있다.[43]

보호를 위한 규제는 있어야 하지만, 규제 자체가 국가정책의 해결책이 될 수 있는 것은 아니므로, 필요하다면 허용도 고려해야 한다.[44] 물론 허용을 위해서는, 정부가 허용을 통해서 궁극적으로 달성하려는 목적에 대한 진지한 고민과, 그 과정에서 발생할 수 있는 다

---

[42] 2017년 클라우드 기반의 병원정보시스템(HIS) 구축을 위한 대형 국책과제가 추진되어 현재 진행 중이다. - 전자신문 2018.07.25 "국내 최초 상급종합병원 클라우드 사업 개시. 정밀의료 구현 속도"(http://www.etnews.com/20180725000332).

[43] 두산백과(https://terms.naver.com/entry.nhn?docId=5138095&cid=40942& categoryId=32848) 참고.

[44] 조혜신, 원격의료확대의 의의 및 조건에 대한 법정책적 연구: 헬스케어 산업 발전의 관점에서, IT와 법연구 제15집, 2017, 260-262면.

스마트 치료의 공법학

양한 문제들을 해결하기 위해 지속적인 노력과 법제 정비 등이 이루어져야 한다.[45]

V. 결론 - 디지털 헬스케어 정책 시행의 방향

1. 정부의 명확한 비전 제시

정부는 공공의료 강화를 위해서 국민에게 디지털 헬스케어 산업 발전의 필요성에 대한 명확한 비전을 제시하고 일관된 정책을 시행해야 한다. 물론 정부는 공공의료를 포함한 보건의료, 건강보험, 보건 산업 등 여러 분야에서 정책을 수립·시행하고 있는데, 이런 정책들을 실현하기 위해 디지털 헬스케어에 대한 체계적·구체적 검토가 필요하다. 물론 의료의 사각지대를 해소하고 지역주민들에게 원격의료를 포함한 비대면의료를 제공하는 것은 바람직하다. 그러나 원격의료, 공공의과대학 설립 등과 관련해서 의료계와의 충돌에서 알 수 있듯이 의료의 공공성 강화라는 큰 목표에도 불구하고 이해관계에 따라서 올바른 정책을 시행하지 못하게 되거나 국민이 서로 충돌하거나 갈등 상황에 놓일 수도 있다.

따라서 정부는 제도의 시행에 앞서서, 이런 문제들이 발생하지 않도록 국민이 신뢰할 수 있는 일관된 정책 비전을 명확히 제시해야 하고, 해당 정책을 시행한 이후에도 계속 확인하면서 발생하는 문제들을 해결하면서 시행착오를 줄이도록 해야 한다.

---

45 이한주, 앞의 논문, 277-278면.

2. 실질적인 제도 시행을 위한 방향성

실질적인 디지털 헬스케어 산업의 발전을 위해서 여러 방법을 고려할 수 있고, 그중에서 어떤 방법을 선택할 것인지는 헌법상 기본권인 보건권과 의료 공공성의 내용을 벗어나지 않는다면 입법자의 재량행위이다. 비록 입법자에게 폭넓은 재량의 여지가 있다 하더라도 다음의 사항들을 고려한다면 원만한 제도 시행·유지가 가능할 것으로 판단된다.[46]

첫째, 디지털 헬스케어의 발전은 의료의 공공성의 관점에서 본 것처럼 개인이나 특정한 단체가 아닌 모든 국민을 위해서 필요한 것이므로 국민의 입장과 편의를 가장 먼저 고려해야 한다. 원칙적으로 의료 관련 제도의 도입은 국민의 생명, 건강, 안전 등과 직접 관련이 있으므로 보수적으로 접근하는 것이 바람직하다. 그러나 우리나라 의료의 공공성은 다른 국가들과 비교해서 대단히 부족하고, 의료의 사각지대와 보편적인 의료서비스 제공이라는 측면에서 적극적으로 추진해야 한다. 코로나19 상황을 지켜보면 전통적인 의사－환자의 대면 진료가 불가능하거나 큰 의미가 없는 경우에 신속하게 대응할 수 있게 하려면 원격의료를 포함한 비대면 의료가 시행될 수 있도록 하는 것이 필요하고, 그러기 위해서는 재원의 마련이나 국가의 적극적 지원이 필요하다.

둘째, 정부가 디지털 헬스케어 발전을 위한 정책 시행이나 구체적인 계획 실행에서 공정성·객관성·명확성을 가져야 한다. 예를 들어 한정된 재원 속에서 비대면 의료를 지원하는 경우 특정한 지역이나 집단에게만 이익을 주거나 손해가 발생해서는 안 된다. 정부의 비

---

46 이한주, 앞의 논문, 279-281면.

스마트 치료의 공법학

대면 의료 지원의 결정은 국민 누구에게나 공정하고 객관적이며 명확해야 국민은 정부를 신뢰하고 지지하며 의료의 공공성 강화를 기대할 수 있게 된다.

셋째, 정부와 지방자치단체 간 또는 정부와 의료단체 간에 협치가 필요하다. 의료의 공공성을 강화하기 위한 법 제도적 강화방안을 마련할 때 생명과 건강을 우선해야 한다는 점에서 엄격한 운영이 필요하지만, 긴급한 경우 등 예외적인 상황에서 탄력적인 운영과 정부의 계획과 정책이 지방자치단체 또는 의료인들이 신속하고 효율적으로 집행되도록 해야 한다. 그러기 위해서는 정부에 대한 지방자치단체·의료단체의 신뢰와 지방자치단체·의료단체에 대한 정부의 적극적인 지원이 필요하다.

참고문헌

강의성 · 최종권, "현행법상 원격의료의 허용범위에 관한 법적 고찰", 「중앙
　　법학」 제17권 제4호, 중앙법학회, 2015, 133-134면.
김기봉 · 한군희, "4차 산업혁명시대의 디지털 헬스케어 산업에 대한 연구",
　　「융합정보논문지」 제10권 제3호, 중소기업융합학회, 2020, 7-15면.
김승환 · 정득영, "ICT 융합 기반의 비대면 헬스케어 기술 동향", 「정보와 통
　　신」 제37권 제9호, 한국통신학회, 2020, 77-84면.
김지연, "비대면 시대, 비대면 의료 국내외 현황과 발전방향", 「KISTEP Issue
　　Paper」 2020-10, 2020.
나주영 · 박종태, "법원 판결과 연명의료결정법으로 본 환자의 자기결정권
　　과 죽음에 대한 고찰", 「대한법의학회지」 제46권 제1호, 대한법의
　　학회, 2022, 1-10면.
도규엽, "4차산업혁명 시대에 있어서 팬데믹과 의료규제의 관계", 「4차산업
　　혁명 법과 정책」 제2권, 4차산업혁명융합법학회, 2020, 35-64면.
백경희, "포스트 코로나 시대의 원격의료에 관한 법제의 개정 방향에 관한
　　고찰", 「법제」 제691권, 법제처, 2020, 153-184면.
엄주희 · 김소윤, "인공지능 의료와 법제", 「한국의료법학회지」 제28권 제2
　　호, 한국의료법학회, 2020, 53-77면.
이상규, "COVID-19 이후, 의료시스템의 진화와 경계의 소멸", 「Future
　　Horizon」 제48호, 과학기술정책연구원, 2020, 10-15면.
이한주, "원격의료제도 현실화 문제와 개선방안", 「한국의료법학회지」 제
　　26권 제2호, 한국의료법학회, 2018, 25-50면.
정일영 · 이예원, "팬데믹에 대응하기 위한 디지털 헬스케어 혁신", 「Future
　　Horizon」 제46호, 과학기술정책연구원, 2020, 56-61면.

Hind Bitar · Sarah Alismail, "The role of eHealth, telehealth, and tele-
　　medicine for chronic disease patients during COVID-19 pan-

스마트 치료의 공법학

demic: A rapid systematic review", Digital Health Vol.7, 2021, pp. 1~19.

PART 03

의료 인공지능과 디지털 헬스케어에 관한 비교법적 검토

01_ 스마트 치료에 관한 프랑스의 입법 동향
02_ 디지털 헬스케어에 관한 비교법적 검토

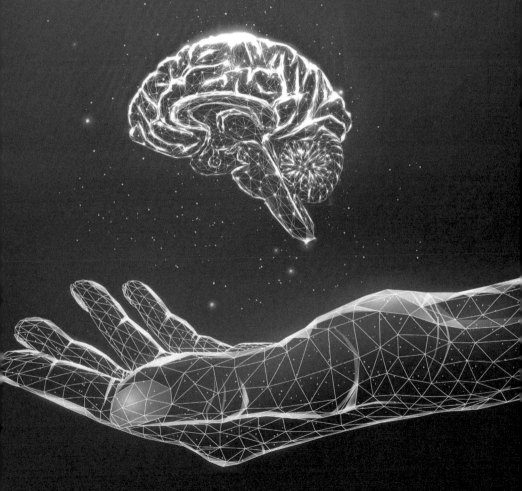

스마트(Smart) 치료에 관한 프랑스의 입법 동향

목 차

I. 서론

II. 의료데이터 플랫폼과 디지털
　　건강카드 관련 법률

III. 인공지능(IA) 사용 의료 전문가
　　관련 법률

IV. 최근 논의: 인공지능에 의한
　　인간의사 대체가능성

V. 결론

국문초록

　　의학 분야에서 스마트 치료의 활발한 적용은 대부분 국가에서 2020년 초부터 시작되었다고 할 수 있는데, 왜냐하면 2019년 말부터 시작된 코로나19 바이러스로 인해 감염자와 감염 의심자가 짧은 시간 내에 대폭 증가하여 이로 인해 코로나19 감염 환자를 선별하는 인공지능 기반 의료 기기와 같은 새로운 스마트 치료 지원기술이 필요했기 때문이었다.

　　프랑스도 위와 같은 이유로 이전보다 스마트 치료에 더 관심을 두기 시작하였고, 더 나아가 스마트 치료 적용 및 의료데이터 사용을 위한 법률을 최근에 제정하였는데, 크게 2가지로 정리해 볼 수 있다. 첫째, 의료데이터 플랫폼 및 디지털 건강 카드(DMP, Dossier Médical Partagé) 분야로 「의료 시스템 조직 및 전환에 관한 2019년 7월 24일 법률」을 2019년 7월 24일에 공포하였다. 법률의 핵심 내용은 의료데이터 플랫폼(PDS) 또는 의료데이터 허브(HDH)의 구축과 디지털 의료공간의 제공이다.

둘째, 앞서 언급한 「의료시스템 조직 및 전환에 관한 2019년 7월 24일 법률」 이외에 인공지능(IA, Intelligence artificielle)을 사용하는 의료전문가에 대한 정보 의무를 규정하였다. 법률의 핵심 내용은 대량 데이터에서 학습이 수행되는 알고리즘 데이터 처리를 포함하는 의료 기기(예방, 진단, 관리 등을 위해)를 사용하기로 한 의료전문가는 환자와 이해관계자에게 관련 정보를 제공했는지 확인해야 하고, 필요한 경우 인공지능 해석의 결과를 알려주어야 한다는 것이다. 프랑스는 이외에 인공지능에 의한 인간 의사 대체 가능성에도 관해서도 현재 논의하고 있으나 찬반 입장이 맞서고 있다.

한편, 스마트 치료에 관한 프랑스의 최근 법률제정 내용과 현재 논의되고 있는 내용에 비추어보면 아직까지 프랑스는 스마트 치료에 있어서 인공지능보다 인간 의사들에게 더 많은 권한과 자유를 부여하고 있으며, 환자 치료에 관한 최종 결정은 항상 인간 의사에게 달려 있다는 입장 측에 서 있다.

I. 서론

의학 분야에서 스마트(Smart) 치료의 적용은 의료데이터를 연구하고 건강결과와 환자의 경험을 개선하기 위해 기계학습 모델을 기반으로 한다. 최근 컴퓨터 및 정보 과학의 발전 덕분에 스마트 치료는 빠르게 현대의료의 필수적인 부분이 되고 있다. 예를 들어 인공지능 알고리즘 및 인공지능 기반 애플리케이션은 임상 환경 및 진행 중인 연구에서 의료 전문가를 지원하는 데 사용된다.

의학 분야에서 스마트 치료의 활발한 테스트는 2020년 초부터 이루어졌다고 할 수 있는데, 왜냐하면 코로나19 대유행으로 의료시스템 분야에서 다수의 예상치 못한 문제가 발생했기 때문이다. 좀 더 자세히 말하면 전 세계의 많은 의료기관이 코로나19 감염자 및 감염 의심자가 짧은 시간 내에 대폭 증가하자 환자를 모니터링하는 알고리즘 및 코로나19 환자를 선별하는 인공지능 기반 도구와 같은 새로운 스마트 치료 지원기술에 관심을 두기 시작한 것이다.

현재 의료분야에서 스마트 치료의 가장 일반적인 역할은 임상 의사 결정을 지원하거나 이미지를 분석하는 것이다. 임상 결정 지원 도구는 의료서비스 제공자가 환자와 관련된 정보 또는 연구에 빠르게 액세스할 수 있도록 하여 치료, 약물, 정신 건강 및 기타 환자의 필요에 대한 결정을 내리는 데 도움을 준다. 의료영상 분야에서 스마트 도구는 CT 스캔, X선, MRI 및 기타 이미지를 분석하여 인간 방사선 전문의가 지나칠 수 있는 병변이나 기타 특징을 감지하는 데 사용된다.

한편, 스마트 치료 및 의료데이터에 대한 프랑스의 입법은 크게 2가지로 정리해 볼 수 있다. 첫째 의료데이터 플랫폼 및 디지털 건강카드(DMP, Dossier Médical Partagé)[1] 측면으로 이에 대하여 우선 2019년

---

1 디지털 건강카드(DMP)의 목적은 "모든 사람을 위한 치료의 질과 안전을 향상시킨다."라고 연대보건복지부는 발표하였다. 따라서 DMP는 약물상호작용, 알레르기 또는 치료의 비호환성 위험을 피하는 것이 목표이며, 이 카드를 사용함으로써 중복된 검사 및 처방을 피할 수 있다. DMP는 환자가 상담한 의료전문가에 의해 의료정보들이 기록된다(의료 요약, 입원보고서, 분석 또는 검사결과, 다양한 분석표). 또한, DMP는 지난 24개월 동안 수행된 치료 및 처치기록부터 건강보험(Assurance-maladie)에 의해 자동으로 입력된다. 그리고 환자는 전용 DMP 앱 또는 dmp.fr 사이트에서 자신의 건강에 대한 의학적 후속 조치를 위해 자신의 관한 유용한 정보(예: 혈액군, 알레르기 등)를 몇 번의 클릭으로 추가할 수 있다. 한편, DMP는 환자의 동의가 있어야만 만들 수 있다. 또한, 환자는 자신의 건강 데이터에 액세스 할 권리가 있는 의료전문가를 선택하기 때문에 자신의 건강에 대한 데이터 통제가 가능해진다. 구체적으로, 환자는 자신에 대한 완전한 의학적 후속 조치를 보장해야만 하는 주치의를 제외하고, 모든 순간에 있어 의료전문가에 의해 DMP에 자신의 의료치료기록이 입력되는 것을 반대할 수 있으며, 자신의 의료정보에 보안을 설정해 놓을 수 있다. 이와 더불어 의료 및 치료 데이터 보호 측면에서 DMP와의 연결은 매우 안전하다. 왜냐하면,

3월 21일, 프랑스 '과학 및 기술선택 의회 평가국(OPECST, Office parlementaire d'évaluation des choix scientifiques et technologiques)'은 「의료시스템 조직 및 전환에 관한 법률안」의 일부로 '인공지능 및 의료데이터(Intelligence artificielle et des données de santé)'라는 주제에 대한 토론회 보고서를 발표하였다.

구체적으로 과학 및 기술선택 의회 평가국(OPECST)에서의 토론에서는 「의료시스템 조직 및 전환에 관한 법률안」의 보건 구성요소의 2가지, 즉 국립보건데이터연구소(INDS, Institut National des Données de Santé)[2]를 대체하는 '의료데이터 플랫폼(PDS, Plateforme de Données de Santé)' 또는 '의료데이터 허브(Health Data Hub)' 생성과 법률안 제11조와 제12조에 명시된 바와 같이 디지털 건강카드를 계승하는 환자를 위한 디지털 의료공간(ENS, Espace Numérique de Santé)에 초점을 맞추었다.[3]

이후 3월 26일, 하원 의회에서는 동년 6월에 상원의회에서 논의될 「의료시스템 조직 및 전환에 관한 법률안(Projet de loi relatif à l'organisation et à la transformation du système de santé)」[4]을 1차로 의결하였고, 동년 6월 6일 상원 의회는 「의료시스템 조직 및 전환에 관

의료전문가는 CPS 1 카드를 가지고 있어야 엑세스가 가능하기 때문이다. 환자는 SMS로 일회용 코드를 수신하여 의료전문가가 엑세스할 수 있도록 하고 있다. DMP는 연대보건복지부에 의해 승인된 건강 데이터 호스트에 의해 유지되며, DMP 저장된 데이터는 각 피보험자 키(Key)별로 암호화되어 저장되어 있다. 이러한 데이터는 상업적, 학문 또는 기타 목적으로 유포되거나 이용될 수 없다.

2 프랑스 국립보건데이터연구소, https://documentation-snds. health-dta-hub.fr/snds/glossaire/inds.html (최종방문일 2023. 4. 24.).

3 https://www.uggc.com/intelligence-artificielle-et-donnees-de-sante-lambition-francaise/.

4 프랑스 하원의회 사이트, https://www.assemblee-nationale.fr/dyn/15/textes/l15b1681_projet-loi (최종방문일 2023. 4. 24.).

스마트 치료의 공법학

한 법률안」의 디지털 구성요소에 관한 제3편(제11조 및 제12조)을 채택하였으며, 동년 11월, 「의료시스템 조직 및 전환에 관한 2019년 7월 24일 법률(Loi du 24 juillet 2019 relative à l'organisation et à la transformation du système de santé)」을 제정하였다.

둘째, 의사가 환자의 진단, 치료 및 예방을 위해 인공지능을 사용하는 맥락에서 프랑스는 2019년 10월 15일, 「생명윤리법(Loi sur la bioéthique)」을 제정하였고, 현재는 「생명윤리에 관한 2021년 8월 2일 제2021－1017호 법률(LOI n° 2021－1017 du 2 août 2021 relative à la bioéthique)」로 개정되었다. 이 법률은 인공지능을 사용하려는 의사가 환자에게 관련정보를 제공(인간의료보장 원칙[5])하도록 요구하고 있는데, 이러한 '인간의료보장(Garantie humaine en santé)'은 법률 제11조에 규정되어 있다.

이하에서 우선 제2장에서는 스마트 치료의 기반이 되는 의료데이터 플랫폼과 디지털 건강카드 관련 법률에 관해 살펴본 다음, 제3장에서는 인공지능(IA) 사용 의료 전문가 관련 법률을 살펴보고자 한다. 이어서 제4장에서는 최근 프랑스에서 논의되고 있는 인공지능에 의한 인간의사 대체가능성에 관한 찬반양론의 주요내용을 살펴본 후, 제5장 결론에서는 프랑스의 스마트 의료에 관한 현재 입장을 중심으로 서술하고자 한다.

---

[5] 이 원칙의 창시자 시앙스포(Sciences Po) 보건위원회 위원인 다비스 그루송(David Gruson)은 근본적인 혁신에 해당하는 '인간의료보장' 원칙이란 알고리즘에 대한 어느 정도의 감독과 추적 가능성의 일반원칙을 도입하여 인공지능의 특정품질 관리를 도입하는 것이라고 설명하였다.

Ⅱ. 의료데이터 플랫폼과 디지털 건강카드(DMP) 관련 법률

프랑스 정부는 스마트 치료를 위한 의료데이터 플랫폼과 디지털 건강카드에 관한 사항을 법률에 규정하기 위해 우선 관련 내용을 과학 및 기술선택 의회평가국의 토론을 거치게 한 후 법률안을 작성하여 의회(상, 하원)의 검토 및 심의를 받은 다음 2019년 7월 24일 공포하였다.

1. 과학 및 기술선택 의회 평가국(OPECST)에서의 토론

(1) 의료데이터 보호 및 향상 과제: 의료데이터 허브의 필요성

과학 및 기술선택 의회 평가국의 토론에서는 우선 의료데이터 보호 및 향상 과제로써 의료데이터 허브의 필요성이 널리 받아들여졌으며, 이와 관련한 구체적인 토론 내용은 다음과 같다. 첫째, 프랑스 다수의 보건전문가가 인공지능을 기반으로 한 분석 도구(매우 많은 양의 환자의료데이터를 통해서만 개발될 수 있음)를 점점 더 많이 사용하고 있다고 하면서 국민의료보험 공제정보시스템(SNIIRAM, Système national d'information interrégimes de l'Assurance Maladie)의 의료 – 행정데이터(Données medico – administratives)는 프랑스 인구에 맞게 조정된 알고리즘 개발을 하는 데 있어 매우 훌륭한 데이터라고 하였다.

둘째, 환자 치료의 질과 비용은 환자가 광범위한 의료데이터 수집 및 사용을 가능케 하는 미래 플랫폼에 대해 확신을 가질 경우 상당한 이익을 얻을 수 있는데, 이러한 운영의 구현이 가능하기 위해서는 국민의료보험 공제정보시스템(SNIIRAM)의 상호 운용성을 보장할 때까지 몇 가지 취해야 할 조치가 있다. 구체적으로 SNIIRAM 데이터를 구조화하여 다른 데이터와의 작동 및 인터페이스를 할 수 있도록 하고 SS번호를 유일한 국가의료식별자(INS, Identifiant national de santé)로 일반화하는 것이다.

셋째, 기술적으로 이러한 시스템을 개발하고 운용할 수 있는 전문가(데이터 과학자, IT 전문가, 인공지능 개발자 등)를 모집해야 한다는 것이다.

넷째, 의료데이터 수집 및 사용을 가능케 하는 미래 플랫폼에 법적 지위(STATUT JURIDIQUE)를 부여해야 한다는 것이다. 다시 말해 의료데이터에 대한 공공 보호 및 통제를 보장하기 위한 공공이익회사(GIP, Groupement d'intérêt public)의 형태는 토론회 참가자의 지지를 받지 못했으며, 이들은 지배구조의 변화, 파트너쉽의 용이성, 국제적 매력에 대한 요구를 더 잘 충족시키는 단순한 주식회사(공개주식 보유) 형태를 제시하였다.

다섯째, 신뢰성이 검증되고 감독을 받아야 하는 알고리즘을 개발하기 위해 저장용량 및 컴퓨팅 성능측면에서 충분히 강화된 시스템을 설계해야 하는데, 왜냐하면 이러한 시스템을 통해 점점 더 예측 가능한 의료처방을 할 수 있기 때문이다.

(2) 스마트 의료 구축의 필요: 인공지능을 통한 지식 및 기술의 진보

현재 프랑스의 스마트 의료는 첫째, 병리를 진단하고 규명하는 데 도움이 되는 도구, 특히 이미지 및 시뮬레이션 분야에서 빠르게 발전하고 있다. 이미지 판독과 관련한 현재 스마트 도구는 수천 개의 이미지에 대한 훈련된 학습 소프트웨어로 피부과, 방사선 및 안과 분야의 진단에서 정상 또는 의심스러운 이미지를 검증하기 위해 개발되었다. 더불어 수술용 로봇 공학은 오늘날 프랑스에서 필수이며, 디지털 통신기술은 산간벽지 또는 가정 내에서 이동이 불편한 환자를 위한 원격의료 및 원격진단의 출현을 촉진하였다.

둘째, 프랑스 의료연구는 특정병리학에 초점을 맞추고 있는 점과 종종 기간이 많이 소요되고 비용의 부담이 큰 현재의 임상시험을 개선해야 할 과제를 안고 있다. 그리고 데이터베이스 또는 데이터 웨어하우스 및 보다 일반적인 플랫폼의 개발도 요구되는데, 이는 운영연구 외에도 기본의료연구를 촉진한다는 점에서 긍정적이며, 이러한 새로운 인공지능 의료 도구의 성능 및 관련성에 대한 의료전문가와 환자의 신뢰는 알고리즘이 훈련되는 데이터의 양과 품질에 따라 달라질 수 있다.

셋째, 의료데이터 허브의 주요목표는 의학적 분석 및 의학적 진단으로 국민의료보험 공제정보시스템의 의료 행정데이터를 풍부하게 하여 의료데이터 수집 프로젝트의 완료를 가속화해야 한다.

넷째, 의료데이터 체인을 구축해야 할 필요성이 있는데, 왜냐하면 의료데이터의 출처가 공공 및 개인 데이터베이스에 다양하고 이질적으로 분산되어 있기 때문이다. 이를 위해 의료데이터 체인 구축 부문은 안전한 데이터 순환, 인증, 접근성 및 호스팅 측면에서 새로운 직업과 도구를 중심으로 구성되어야 한다. 이와는 다르게 보안 및 상호 운용성 좌표계를 사용하여도 의료데이터 체인을 구축할 수 있지만, 그 효과와 수행가능성은 반드시 확인해야 한다.

다섯째, 의료데이터 저장 및 호스팅의 보안은 서비스 공급자의 확산, 다중 엑세스 요청, 특히 연결된 객체 및 서로 상충되는 규정과 새로운 의료데이터 소스의 개발로 인해 매우 복잡하게 되었다. 이에 따라 환자의 진단과 치료를 수락하고 환자 개인 데이터에 대한 권리

스마트 치료의 공법학

를 행사하기 위한 윤리와 명확하고 완전한 정보를 통합하는 것은 스마트 치료보장의 신뢰에 있어서 필수적인 부분이다.

2. 상, 하원의회에서 채택한 관련조항: 의료데이터 플랫폼, 디지털 의료 공간

스마트 치료를 위해서는 의료시스템의 디지털 전환이 필수적인데, 이러한 디지털 전환에는 원격의료 및 원격의료의 확대를 포함하여 새로운 의료데이터 플랫폼, 디지털 의료공간의 생성 등 총 3가지의 구성요소가 필요하다.

(1) 의료데이터 플랫폼(PDS) 또는 의료데이터 허브(Health Data Hub)

의료데이터 플랫폼 또는 의료데이터 허브의 목적은 '국립의료데이터 시스템(SNDS, SYSTÈME NATIONAL DES DONNÉES DE SANTÉ)'[6]에 의해 관리되는 의료행정 데이터베이스에 의료비 환불치료와 관련된 활동의 일부로 모든 의료전문가가 수집한 임상 데이터(모든 데이터는 불가역적으로 익명화되어 가명화됨) 등을 전문 비즈니스 소프트웨어에 의해 수집하여 활용하는 것이다.

다만, 의료데이터 플랫폼 데이터에 대한 접근은 제한할 필요성이 있는데, 이러한 제한은 연구, 검토 및 평가목적뿐만 아니라 의료데이터 웨어 하우스의 생성과 인공지능에서 파생된 새로운 용도의 의료개발 허용 및 '정보와 자유 국가위원회(CNIL, Commission Nationale

---

6 프랑스 국립의료데이터 시스템 사이트, https://www.snds.gouv.fr/SNDS/Accueil (최종방문일 2023. 4. 24.).

de l'Informatique et des Libertés)[7]에서 요청한 여러 데이터 결합에 대한 사항도 포함된다.

이에 관해 정보와 자유 국가위원회(CNIL)는 2019년 1월 31일 제2019–008호 의견(Avis n° 2019–008 du 31 janvier 2019)에서 의료데이터는 「데이터 보호법」 및 데이터 보호에 관한 일반적인 규칙(RGPD, Règlement général sur la protection des données)의 원칙의 적용을 받으며 의료데이터에 대한 접근은 위원회의 승인에 따라 모든 데이터 처리에 대해 합법적인 목적 및 환자의 구체적이고 명시적인 정보/동의가 필요하다고 밝혔다. 더불어 정보와 자유 국가위원회(CNIL)는 국립의료데이터 시스템(SNDS)의 의료데이터를 포함하는 하위시스템에 대한 인증요청의 증가 가능성과 향후 규제될 수 있음을 밝혔다.

한편, 보건에 관한 의료데이터 처리를 위한 액세스는 공공기관에서 요청하거나 행정공공 서비스의 배타적 필요에 대해서는 「공중보건법전」 제L.1461–5조에 따라 무료로 제공하고 있으므로, 이에 따라 민간행위자에게는 비용을 지출하게 해야 한다면서 각 행위자의 상태(공공 또는 민간)를 명확하게 정의하는 것은 중요하다고 정보와 자유 국가위원회는 의견을 제시하였다.

(2) 디지털 의료 공간(ENS, ESPACE NUMÉRIQUE DE SANTÉ)을 관리하는 개인

디지털 의료 공간(ENS)은 개인이 자신의 의료관리 데이터, 디지털 건강카드(DMP)의 의료데이터, 의료비 환급 데이터를 통합하고 현재 및 미래의 여러 서비스에 액세스할 수 있는 개인 디지털 의료계

---

[7] 프랑스 정보와 자유 국가위원회 사이트, https://www.cnil.fr/professionnel (최종방문일 2023. 4. 24.).

정으로 사용자 또는 법정대리인만이 이 계정을 개설할 수 있으며, 상원의회에서는 이해관계자가 반대하지 않는 한 자동 및 무료개방을 선택하였다. 한편, 개인 디지털 의료계정의 유일한 관리자이자 사용자는 소유자이다. 개인 디지털 의료계정의 소유자는 자신이 선택한 기관과 목적에 따라 의료데이터 전체 또는 일부에 대해 해당 의료서비스 제공자에게 계정을 예약하여 자신의 계정에 대한 액세스 하도록 할 수 있으며, 인증, 공유액세스 및 의료데이터 추출 수단을 구성하게 할 수도 있다.

이에 관하여 정보와 자유 국가위원회(CNIL)는 앞서 언급한 의견에서 디지털 의료 공간(ENS)에서 위와 같은 행위는 개인의 의료데이터에 관한 것이므로 향후 이러한 처리를 위한 명시적인 조건을 행정최고재판소(Conseil d'Etat) 심의를 거친 법규명령으로 규정하기 위해서 논의할 필요가 있다고 하였다. 더불어 디지털 의료 공간(ENS)은 서비스 및 의료데이터의 집계자로서 집계된 각 서비스에 대해 규정된 인증, 권한부여 및 추적 가능성에 관한 규칙을 준수해야 함을 강조하였고, 인증된 의료데이터 관리자에 의해 관리되어야 한다고 하였으며, 디지털 의료 공간(ENS)의 설계, 구현, 관리, 호스팅 및 거버넌스 방법 등은 행정최고재판소의 심의를 거친 법규명령(Décret en Conseil d'état)으로 결정되어야 한다고 하였다.

3. 「의료시스템 조직 및 전환에 관한 2019년 7월 24일 법률」

(1) 법률구조

프랑스의 「의료시스템 조직 및 전환에 관한 2019년 7월 24일 법률」은 동년 7월 24일 공포되었고, 이틀 후 26일 프랑스 공식관보에

게재되었다. 이 법률은 총 5편으로 제1편 의료전문가의 교육경로 및 경력분석(제1조 내지 제16조), 제2편 환자 서비스를 위한 공동치료 생성 및 영토에서 제공되는 치료의 제안 구조개선(제17조 내지 제40조), 제3편 의료의 디지털화(제41조 내지 제55조), 제4편 기타조치(제56조 내지 제72조), 제5편 법률명령의 승인 및 수정(제73조 내지 제81조)으로 구성되어 있다.

이 중 스마트 치료를 위한 의료데이터 플랫폼 구축과 디지털 의료공간의 생성은 제3편(제41조 내지 제55조)에 속해 있으며, 세부적으로는 제1장 의료데이터의 가치 혁신(Innover en valorisant les données cliniques, 제41조 내지 제43조), 제2장 각 사용자에게 디지털 의료 공간 제공(Doter chaque usager d'un espace numérique de santé, 제44조 내지 제52조)으로 구성되어 있다.

(2) 스마트 치료 관련 규정의 주요내용

1) 의료데이터 가치 혁신

제3편 제1장(의료데이터 가치 혁신) 제41조에서는 첫째로, 국립보건데이터연구소(INDS)를 대신하는 의료데이터 플랫폼을 설립하여 임무를 확대하고 있다. 즉 의료데이터 플랫폼을 설립함으로써 '공익'을 추구한다는 목적과 함께 매우 풍부하고 안전한 데이터베이스를 통해 의료행정 데이터뿐만 아니라 임상데이터로 확장된 보건데이터를 활용할 수 있다.

둘째, 국립의료데이터 시스템(SNDS)은 더 이상 의무적으로 수집해야 하는 데이터로 제한되지 않으며, 건강보험을 적용하는 절차 중에 수집된 모든 데이터, 6세 및 12세 아동의 의료방문 및 필수검사 중에 수집된 데이터, 모자보건 서비스에서 수집한 데이터 그리고 정보 및 예방방문 중에 수집된 데이터를 시스템에 구축할 수 있다.

셋째, 국민건강보험(Caisse nationale de l'assurance)은 더 이상 국립의료데이터 시스템(SNDS)의 유일한 관리자가 아니며, 책임자와 각자의 역할은 정보와 자유 국가위원회(CNIL)의 의견에 따라 행정최고재판소 심의를 거친 법규명령으로 결정한다.

넷째, 세부적으로 의료데이터 처리를 담당하는 자는 명령(Arrêté)으로 정하며, 국립의료데이터 시스템(SNDS)에 대한 액세스는 의료분야의 모든 개인데이터로 확장된다.

다섯째, 공익그룹(Groupement d'intérêt public)인 의료데이터 플랫폼(PDS)은 국가, 환자 및 의료시스템 사용자 대표하는 조직, 의료데이터 생산자 및 의료연구기관을 포함한 의료데이터의 공공 및 민간사용자 사이에 존재하던 국립보건데이터연구소(INDS)를 대체한다.

여섯째, 국립의료데이터 시스템(SNDS)의 임무는 다음과 같다고 규정하고 있다.

국립의료데이터 시스템(SNDS)의 임무

1	의료데이터를 수집, 구성 및 사용가능하게 만들고 의료데이터 사용의 혁신을 촉진한다.
2	환자에게 권리, 특히 연구, 검토 또는 평가의 맥락에서 자신들의 의료데이터 수집에 대해 반대할 권리를 통지한다.
3	질병, 출산, 직장에서의 사고 및 업무상 질병에 관한 보장을 위해 의료데이터를 수집하고 제공한다.
4	국립의료데이터 시스템에서 의료데이터를 처리할 수 있는 권한을 얻는 제3자를 대신하여 처리한다.
5	의료분야의 연구, 검토 및 평가를 위한 전문가 위원회(Comité d'expertise)를 대체하는 의료분야 연구, 검토 및 평가를 위한 윤리 및 과학위원회의 사무국을 설치한다.

6	정보와 자유 국가위원회(CNIL)와 함께 벤치마크 및 참조방법론의 개발에 기여하고 개인 사생활에 미치는 영향이 적은 의료데이터 제공을 촉진한다.
7	제3자를 대신하여 국립의료데이터 시스템이 데이터를 처리한다.
8	유럽 및 국제표준을 고려하여 의료데이터의 교환 및 사용을 위한 표준화 규범의 보급에 기여한다.
9	특히, 계획에 따라 시작된 프로젝트 요청의 맥락에서 선택된 프로젝트 책임자 및 선택된 프로젝트와 관련된 의료데이터 생산자를 재정적으로 지원한다.
10	의회에 제출해야 하는 연례보고서를 발간한다.
11	사법상 계약 분야의 전문가를 채용할 수 있으며, 국고에 자금을 예치할 수 있다.
12	행정최고재판소 심의를 거친 법규명령으로 국가의 경제적, 재정적 통제조건을 명시한다.
13	의료분야의 공공정책을 설계, 모니터링 또는 평가할 목적으로 국가에서 구현한 의료데이터 처리뿐만 아니라 이 분야에서 통계를 수집, 활용 및 보급 목적으로 수행되는 의료데이터는 공통규정의 적용을 받지 않는다.
14	의료분야의 연구, 검토 및 평가를 위한 윤리 및 과학위원회는 여성과 남성의 균형 잡힌 대표성을 추구하여 구성한다.

계속해서 제42조에서는 프랑스의 공중보건을 위하여 제3자가 운영하는 의료데이터 베이스에 대한 국가의 권리를 확인하고 있으며, 국가 공중보건청(Agence nationale de santé publique)은 감염병 퇴치에 관한 자신의 임무를 수행하기 위해 자신이 운영하는 네트워크와 국가참조센터 네트워크(Réseau de centres nationaux de référence)에서 수집한 익명화된 의료데이터 베이스에 의존할 수 있다고 규정하고 있다. 더불어 미생물 모니터링을 담당하는 실험실에서 수집한 생물자원은 국가의 재산이라고 명시하고 있다. 한편 제43조에서는 국

민의료보험 공제정보시스템(SNIIRAM)의 목표는 '단순화' 및 '현대화' 라고 밝히고 있다.

2) 사용자에게 디지털 의료 공간 제공

「의료시스템 조직 및 전환에 관한 2019년 7월 24일 법률」 제44조에서는 우선 정보 및 서비스 시스템과 의료디지털 도구의 상호 운용성[8] 정의에 관해 규정하고 있다. 구체적으로 첫째, "전문가 또는 의료시설에서 수집한 의료데이터에 대한 상호 운용성 및 보안표준[9]은 의료전문가, 사용자 협회, 의료시설, 의료사회 및 사회부문의 시설과 서비스, 국립공유의료정보시스템(ASIP, Agence Nationale des Systèmes d'Information Partagés de Santé) 대표와 협의하여 작성된다."라고 규정하고 있다.

둘째, 디지털 의료공간과 관련된 정보시스템, 서비스 또는 디지털 도구[10]는 의료전문가 및 그 권한 하에 있는 사람, 의료시설 및 서비스, 군 의료서비스 및 예방 또는 치료와 관련된 모든 조직이 사용하도록 의도된 것, 의료－사회 및 사회부문의 의료전문가 및 시설에서 사용하도록 의도된 것, 치료경로의 예방 또는 모니터링에 직접적으로 기여하는 건강보험조직에서 구현한 것이 해당된다고 명시하고 있으며, 이러한 정보시스템 또는 기타 디지털 도구의 개선을 위한 프로젝트와 관련된 공공자금은 상호 운용성 표준을 준수하는 것을 조

---

8 정보 및 서비스 시스템과 의료디지털 도구의 상호 운용성 지시는 의료경로의 조정, 의료품질 개선, 의료시스템의 효율성과 임상연구 목적의 일환으로 의료데이터의 추출, 공유 및 처리를 용이하게 한다.

9 의료데이터에 대한 상호 운용성 및 보안표준은 보건부 장관의 부령에 따라 승인된다.

10 이에 대한 표준에 대한 평가 및 인증절차의 범위는 행정최고재판소의 심의를 거친 법규명령으로 규정한다.

건으로 해야 한다고 규정하고 있다.

셋째, 국가와 사회보장기금(Caisses de la sécurité sociale) 사이에 서명된 목표 및 관리계약, 다년 목표 및 자원계약, 지역보건기관과 의료서비스 제공자 사이에 서명된 진료의 질 및 조정을 개선하기 위한 계약은 정보시스템 및 기타 디지털 도구와 상호 운용성 표준의 호환성을 보장하는 약속을 포함해야 한다고 규정하고 있다.[11]

계속해서 제45조에서는 사용자를 위한 디지털 의료 공간 생성에 관해 규정하고 있다. 구체적으로 첫째, 디지털 의료 공간이 사용자에게 제공되어 의료데이터를 관리하고 의료전문가 또는 의료시설과 함께 사용자는 자신의 건강을 관리 및 유지하는 데 참여할 수 있다. 또한, 디지털 의료 공간은 사용자 또는 사용자의 법정대리인이 무료로 이용가능하며, 법정대리인이 반대하지 않는 한 디지털 건강카드 (DMP)는 2022년 1월 1일 이후 출생한 자에게도 자동으로 제공된다고 규정하고 있다(디지털 의료 공간 개방유지에 대한 개인의 동의는 성년의 날에 해당자에게 요청됨).

둘째, 디지털 의료 공간은 의료관리 데이터, 디지털 건강카드 (DMP), 의료비용 환급과 관련된 데이터, 의료시스템 행위자와 안전한 교환을 허용하는 도구, 원격의료서비스에 액세스하기 위한 도구 및 사용자에게 의료제안 및 부여된 권리에 관해 알리를 것을 목표로 하는 모든 디지털 의료서비스에 대한 액세스를 제공한다고 규정하고 있다(의료시스템 사용자 협회의 디렉토리도 디지털 의료 공간에 포함되어 있음).

셋째, 의료관리 데이터를 제외하고 모든 서비스는 공공 또는 민

---

11 정보시스템 및 디지털 의료도구의 상호 운용성 표준 준수를 촉진하기 위한 조건은 행정최고재판소 심의를 거친 법규명령으로 규정한다.

간행위자가 개발했는지 여부와 관계없이 상호 운용이 가능하도록 규정하고 있다.

넷째, 사용자는 디지털 의료 공간에 포함될 자신의 정보를 결정할 수 있고, 이와 더불어 의료시설 또는 의료 전문가에 대한 일시적이거나 영구적 액세스를 제공하거나 금지할 수 있으며, 디지털 의료 공간에서 의료데이터를 추출할 수 있을 뿐만 아니라 언제든지 디지털 의료 공간을 폐쇄(사용자의 죽음은 디지털 의료공간 폐쇄로 이어짐)할 수 있다고 규정하고 있다.[12]

한편, 디지털 의료서비스 및 도구는 사용자의 동의가 있어야만 의료데이터에 액세스를 할 수 있고, 이 액세스는 예방, 진단, 치료 또는 의료－사회 및 사회모니터링 목적으로만 이루어질 수 있다고 규정하고 있으며, 국가와 함께 디지털 의료 공간의 설계, 구현, 관리, 호스팅 및 거버넌스를 담당할 공공기관 또는 개인은 행정최고재판소 심의를 거친 법규명령으로 정한다고 명시하고 있다.

Ⅲ. 인공지능(IA) 사용 의료 전문가 관련 법률

프랑스는 최근 위 「의료시스템 조직 및 전환에 관한 2019년 7월 24일 법률」이외에 인공지능(IA, Intelligence artificielle)을 사용하는 의료전문가에 대한 정보의무를 「공중보건법전(Code de la santé pub－lique)」 제L.4001－3조에 추가 신설하는 개정내용을 포함하고 있는 「생명윤리에 관한 2021년 8월 2일 제2021－1017호 법률(Loi nº 2021－

---

[12] 디지털 의료 공간의 데이터는 사용자의 명시적인 요청이 없는 한 10년간 보관된다. 그리고 디지털 의료공간의 소유자는 의료비용 보장 측면에서 추가 보호와 관련된 계약을 체결하기 위해 자신의 데이터를 요구할 수 없다.

1017 du 2 août 2021 relative à la bioéthique)」을 제정하였다.

즉, 추가 신설된 「공중보건법전」 제L.4001−3조는 대량 데이터에서 학습이 수행되는 알고리즘 데이터 처리를 포함하는 의료기기를 예방, 진단 또는 관리행위를 위해 사용하기로 결정한 의료 전문가는 환자 및 관련자에게 정보를 제공했는지 확인해야 하고, 해당되는 경우 인공지능 해석의 결과를 알려주어야 한다고 규정하고 있다. 또한, 관련 의료 전문가는 이 데이터 처리의 사용, 알고리즘 처리에 사용된 환자 데이터 및 결과를 통지받을 수 있다는 내용도 명시하고 있다. 위 사항과 관련된 의료기기의 특성 및 사용방법은 보건부 장관이 고등 건강국(HAS, Haute Autorité de Santé)과 정보와 자유 국가위원회(CNIL)와 협의한 후 부령(Arrêté ministérie)으로 설정하여야 한다고 「생명윤리에 관한 2021년 8월 2일 제2021−1017호 법률」은 규정하고 있다.

1. 법률의 구조

2021년 8월 2일 공포되고 다음날 3일 프랑스 공식관보(Journal officiel)에 게재된 「생명윤리에 관한 2021년 8월 2일 제2021−1017호 법률」은 총 7편, 43개 조항으로 구성되어 있다. 제1편은 총 7개 조항(제1조 내지 제7조)으로 '프랑스의 윤리적 원칙에서 벗어나지 않고 사용 가능한 기술에 대한 접근 확대'에 관해 규정하고 있으며, 이어서 제2편은 총 8개 조항(제8조 내지 제15조)으로 '개인이 자율성을 존중하면서 연대 촉진'에 관해 규정하고 있다. 제3편은 총 4개 조항(제16조 내지 제19조)으로 '윤리적 원칙 관련한 과학 및 진보된 기술의 보급'에 관해 규정하고 있으며, 제4편은 총 5개 조항(제20조 내지 제24

조)으로 '인간의료서비스에서 자유롭고 책임 있는 연구지원'에 관해 규정하고 있다.

제5편은 총18개 조항(제25조 내지 제37조)으로 '생명윤리 분야에서 실제 품질과 안전의 지속적 개선'에 관해 규정하고 있고, 제6편은 총 2개 조항(제38조, 제39조)으로 '과학 및 기술의 급속한 발전 속도에 부합하는 생명윤리 거버넌스 보장'에 관해 규정하고 있으며, 마지막 제7편은 총 4개 조항(제40조 내지 제43조)으로 '최종규정'이라는 제목으로 묶여 있다. 한편, 인공지능을 사용하려는 의료 전문가에 관한 사항은 제3편(윤리적 원칙 관련한 과학 및 진보된 기술의 보급) 내 제17조에서 규정하고 있다.

2. '인공지능 사용'에 관한 조항 신설

앞서 언급하였듯이 프랑스는 「생명윤리에 관한 2021년 8월 2일 제2021－1017호 법률」 제17조 제정을 통해 「공중보건법전」 내에 제L.4001－3조를 신설하였는데, 이 조항은 기계학습 시스템을 포함하는 의료 기기 사용을 위해 정보에 대한 환자의 권리를 명시하고 인공지능 시스템이 내장된 도구에 대한 의료 전문가의 통제를 강화하고 있다.

(1) 조항 범위

우선 위 규정은 기계학습 시스템을 포함하는 의료 기기의 사용을 단순히 '진단'에만 국한하지 않고 예방, 진단 및 치료로 그 영역을 확대하고 있으며, 언급된 의료 기기의 특성과 사용방법은 보건부 장관이 고등 건강국(HAS)과 정보와 자유 국가위원회(CNIL)와 협의한 후

부령으로 결정하도록 하고 있다. 또한, '대량 데이터에서 학습이 수행되는 알고리즘 데이터 처리를 포함하는 의료 기기'로 국한하였는데, 이는 방대한 데이터로부터 학습하는 '머신러닝(Machine learning)' 시스템을 의미하는 것이며, 인공지능의 용어에 따르면 '프로그래머의 개입 없이 알고리즘이 정기적으로 관련 결과를 얻을 때까지 데이터 세트에 대한 실행을 반복하여 성능을 평가하고 개선하는 프로세스'라고 할 수 있다. 즉, 이 조항은 규칙 기반 시스템인 전문가 시스템과 같이 인공지능 시스템으로 자격이 부여될 수 있는 다른 모든 시스템을 조항의 범위에서 제외시키고 있다.

더불어 이 조항은 명확성의 원칙 측면에서 비판을 받고 있는 '대량 데이터'라는 용어를 언급하고 있는데,「생명윤리에 관한 2021년 8월 2일 제2021－1017호 법률」로 개정되기 이전의 보고서(Rapports précédant la révision de la loi bioéthique)에 따르면 이러한 데이터는 국립의료데이터 시스템(SNDS)의 데이터와 민간 의료데이터 베이스의 데이터로, 데이터의 법적 특성에 상관없이 모두 사용될 수 있다. 다시 말해 개인 데이터, 의료데이터, 민감한 데이터, 공공 데이터 여부는 중요하지 않다는 의미이다. 한편, 의료 기기에 내장된 기계학습 시스템이 입력 데이터를 자동으로 분석한다는 가정하에 '알고리즘 데이터 처리'가 포함되어 있다.

(2) 정보에 대한 환자의 권리

「생명윤리에 관한 2021년 8월 2일 제2021－1017호 법률」제17조에 따라 신설된「공중보건법전」제L.4001－3조는 위에 설명된 의료 기기를 사용하는 의료 전문가가 관련자에게 이에 대해 알리고 해당되는 경우 결과 해석에 대해 통지하도록 하고 있다. 다시 말해 해당 인공지능 사용에 대해 환자에게 알려야 하고, 인공지능 사용을 통한 해석 결과를 명확하게 설명할 책임을 의료 전문가에게 부담시키고 있는 것이다.

그리고 이 규정은 의료 전문가의 인공지능 사용에 관한 관련자의 동의를 규정하고 있지 않은데, 이에 관해서는 동 법전 제L.111-4조에서 규제하고 있다.

구체적으로 제L.111-4조 전단에서는 "모든 사람은 의료 전문가와 함께 그가 제공하는 정보와 권장 사항을 고려하여 자신의 건강에 관한 결정을 한다. 모든 사람은 치료를 거부하거나 받지 않을 권리가 있으며, 이러한 환자의 후속 조치는 의료 전문가에 의해 보장된다. 의료 전문가는 선택의 결과와 심각성을 환자에게 알리고 환자의 의사를 존중할 의무가 있다. 치료를 거부하거나 중단하려는 의료 전문가로 생명이 위태로운 경우 합리적인 시간 내에 자신의 결정을 반복해야 한다. 이러한 환자는 의료계의 다른 구성원에게 진료를 받을 수 있으며, 전체 절차는 환자의 의료기록에 기록된다. 의료 전문가는 완화치료를 제공함으로써 죽어가는 사람의 존엄성을 보호하고 삶의 질을 보장한다."라고 규정하고 있다.

한편, 프랑스 일각에서는 「생명윤리에 관한 2021년 8월 2일 제2021-1017호 법률」로 개정되기 전 이 부분에 관해 '환자 개인의 동의는 그가 사실을 완전히 알고 행동할 때에만 유효하며, 따라서 환자가 정보에 입각한 선택을 할 수 있도록 모든 정보가 제공되어야 한다.'라고 인식하고, 더불어서 의료분야의 인공지능 활용에 대한 보고와 연구는 만장일치로 해야 하며, 인공지능의 사용이 무료로 제공되기 위해서는 정보에 입각한 구체적인 활용 사례에 대한 환자의 알 권리의 필요성을 강화해야 한다고 주장하였다.

이에 관해 국가윤리자문위원회(CCNE, Comité consultatif national d'éthique)는 의견을 통해 알고리즘을 활용한 사전정보원칙(Principe d'information préalable)은 차기 「생명윤리에 관한 법률」의 명시적인 변화를 만들었고 그 내용은 다음과 같다고 하였다. 즉 "진료 경로의 일부로 인공지능을 사용하는 모든 사람은 사전에 정보를 자유롭게 받고 이러한 정보에 입각한 동의를 할 수 있다고 하면서 환자 개인의 동의에 관한 제안은 「공중보건법전」 제L.111－4조를 수정하지 않고 사전정보 요구사항을 도입할 것을 구상한 국회의 정보보고서로 이어졌다."라고 하였다. 그리고 2019년 7월 11일, 정보와 자유 국가위원회(CNIL)는 의견을 통해 자동화된 데이터 처리의 사용은 사전정보원칙을 따라야 한다고 권고하였으나, 최종규정에는 정보를 제공해야하는 시기가 지정되지 않았을 뿐만 아니라 '사전에(Préalable)'라는 문구도 2021년 6월 9일 하원의 새로운 독회에서 삭제하여 인공지능의 사용에 관한 정보는 사전적 또는 사후적일 수 있도록 하였다.

그 이유로는 예를 들어, 인공췌장 유형의 의료 기기 이식에 관한 정보는 규정에 입각한 자유롭고 명확한 동의가 필요한 외과수술을 포함하기 때문에 정보의 사전고지가 반드시 우선되어야 한다. 반면, 방사선 진단의 맥락에서 인공지능 장치가 사용되었다는 정보는 의료 전문가가 인공지능 장치가 해석한 결과와 의료 전문가 자신이 수행한 해석을 환자에게 전달할 때 작성되며, 다른 의료 전문가에게 이러한 결과의 해석을 요청할 수도 있다. 따라서 모든 인공지능 장치 사용정보를 전달해야 하는 순간은 상황에 따라 다르다는 것이다. 한편, 최종결정은 인공지능을 사용하여 해석한 결과, 의료 전문가의 해석 결과 및 환자의 선호도를 기반으로 한 공유결정이 될 것이다.

(3) 의료 전문가에 의한 인공지능 시스템 포함 의료 기기의 숙달

「공중보건법전」 제L.4001 – 3조는 자동학습 시스템을 포함하는 의료 기기를 "사용하기로 결정한 의료 전문가"라는 문구로 그 내용을 시작하고 있다. 이로 인해 의료 전문가는 이러한 방법을 사용할지에 대한 여부를 확인하려는 욕구가 생길 수 있다. 또한, 위 조항 제2항에서는 "관련 의료 전문가에게 이 데이터 처리 사용에 대한 정보를 제공한다. 이 치료에 사용된 환자 데이터와 그로부터 파생된 결과에 액세스할 수 있다."라고 규정하고 있다. 이어서 제3항에서는 "제1항에 언급된 알고리즘 처리의 설계자는 해당 작업이 사용자에게 설명될 수 있음을 보장하여야 한다."라고 명시하고 있다. 이를 요약하면 위의 모든 규정 내용은 모두 의료 전문가가 사용하는 인공지능 포함 도구에 대한 숙련도를 강화하는 것이며, 전체적인 접근방식은 '인간 의료보장' 원칙을 기초로 하고 있다.[13]

이에 관해 국가윤리자문위원회(CCNE)는 다음과 같이 의견을 공표하였는데, 즉 '인간의료보장'은 "디지털 의료의 모든 사용에 대한 인간의 감독을 보장하고 이를 원하는 모든 사람을 위해 그리고 디지털 의료를 원하는 사람의 치료 과정의 틀 내에서 모든 정보를 그들에게 전달할 수 있는 '인간통지 가능성'을 언제라도 수립해야 하는 의무이다. 또한, 인공지능 시스템 사용과 관련하여 '정기적 검증 프로세스(대상 무작위 – 인간의학 관점)'를 행사할 수 있는 능력을 개발하는 것이다."라고 하였다.

---

13 D. Gruson, Régulation positive de l'intelligence artificielle en santé: les avancées de la garantie humaine algorithmique, Dalloz IP/IT 2020. p,165; Enjeux juridiques de l'intelligence artificielle en santé: le stable et le mouvant, Revues des Juristes de Sciences Po, 2021, n° 21, art. 16.

그러나 위 법률조항은 처음에 고려된 것처럼 '인간의료보장'의 원칙에서 벗어난다는 비판도 있는데, 예를 들어 위 법률 개정안이 하원 의회 제2차 독회에서 채택되었을 때 후속처리의 추적성이 보장되었어야 했는데, 이를 포함하여 규정하지 않고 '인간의료보장' 관련 사항만 언급함에 따라 2021년 개정된 법률에는 ① 인공지능 장치를 사용하기 위한 의료 전문가의 선택, ② 의료 전문가에게 전달되는 정보, ③ 설명 가능성밖에 남지 않았고, 이는 초기 버전과는 일치하지 않는다는 것이다. 하지만 위 법률조항을 찬성하는 입장에서는 최종 개정된 법률은 의료 전문가에게 인공지능 도구를 숙련할 수 있는 최소한의 현실적인 능력을 제공하여 자율성을 강화하므로 실제로 '인간의료보장'의 요구사항을 충족한다고 보고 있다. 즉, 실제로 의료 전문가는 의료 기기를 사용할 지 여부를 선택할 수 있고, 적절한 훈련을 통해 제어할 수 있으며, 최적의 방법으로 인공지능 포함 의료 기기를 사용할 자유가 있다는 것이다.

한편, 위 법률조항 제3항은 '투명성'보다 '설명 가능성'을 규정하였는데,[14] 이 부분은 2018년, 이미 프랑스 행정최고재판소(Conseil d'État)가 투명성보다는 설명 가능성을 선호하였기 때문이다. 다시 말해 인공지능 시스템 알고리즘의 프로그램 소스 코드의 공개만으로는 인공지능 시스템 사용자가 시스템 작동의 일반적인 논리를 이해할 수 없다는 것이다.[15] 또한, 하원 의회 정보보고서 제1572호(Rapport d'information n° 1572 de l'Assemblée nationale)도 "알고리즘의 소스 코드를 공개하는 것만이 투명성이다. 왜냐하면, 의학적 제안의 기초

---

14 V. J. Rochfeld, Données à caractére personnel - Droit de ne pas subir une décision fondée sur un traitement automatisé, Rép. IP/IT, spéc. § 23.

15 Conseil d'État, Révision de la loi de bioéthique: quelles options pour demain ?, préc., 2018, p. 206.

가 되는 기본 메커니즘과 알고리즘 논리를 이해하는 것만으로는 충분하지 않기 때문이다."라고 하였다.[16]

　요약하자면 인공지능 의료에 관한 컨셉이 규정되지 않은 상태에서 설명 가능성에 무게를 두는 것은 의료 기기에 통합된 '알고리즘 처리'의 설계자에게 있다는 것이다. [17]

IV. 최근 논의: 인공지능에 의한 인간의사 대체가능성

1. 인간에 대한 인공지능의 우월성

　인공지능은 매우 다양한 개념과 광범위한 응용분야를 다루고 있는데 간단히 말하자면 결론을 도출하거나 가설을 공식화하기 위해 많은 양의 데이터를 활용할 수 있는 알고리즘 사용으로 정의할 수 있다. 즉 사용 가능한 데이터의 양과 컴퓨터 성능의 증가로 인해 인공지능 내에 특정 수의 프로세스를 가동하고 '기계학습'이라는 학습능력을 부여할 수 있는데, 이러한 영역에서 인간의 능력과 비슷하거나 심지어 더 뛰어나다고 할 수 있다. 구체적으로 의료분야에서 예방, 진단, 관리, 모니터링, 임상 연구, 역학, 신제품 개발 또는 시장 공급 및 흐름 규제 분야에 관계없이 잠재적인 응용분야는 무궁무진하며, 직접 운영할 수 있는 데이터 유형은 애플리케이션에 따라 다르지만, 상호참조 및 상관관계를 위해 사용되는 매우 많은 양의 데이터이거나 특정 문제에 대한 결론을 얻기 위한 매우 구체적인 데이터이다.

---

16 Assemblée nationale, janv. 2019, rapp. préc., p.266 et proposition n° 47.

17 프랑스 달로즈 사이트, 인요: 2023.5.8. https://www.dalloz-actualite.fr/node/l-intelligence-artificielle-dans-revision-de-loi-bioethique#.ZFUgi3ZByUm (최종방문일 2023. 5. 8.).

앞서 언급하였듯이 현재 인공지능의 사용은 2가지 범주의 사례로 나누어 볼 수 있다. 첫째, 인간 활동을 재현하기 위한 응용 프로그램이 더 빠르고 최소한 좋은 결과를 얻을 수 있다. 예를 들어, X-레이에서 종양을 인식하거나 피부 병변 사진에서 흑색종을 인식하는 맥락에서 수행되는 이미지 분석의 경우이다. 이 범주에서는 신호기록의 자동분석, 대화형 가상비서(개인화된 권장사항으로 대담자의 반응에 적응) 또는 임상 데이터, 생물학적 해석을 통해 증상을 더 잘 감지하여 의사 결정 및 진단을 지원한다.

둘째, 대량의 데이터를 교차하도록 의도된 용도의 인공지능은 인간이 접근할 수 없는 분석을 수행할 수 있다. 이러한 유형의 작업은 예를 들어 임상 데이터 및 환경 데이터와 연관되고, 스마트 의료장치 또는 연결된 개체의 실제 데이터를 지속적으로 모니터링하여 지원되는 게놈을 분석하여 병리를 탐지하는 것이다. 또한 인공지능은 인간이 인지할 수 없는 대량 신호를 식별하는 능력 덕분에 약물에 대한 반응을 예측하고 약물 감시 또는 역학 감시를 할 수 있다.

한편, 인공지능은 위와 같은 능력으로 훨씬 짧은 시간에 최고 전문가의 수준을 결과를 달성할 수 있기 때문에 이는 특정 의료 전문직에 대한 패러다임의 전환으로 이어질 수 있으며, 이러한 패러다임이 바로 인공지능에 의한 인간의사 대체가능성이다.

2. 인공지능이 절대 제공할 수 없는 인간의사 차원

프랑스 일각에서는 이미 인공지능이 인간의사를 대체할 수 있을 것이라 생각하지만, 그와는 반대로 인간의사들이 인공지능 기술을 활용하여 치료하고 치료할 수 있는 능력을 개발할 것이라고 하고 있다. 즉 의학은 약간의 위험을 수반하는 치료결정으로 이어지는 진단 또는 의심에 기반한 접근방식으로 의학은 불확실한 미래를 예측하는 것이기도 하기 때문에 '이익－위험 비율(Ratio bénéfice－risque)'을 고려하는 것이라고 한다. 이를 위해 인간의사는 관찰, 청취, 임상 검사, 외모, 사람의 환경에서 발생하는 수많은 신호를 병렬로 통합하고, 생물학적 또는 방사선 검사 및 기타 탐색 기술을 처방하기 전에 진단을 하는데, 진단과정의 시작은 환자와의 대화이며, 이를 통해 추가검사로 확인하거나 확인되지 않을 가설 등을 세울 수 있다.

예를 들어, 인공지능은 인간의사처럼 또는 더 나은 능력으로 X－Ray를 분석할 수 있지만, 최초 환자에게 처방되지 않은 경우 X－Ray를 위한 방사선과로 이어지지 않으며, 이를 해결하기 위해 인간의사에게 X－Ray를 사용하라고 명령할 수 있는 데이터가 없다. 이러한 복잡한 문제를 해결하기 위해서는 의료영상 기술에 의한 임상검사 및 탐색 이외에도 여전히 진정한 '블랙박스(Boite noire)'로 남아있는 개인의 정신에 대한 고려를 통합하는 직관과 관찰력이 필요하다.

한편, 일부 인공지능 애플리케이션은 프랑스 스타트업에서 개발한 'Holter' 녹음자동 읽기와 같은 단순히 시간을 절약하는 것이 있다. 즉, 인간의사를 대체하지 않지만 더 많은 검사를 동시에 수행할 수 있다. 비유하자면, 인공지능의 발달로 가능해진 자율주행은 운전자의 주의를 자유롭게 하지만, 자동차는 그 자체로 이동수단으로 남을 것이고 인공지능은 여전히 순간이동을 허용하지 않는 것과 같다. 또한 도르레가 인간의 힘을 10배로 증가시키거나 바퀴가 더 쉽게 움직일 수 있게 한 것처럼 귀중한 시간을 확보하는 것은 확실한 진보이지만 인간을 대체하지는 않는다.

다시 말해 인공지능을 사용하는 기술을 진단에 도움이 되거나 처방할 최상의 치료를 결정하기 위해 인간의사를 지원하는 것으로, 이러한 인공지능 의료기술은 인간의사가 다른 일(다른 검사, 다른 환자의료에 대한 더 많은 가용성 등)에 할애할 수 있는 소중한 시간을 확보해 줌으로써 인간의사에게 여유를 줄 수 있어도 앞서 말한 패러다임의 전환은 발생하지 않을 것이라고 한다.

Ⅳ. 한국의 상황과 프랑스 입법 동향이 한국에 주는 시사점

한국의 경우에 스마트 치료를 직접적으로 규율하는 법은 존재하지 않으나 디지털 헬스케어에 관한 법률안과 인공지능에 관한 법률안으로 두 종류의 법률안들이 국회에 계류되어, 향후 스마트 치료를 견인하는 규범으로 작용할 것으로 예상된다.

첫 번째로 디지털 헬스케어에 관한 법률안을 보면 2022년 2월에 발의된 '디지털 헬스케어산업의 육성 및 지원에 관한 법률안'(산업통상자원중소벤처기업위, 정태호 의원안), 같은 해 8월에 발의된 '스마트 헬스케어기술육성 및 지원에 관한 법률안'(과학기술정보통신위원회, 박성중 의원안) 그리고 같은 해 10월에 발의된 '디지털 헬스케어 진흥 및 보건의료데이터 활용 촉진에 관한 법률안'(보건복지위원회, 강기윤 의원안), 2023년 9월에 발의된 '디지털 헬스케어 및 보건의료데이터 활용에 관한 법률안'(보건복지위원회 신현영 의원안) 등 4개 법안이 국회에 발의된 상태이다.[18] 보건복지위원회 안을 보면 가명의료데이터의 처리와 보건의료데이터 활용 촉진, 의료데이터 본인 및 제3자 전

---

[18] 산업통상자원중소벤처기업위원회 정태호 의원안(의안번호: 2114722), 과학기술정보방송통신위원회 박성중 위원안(의안번호: 17096), 보건복지위원회 강기윤 위원안(의안번호: 2117751).

송요구권 도입, 규제샌드박스 운영, 연구개발, 수출, 전문인력 양성 등의 내용을 담고 있다. 산자위원회 안에는 디지털 헬스케어 우수기업 인증, 국가연구개발사업 우대 및 조세특례, 전문인력 양성, 해외진출 지원 등을 담고 있고, 과기정통 위원회 안에는 스마트 헬스케어기술 연구개발 사업 추진, 기술개발, 기술분류체계 확립 등을 명시하고 있다.

　프랑스의 경우에 스마트 치료에 관한 규범에 필수적으로 필요한 요소로 원격의료·디지털 비대면 의료의 활성화와 이를 가능하도록 하는 디지털 플랫폼, 보건의료데이터 활용을 논의하고 이를 규율하는 법제를 갖추고 있는 데 비해서, 우리나라 국회의 디지털 헬스케어에 관한 법안들에는 원격의료에 관한 논의를 빠뜨리고 있다는 점에서 스마트 의료에서 본질적으로 중요한 한 부분을 놓치고 있다고 판단된다. 「의료법」상에서 일부 제한적으로만 인정하는 원격의료[19]만으로는 의료인, 스마트 치료 기술 및 관련 사업자, 환자 및 국민으로 이루어지는 이해 당사자들에게 온전히 스마트 치료가 구현되기는 어려울 것이기 때문이다.

　두 번째로, 인공지능에 관한 법안들에는 국민의 생명, 신체의 안전과 기본권 보호에 중대한 영향을 미치는 인공지능을 '고위험인공지능'으로 규율하는 내용을 담고 있다.[20] 스마트 치료의 경우에 생명

---

[19] 의료법 제34조(원격의료) ① 의료인(의료업에 종사하는 의사·치과의사·한의사만 해당한다)은 제33조 제1항에도 불구하고 컴퓨터·화상통신 등 정보통신기술을 활용하여 먼 곳에 있는 의료인에게 의료지식이나 기술을 지원하는 원격의료(이하 "원격의료"라 한다)를 할 수 있다.

[20] 알고리즘 및 인공지능에 관한 법률안(윤영찬 의원안, 의안번호: 2113509, 발의일: 2021.11.24), 인공지능책임법안(황희 의원안, 의안번호: 2120353, 발의일: 2023.2.28.), 인공지능 책임 및 규제법안(안철수 의원안, 의안번호: 2123709, 발의일: 2023.8.8.) 등.

과 신체의 안전과 밀접한 부분이 되므로 대체로 고위험인공지능으로 분류될 수 있다. 이 법안들에서는 고위험인공지능 사업자 책임의 일반원칙(인공지능책임법, 황희 의원안 제22조)을 정하고 있는데, 우선 고위험인공지능 사업자가 이 법에 따른 의무위반으로 제품 또는 서비스 이용자에게 손해가 발생하면 그 손해를 배상할 책임이 있다고 명시하고, 특정한 경우에는 손해배상책임을 면제하거나 감경할 수 있도록 하고 있다. 그 사유로는 ① 이용자의 손해가 해당 고위험인공지능으로 인한 것이 아니라는 사실, ② 해당 고위험인공지능 사업자가 고위험인공지능 기술을 사용하여 제품 또는 서비스를 공급하지 아니하였다는 사실, ③ 해당 고위험인공지능 사업자에게 고의 또는 과실이 없었다는 사실, ④ 해당 고위험인공지능 제품 또는 서비스를 공급한 당시의 과학·기술 수준으로는 결함의 존재를 발견할 수 없었다는 사실, ⑤ 해당 고위험인공지능 제품 또는 서비스의 결함이 고위험인공지능사업자가 해당 고위험인공지능서비스를 공급한 당시의 법령에서 정하는 기준을 준수함으로써 발생하였다는 사실을 들고 있다. 이는 2017년에 국회에 제출되었던 로봇기본법안[21]에서 로봇의 제조자에게 우선적으로 책임을 물었던 법리와 유사하게 사업자에게 무거운 책임을 지우고 있는 것이다. 또한 정부는 고위험인공지능 사업자에게 손해 담보를 위한 보험에 가입하도록 권고할 수 있도록 하면서 정부가 보험 가입을 위한 재정적 지원을 할 수 있게 하고 있다.

프랑스에서 2021년 개정된 생명윤리법에서는 인공지능을 사용하는 장치가 인간의 통제하에 있어야 하며, 의학적 결정을 대체할 수 없다고 의료인공지능과 인간 의사의 행위 책임에 명확한 선을 그은

---

21 의안번호 8068, 박영선의원 대표발의, 2017.7.19.; 엄주희, 김소윤, 인공지능 의료와 법제, 한국의료법학회지 제28권 제2호, 2020, 63면.

바 있으나, 우리나라 인공지능 관련 법안에서는 행위 책임에 대해서 사업자에게 책임을 묻는 형식만 갖추고 있을 뿐, 인간 의료인과 의료 인공지능 기술의 관계와 책임에 대해서는 언급하지 않고 있다. 스마트 치료가 기술을 매개로 하나 임상 현장에서는 인간 의료인의 활용도, 선호도에 의해 기술 도입이 달라진다는 점, 궁극적으로 인간 의료인을 대체할 수 있는 수준까지 의료 인공지능의 의사결정을 인정해줄 수 있을 것인지가 임상 현장에 마주치는 현실이고, 환자의 안전과 건강 보호를 위해 반드시 필요한 관계 설정이자 의료행위의 개념과 그 책임 소재의 문제라는 점에서 향후에는 고위험인공지능 중에서도 스마트 의료에 특화된 규율이 우리나라 법제에도 필요할 것으로 사료된다.

프랑스가 인공지능 기술이 적용되는 스마트 치료에 대해서 적극적으로 입법을 마련하는 데 비해, 한국의 경우에는 법제화가 더디게 진행되고 있다. 우리나라도 법제적 정비를 통하여 스마트 치료가 국민들 일상에 안전하게 자리 잡고, 관련 기술의 연구개발, 임상, 상용화에 이르기까지 뒷받침할 뿐 아니라, 미래 의료기술에 대한 적절한 규제가 이루어져서 신뢰 기반의 국민 건강 증진에 이바지할 수 있도록 할 필요가 있다.

V. 결론: 프랑스의 스마트 치료에 관한 현재 입장

결론부터 이야기하면 프랑스의 스마트 의료에 관한 입장은 다음과 같다. "방대한 데이터 처리로 인해 인공지능 의료기술이 인간 두뇌의 분석력을 초과하는 경우 인간의사는 최후의 의사결정자로 남아야 한다는 것이다." 즉 알고리즘이 어떤 특정 결론에 도달한 방법을 이해하지 못한 경우 알고리즘의 권장사항을 따르지 않기로 결정할 수 있다는 것이다. 예를 들어, 최고의 알고리즘은 사례의 90~95%에서 문제를 올바르게 해결하지만 그 결과는 인간의 검증이 필요한 제안일 뿐이라는 것이다.

또한, 인공지능은 의료 결정에 책임의 문제를 발생시키고 있다는 것이다. 즉 모든 사람은 의료에 있어서 실수하는 것을 인간이라고 생각하고 있는데, 만약 컴퓨터가 잘못되면 어떻게 될까라는 의문이 남으며, 이러한 의문은 인간에 의해 검증되지 않은 진단 또는 치료 제안을 맹목적으로 신뢰할 수 있게 될 가능성이 거의 없다는 것을 의미한다는 것이다. 프랑스 의회에서 논의되어 개정된 2021년 「생명윤리법」에서도 인공지능을 사용하는 장치가 인간의 통제하에 있어야 하며, 의학적 결정을 대체할 수 없다고 하고 있다. 즉 환자의 권리에 기반한 보장으로 인간의 감독하에 인공지능을 사용하여야 한다는 것이고, 이러한 내용은 프랑스 국가윤리자문위원회(CCNE)와 2020년 인공지능백서와 2021년 규제제안을 통해 어라한 근본적인 문제를 해결하려는 유럽위원회(Commission européenne)에서도 공유되고 있다.

이를 종합하면 인공지능을 포함하고 있는 의료기기의 발전(스마트 의료)은 인간의사들에게 더 많은 권한과 자유를 부여하고 있지만, 대체할 수는 없으며, 인간의사가 스마트 의료가 제공하는 권장사항을 고려하거나 고려하지 않을 수 있는 것처럼 최종 결정은 인간의사에게 달려 있다는 것이다.

참고문헌

1. 국내문헌

엄주희, 김소윤, 인공지능 의료와 법제, 한국의료법학회지 제28권 제2호, 2020.

유주선, 인공지능 의료행위와 법적 책임에 관한 연구, 비교사법 제27권 제4호, 2020.

2. 외국문헌

Assemblée nationale, janv. 2019, rapp. préc., p.266 et proposition n° 47.

Benjamin Chin—Yee et Ross Upshur, L'impact de l'intelligence artificielle sur le jugement clinique: document d'information, AMS health—care, 2020.

Conseil d'État, Révision de la loi de bioéthique: quelles options pour demain ?, préc., 2018.

D. Gruson, Régulation positive de l'intelligence artificielle en santé: les avancées de la garantie humaine algorithmique, Dalloz IP/IT 2020.

Enjeux juridiques de l'intelligence artificielle en santé: le stable et le mouvant, Revues des Juristes de Sciences Po, 2021.

Joint Research Centre, AI Watch Defining Artificial Intelligence, European Commission, 2020.

V. J. Rochfeld, Données à caractère personnel — Droit de ne pas subir une décision fondée sur un traitement automatisé, Rép. IP/IT, spéc.

3. 인터넷 사이트

https://www.dmp.fr/

https://www.assemblee−nationale.fr
https://documentation−snds.health−data−hub.fr
https://www.uggc.com
https://www.snds.gouv.fr
https://www.cnil.fr
https://www.dalloz−actualite.fr

디지털 헬스케어에 관한 비교법적 검토

목 차

I. 서 론

II. 디지털 헬스케어의 개념 및 의료
데이터

III. 디지털 헬스케어 관련 법적 검토

IV. 비교법적 검토

V. 결 론

국문초록

　　디지털 헬스케어는 전 세계적으로 UHC(Universal Health Coverage) 달성과 삶의 향상이라는 시대적 흐름에 따라 새로운 의료서비스 분야로 각광을 받고 있다. 이러한 흐름에 따라 의료서비스의 패러다임은 기존의 질병 치료에서 예방과 관리를 통한 건강한 삶을 유지하는 것으로 변화함에 따라 미래 의료는 Predictive(예측적), Preventive(예방적), Personalized(개인적), Participatory(참여적)로 변화될 것이라고 예측되며, 진단, 사후관리 시장은 더욱더 빠르게 성장할 것이라고 예상된다. 또한, 전 세계적으로 급격한 인구 고령화와 식생활의 변화 등으로 만성질환이 증가하고, 노인의료비가 폭발적으로 증가할 것으로 예측되며 ICT를 기반으로 하는 디지털 헬스케어는 이에 대한 효과적인 대안으로 떠오르고 있다. 이러한 추세에 따라 비대면 진료를 포함해 의료와 첨단기술이 만나는 사례가 현실화되고 있다. 특히 코로나19 이후 우리나라뿐만 아니라 세계적으로 화두가 된 디지털 헬스케어의 활성회를 위하여 특히 의료빅데이터 플랫폼에 관하여 플랫폼의 개념과 데이터3법 기반 디지털 헬스케어 산업에서의 안전한 데이터 활용에 관한 법률상 검토, 헌법상 보장되는 국민의 기본권으로 보건권, 개인정보자기결정권 등 공법적 검토를 하고자 한다. 비교법적 검토로 주요국에서의 플랫폼 관련 규정과 의료데이터 관련 규정을 살펴보고 의료데이터의 활용과 플랫폼의 활성회를 위한 거버넌스 체계의 확립을 논의하고자 한다. 이와 관련하여 현행 법제 개선 및 현재 국회에서 논의되고 있는 입법안 등을 살펴보고자 한다.

I. 서 론

디지털 헬스케어는 전 세계적으로 UHC(Universal Health Coverage) 달성과 삶의 향상이라는 시대적 흐름에 따라 새로운 의료서비스 분야로 각광을 받고 있다.[1] 이러한 흐름에 따라 의료서비스의 패러다임은 기존의 질병 치료에서 예방과 관리를 통한 건강한 삶을 유지하는 것으로 변화함에 따라 미래 의료는 Predictive(예측적), Preventive(예방적), Personalized(개인적), Participatory(참여적)로 변화하고 진단, 사후관리 예방 시장은 더욱더 빠르게 성장할 것이라고 예상된다.[2] 또한, 전 세계적으로 급격한 인구 고령화와 식생활의 변화 등으로 만성질환이 증가하고, 노인의료비가 폭발적으로 증가할 것으로 예측되며[3] ICT를 기반으로 하는 디지털 헬스케어는 이에 대한 효과적인 대

---

[1] 백경희, "디지털 헬스케어와 보건의료데이터에 대한 고찰", IP&DATA법 제2권 제1호, 2022, 3면.

[2] 김기영, "디지털 헬스케어 규제 현황과 법적 과제", 신산업규제법리뷰 제23권 제3호, 2023, 47-48면.

[3] 국민건강보험공단, 「2020년 건강보험 주요 통계」.

스마트 치료의 공법학

안으로 떠오르고 있다. 이러한 추세에 따라 비대면 진료를 포함해 의료와 첨단기술이 만나는 사례가 현실화되고 있다. 특히 코로나19 이후 우리나라뿐만 아니라 세계적으로 화두가 된 디지털 헬스케어의 활성화를 위하여 특히 의료빅데이터 플랫폼에 관하여 플랫폼의 개념과 데이터3법 기반 디지털 헬스케어 산업에서의 안전한 데이터 활용에 관한 법률상 검토, 헌법상 보장되는 국민의 기본권으로 보건권, 개인정보자기결정권 등 공법적 검토를 하고자 한다. 비교법적 검토로 주요국에서의 플랫폼 관련 규정과 의료데이터 관련 규정을 살펴보고 의료데이터의 활용과 플랫폼의 활성화를 위한 거버넌스 체계의 확립을 논의하고자 한다. 이와 관련하여 현행 법제 개선 및 현재 국회에서 논의되고 있는 입법안 등을 살펴보고자 한다.

II. 디지털 헬스케어의 개념 및 의료데이터

1. 디지털 헬스케어의 개념과 의료빅데이터 플랫폼

정보통신기술이 빠르게 발전하고 새로운 ICT와 결합하여 시·공간의 제약을 극복하는 다양한 의료서비스가 등장하면서 디지털 헬스케어 산업 역시 빠르게 성장하고 있다.[4] 코로나 19의 확산 및 장기화로 특히 주목받고 있는 디지털 헬스케어의 유형은 비대면 의료, 원격의료로 디지털 기술을 이용하여 환자로부터 나온 의료데이터를 분석하는 새로운 방법이다.[5] 디지털 헬스케어 관련하여 비대면 진료의 방

---

[4] 이한주·엄주희, 포스트 코로나19시대에 디지털 헬스케어 발전의 법적 과제 : 비대면 의료를 중심으로, 한국의료법학회지 제30권 제2호, 2022, 80면.

[5] Y. S. Choi. (2017). How digital health care isimplemented. Choi Yoon Sup's Healthcare innovation.

식(초진, 재진여부, 주기적 대면 진료), 대상환자, 제공 주체, 제공 의료서비스 형태, 절차적 요건, 의료수가 등 여러 법적인 문제들을 다룰 수 있으나 본 발표문에서는 특히 의료빅데이터의 플랫폼과 개인정보를 중점으로 논의를 하고자 한다. 대면 진료와 달리 비대면 진료는 의료서비스를 제공하기 위한 플랫폼이 필요하다.[6]

코로나19 이후 민간에서 개발되어 비대면 진료서비스를 중개하는 플랫폼은 거의 30개(예: 닥터나우, 굿닥, 닥터콜, 똑닥, 닥터온, 나만의 닥터, 메디 히어 등)가 넘는다. 이들은 현재 의료기관에게 전혀 수수료를 받지 않기 때문에 수익을 창출하지 못하고 투자를 통해서 서비스를 제공하고 있다. 그러나 적정한 수의 이용자들을 확보하였을 때 플랫폼 이용에 있어 유료화 가능성이 있고, 다양한 문제점들이 발생할 수 있다. 특정 약품 처방받기, 병원·약국 자동 매칭, 단골 의사 지정, 일반의약품 배달 등 의료법 및 약사법을 어기는 위법 행위들이 실제로 일어난 사안들이 보고되었고 리베이트 문제가 발생한다 해도 현행법상 처벌 대상이 의료인과 의료기관 종사자이기 때문에 비대면 진료 중개 플랫폼은 해당이 되지 않는 문제도 있다. 이러한 민간 플랫폼들의 문제점에 대해서 국회에서도 2022년 7월 18일 비대면 진료 플랫폼 중 상업적으로 왜곡된 서비스를 제공하는 업체의 차단 필요성을 제기했고, 정부 역시 민간 비대면 진료 중개 플랫폼에 대한 관리 방안으로 '한시적 비대면 진료 중개 플랫폼 가이드라인'을 마련하여 2022년 8월 4일부터 시행한 바 있다. 만약 비대면 진료가 제도화

---

[6] 플랫폼(platform)은 원래 기차나 전철에서 승객들이 타고 내리는 승강장을 말하는데, 오늘날에는 시스템이나 서비스를 제공하기 위해 공통적이고 반복적으로 사용하는 기반 모듈을 말하며, 어떤 서비스를 가능하게 하는 일종의 '토대'라고 할 수 있다. 따라서 비대면 진료 플랫폼은 비대면 진료서비스를 가능하게 하는 중개 플랫폼으로 비대면 진료를 할 수 있는 의료기관과 비대면 진료를 원하는 환자 사이를 연결해주는 운영 체계를 말한다.

되고 비대면 진료서비스를 민간에서 개발한 플랫폼에서 중개할 경우, 의료기관으로부터 광고료 혹은 수수료를 받아 비대면 진료만을 하는 의료기관 양상과 그로 인한 비대면 진료 과잉 활용 등 부작용이 발생할 가능성이 있고 실제로도 그런 일들이 벌어지고 있는 것이다. 따라서 비대면 진료 중개 플랫폼에 대한 적절한 관리와 통제가 필요하다.[7]

2. 비대면 진료 관련 법적 책임

비대면 진료 플랫폼은 비대면 진료를 위한 의료기관(병원, 약국 등) 소개 및 검색, 예약, 진료를 제공하는 비대면 진료 중개 플랫폼을 말한다. 법적 책임소재는 의료빅데이터 플랫폼 관련 비대면 진료 과정에서 일어날 수 있는 오진 및 의료사고에 대한 책임 소재와 관련된 것이다. 비대면 진료는 대면 진료에서 사용하는 문진·시진·청진·타진·촉진 대신 정보통신기술이라는 중간 매체를 사용하기 때문에 의료사고 혹은 의료 분쟁을 불러일으킬 요소들이 더 많다. 즉, 정보통신기술을 이용하면서 대면 진료에서 발생하는 의료사고 혹은 의료 분쟁의 원인이 되는 의사의 의학적 판단이 아닌 다른 다양한 요인으로 인해 의료 사고 혹은 의료 분쟁이 발생할 수 있다.[8]

---

7 국민의 의료정보 등 민감정보에 대한 보호와 기본권 보장을 위한 정부의 적절한 통제와 관리가 요구된다. 비대면 진료 중개 플랫폼을 정부가 개발하고 의협이 관리하고 운영할지 아니면 현재 개발된 민간 비대면 진료 플랫폼에 대한 인증 기준을 개발하고 인증과 관리를 의협이 할지에 대해서 고려해야 한디. 플랫폼 개발과 관리, 인증 기준 개발과 관리 모두 물적·인적 자원이 필요하고, 시간과 비용이 들어가기 때문에 실현가능성과 관리의 효율성 측면에서도 충분한 고려가 필요하며 자세한 부분은 후술한다.

8 Paul Spradley, Telemedicine: The Law Is the Limit, TUL. J. TECH. & INTELL.

현재 의료법 제34조 제3항에 따르면 비대면 진료를 하는 자(원격지 의사)는 환자를 직접 대면하여 진료하는 경우와 같은 책임을 지도록 하고 있고, 정부가 발표한 한시적 비대면 진료 방안 공고문을 보면 비대면 진료는 "의사의 판단에 따라 안전성 확보가 가능한 경우"에 받을 수 있도록 하여 비대면 진료에 대한 책임을 의사가 지도록 하고 있다.[9] 의료법과 비대면 진료 방안에 의사가 통제하거나 관리할 수 없는 부분(정보통신기술)으로 인해 발생할 수 있는 위험 요인들까지 포함하여 의사로 하여금 비대면 진료 제공을 하기 위한 안전성을 확보하게 하고, 대면 진료와 동등한 책임을 지게 하는 것은 비대면 진료를 불가능하게 하는 요소가 될 수 있다. 따라서 이 비대면 진료 시행 시, 일어날 수 있는 다양한 위험 발생 원인에 따라 책임 소재를 명확히 해야 할 필요가 있다. 특히 의료가 아닌 정보통신기술 혹은 환자 불응 등으로 발생하는 의료사고에 대한 책임은 의사에게 없다는 내용이 명확하게 적시된 의료법 개정 및 정보통신 관련 법 개정에 대한 부분이 우선적으로 고려될 필요가 있다.

3. 개인정보자기결정권

코로나19 이후 디지털 헬스케어 서비스가 상용화되고 있다. 이러한 의료빅데이터 플랫폼에서 활용되는 개인정보 관련하여 대표적으로 개인이 스스로 자신의 건강과 관련된 정보를 관리하고 통제할 수 있도록 하는 개인건강기록(PHR, Personal Health Record)을 들 수 있다. 개인건강기록은 평생건강관리를 지원하기 위해 소비자에게 자신

PROP, Vol.14, 2011.

9 보건복지부, 공고 제2022-575호, 한시적 비대면 진료 허용방안 개정안, 2022.8.4.

의 진료정보를 언제 어디서 나 열람할 수 있고 건강정보를 직접 입력 및 관리할 수 있도록 도와주는 서비스로 정의되며, 일반적으로 개인 은 의료기관에 직접 방문하거나, 의료기관이 제공하는 열람 및 사본 발급 서비스를 이용하여 자신의 진료정보를 얻을 수 있다. 비록 개인 이 자신의 진료정보에 대한 정보 주체라고 하더라도 그 자신이 진료 정보를 직접 생성하고 관리하는 주체가 아니므로 진료정보는 의사의 전문지식이나 경험을 기반으로 하여 생성되고, 의료인 및 의료기관 을 관리한다. 즉 건강관리 서비스를 제공하는 공급자를 중심으로 건 강정보가 관리되고 있다.

헌법상 개인정보자기결정권은 개인이 자신의 개인정보에 대해 언제 누구에게 어느 범위까지 공개되고 이용되도록 할 것인지에 대 해 스스로 결정할 권리이다. 정보 주체가 정보를 직접 생성, 수집, 관 리하지 않는 환경에서도 개인의 권리를 존중하면서 정보를 활용하고 자 주어진 권리이다. 다만 개인정보 보호법으로 동의, 열람, 이동, 정 정, 삭제권을 보호한다고 하더라도 개인이 자신의 정보에 대한 접근 성과 활용도가 떨어진다는 점이 문제점으로 지적되고 있다. 특히 질 병을 예방하거나 수술 및 처치에 대한 예후를 관찰하고, 개인이 스스 로 일상 속에서 만성질환을 관리하고자 하는 웰니스 문화가 보편화 되면서 개인이 자신의 건강기록을 직접 관리하고자 하는 부분이 생 겨났다. 개인건강기록은 개인이 스스로 자신의 건강관리에 필요한 정보들을 선별하여 수집하고, 특정 건강 관심사를 위해 활용할 수 있 는 새로운 도구가 될 수 있다.[10] 기존의 개인정보 관련 보호 법제는 개인의 사생활과 비밀의 자유를 보호하는 인격권 침해 예방에 방점

---

[10] 배현아, "전자화된 개인건강기록(Personal Health Record)의 법적 문제", IT와 법 연구", 2016, 211-249면.

을 두고 있기 때문에, 그 규제의 내용을 정보수집, 처리 및 관리자의 측면에서 다루고 있다. 또한 정보 주체와 정보의 관리주체가 분리되어 있으므로 정보 주체의 권리는 주로 동의권에 초점이 맞춰져 있다. 그러나 개인건강기록에서는 정보 주체가 직접 정보를 생성하고 관리하는 관리주체이기 때문에 동의권을 포함하여 개인의 건강권 또는 행복추구권 그리고 개인의 책임의 측면에서 정보 주체의 권리와 그에 따르는 책임으로 논의를 확장할 수 있다.[11]

디지털 헬스케어와 의료빅데이터 플랫폼을 이용한 비대면 진료를 하게 되면 환자의 개인의료정보가 의료기관 외부로 나간다는 것을 의미한다. 대면 진료 시에는 의료기관 내 의사의 PC에 환자의 진료기록이 모이지만 비대면 진료 시에는 환자가 보내는 개인 의료정보와 그에 대한 의사의 진료기록이 인터넷망을 통해 전송되기 때문에 해킹 문제가 발생할 수 있다. 이는 의료기관의 보안 문제와 환자 측의 기기와 인터넷 정보통신망 보안 문제를 모두 고려해야 함을 의미한다. 실제로 스마트폰 운영체제는 PC나 서버에 비해 보안체계가 엄격하지만 실제로 해커들은 다양한 방법(소셜 엔지니어링 – 접근 권한 승인 요청, 악성 광고, 스미싱, 맬웨어, 프리텍스팅 – 모바일 서비스 제공업체 활용, 블루투스를 통한 침투, 중간자 와이파이 공격 – 통신망 침투, 악성 케이블 – 충전 케이블을 통한 침투)으로 스마트폰을 해킹할 수 있다. 의

---

11 대법원은 헌법 제10조와 제17조에 대해, 이들 헌법 규정은 개인의 사생활 활동이 타인으로부터 침해되거나 사생활이 함부로 공개되지 아니할 소극적인 권리는 물론, 오늘날 고도로 정보화된 현대사회에서 자신에 대한 정보를 자율적으로 통제할 수 있는 적극적인 권리까지도 보장하려는 데에 그 취지가 있는 것으로 해석한 바 있다. 이 해석을 매우 보수적으로 이해한다면, 비식별화 처리 여부 또는 개인정보 이용에 있어 개인에게 큰 통제력을 주는 것으로 이해할 수도 있으나, 보건의료영역에서 개인이 자신의 진료정보를 자율적으로 관리할 수 있도록 보장하는 큰 목적은 개인이 스스로 자신의 건강상태에 대해 숙지하고, 관리하도록 돕는 데 있다고 본다.

료정보는 다른 일반 개인정보보다 가장 비싼 가격에 거래된다. 따라서 해커의 주요 타깃이 될 수 있다. 이를 방지하기 위해 많은 국가에서 비대면 진료 시 개인정보보호 및 보안 유지 기준을 마련하고 관련 법률을 준수하도록 하고 있다. 대표적으로 미국의 경우 정보통신기술이 활용이라는 비대면 진료 특성으로 인해 개인정보 유출 위험이 증대하자 건강보험 이전 및 책임에 관한 법(HIPAA: Health Insurance Portability and Accountability Act)을 통해 의료기관의 개인정보보호의무와 관리 방안, 건강정보 이동권 확대 방안, 의료 정보 유출시 책임 방안 등을 규정해 두고 있다.[12]

4. 의료데이터에 대한 접근과 소유권

의료빅데이터 플랫폼을 통한 비대면 진료 과정에서는 환자 데이터가 의료기관이 아닌 곳에서 쌓이게 되는데 이게 어디에 저장되는 것이 바람직하고, 이를 누가 관리할 것이며, 의사의 입장에서는 환자의 진료기록에 대한 접근과 소유권에 대한 검토가 필요하다. 비대면 진료의 경우 이동하는 환자의 의료정보에 대한 의사의 접근이 용이하려면 환자의 의무기록 상호 운영과 정보 공유에 따른 진단 오류로 인한 의료사고를 예방하기 위해 동일·유사한 전자의무기록(Electronic medical record, EMR) 시스템 구축 및 운영, 혹은 인증이 필요하다. 또한 비대면 진료 과정에서 생산되는 진료기록은 의사의 의학적 판단이 들어간 진료기록이고, 단순한 환자의 개인 의료정보가 아니므로 이에 대한 제공자로서 의료데이터 소유권 인정에 대한 고려가 필요

---

12 김재선, "미국의 보건의료데이터 보호 및 활용을 위한 주요 법적 쟁점", 대한의료법학회, 의료법학 제22권 제4호, 2021, 10면.

하다. 이를 위해서는 의료정보의 구분13 및 비대면 진료 과정에서 생성되는 개인 의료정보의 접근성과 의사의 진료기록에 소유권에 대한 법적 정비가 필요하다.

III. 디지털 헬스케어 관련 법적 검토

1. 의료빅데이터 플랫폼과 관련된 헌법상 기본권

(1) 보건권

현행 헌법에는 건강권과 관련해 제36조 3항에 '모든 국민은 보건에 관하여 국가의 보호를 받는다'고 언급해 놓았을 뿐이다. 이 조항은 선언적이고 추상적인 성격이 강해 건강권을 적극적 · 구체적으로 명시해 국민의 건강권을 강화할 필요가 있다는 지적이 제기됐다. 게다가 헌법 36조는 혼인 · 모성보호를 규정한 조항이다 보니 보편적인 건강권을 명시한 것으로 보기에 모호한 측면이 있다. 이와 관련하여 현재의 건강 불평등 상황이 우리 사회의 지속가능성과 인권 보장을 심각하게 위협할 수 있으므로 현재의 헌법에 미약하게 규정하고 있는 건강에 대한 국가의 책임을 획기적으로 강화하는 방향으로 헌법 개정이 이뤄져야 한다는 의견이 있으며 기본권으로써 건강권의 보장은 보건의료의 접근성 또는 비용 보장에 국한되지 않으며 건강권을 보장하기 위해서는 사회경제적 요인, 환경적 요인 등 보건의료 외적인 건강 결정 요인으로 인한 건강의 격차 또는 차별이 해소될 수 있

---

13 김재선(2021)의 경우 의료정보를 진료정보(Medical Record), 의료정보(Health Record), 건강정보(Health Information), 일반적 개인정보(Personal Information)로 구분하였다

도록 건강할 권리에 대해 평등하고 포괄적인 접근이 이뤄져야 한다. 헌법상 보건권을 보다 넓게 해석하거나 해당 부분에 대한 구체적인 규정을 통하여 의료빅데이터 플랫폼 건강보험 지속가능성과 의료서비스의 질적 우수성, 접근성 제고 등을 통해 국민 건강증진 및 의료의 형평성 유지에 기여할 수 있을 것이다.

(2) 평등권(소외지역, 노인과 장애인의 의료접근권 보장)

의료접근성이란 질 좋은 보건의료 기술을 필요로 하는 이들이 혜택을 누릴 수 있는지를 의미한다. 과거 통신과 교통 제약이 있을 때 도서산간, 재외국민, 군시설, 교도소 등 물리적 고립이 초래하는 의료접근성에 대한 고민이 중심이었다면 기술이 비약적으로 발전한 요즘에는 병원 방문이 힘든 고령층부터 질환(정신. 요양 등)으로 인해 입원한 환자, 백신접종 소외 유아층 등 '상황적 고립'이 초래하는 의료접근성 고민이 필요하다. 비대면 진료가 감염병 예방이라는 상황적 고립으로 말미암은 의료접근성 개선을 한 차례 증명했다면 코로나19가 종식된 이후에도 의료계 및 공공기관과 협력해 다양한 의료 고립 상황을 개선할 것이라는 기대가 있다. 국토연구원에 따르면 전국 250개 시·군·구 가운데 응급의료가 취약한 곳으로 평가된 지역은 모두 60곳이다. 해당 지역 거주자 211만 명이 지리적 요인으로 의료취약계층으로 분류된다. 서울과 경기권을 제외한 지역 비대면 진료 비중이 60% 이상이며 의료취약지 의료지원(원격의료협진) 시범사업 등을 통해 비대면 진료를 통한 거리적 접근성 개선 가능성을 살펴볼 수 있다. 또한 의료빅데이터 플랫폼 활성화를 통하여 노인 및 장애인의 상황적 의료접근성 개선을 고려할 수 있다. 의료활동 및 국민과의 접점을 찾는 데 정보기술(IT)을 활용해 비대면 진료 과정에서 발생할 수 있는 부작용을 미연에 방지하고 의료공급자인 의사·약사와 상호 보완적인 협력 관계를 구축하여야 한다. 원격의료가 활발하게 자리 잡은 미국의 경우 주마다 원격의료법이 다르며, 매년 보완될 정도로 주정부와 산업계·의료계가 오랜 기간 꾸준히 논의하며 최적화한 의료접근성 개선 방법을 찾고 있다. 우리나라도 이상적인 미래 의료 환경을 구축하기 위해 비대면 진료 혜택을 받는 국민의 의료접근성이 어떻게 개선될지 고민해야 하며 관련 노인과 장애인 등 취약계층의 의료빅데이터 플랫폼을 이용한 의료접근성을 높이고 해당 플랫폼을 사용하기 위한 교육 등을 통하여 디지털 격차를 해소하고 헌법상 평등권을 실현하는 방안을 고려하여야 한다.

2. 플랫폼에 기반한 디지털 헬스케어 관련 법제 정비 필요성

데이터 3법은 데이터 이용을 활성화하는 「개인정보 보호법」, 「정보통신망 이용촉진 및 정보보호 등에 관한 법률」(이하 정보통신망법), 「신용정보의 이용 및 보호에 관한 법률」(이하 신용정보법)로 2020년에 시행되었다. 그중에서도 「개인정보 보호법」은 개인정보의 개념을 정의하여 새로운 기술 및 서비스에 개인정보를 안전하게 이용할 수 있도록 하였다. 하지만 개인정보를 의료데이터로써 디지털 헬스케어 산업으로 활용하기 위해서는 여전히 법적 제약이 있다. 의료데이터를 보호하기 위한 「의료법」과 인간 및 인체유해물 연구 등 목적으로 데이터를 활용하기 위한 「생명윤리 및 안전에 관한 법률」(이하 생명윤리법) 등 기존의 의료분야 관련 법 제도가 같이 개선되어야 한다.[14]

---

14 개인정보 보호법, 생명윤리법, 의료법 간의 상충되는 부분이 존재한다. 과학적 연구 등 가명처리를 위한 의료저보를 교부할 때 의료법과 개인정보 보호법이 충돌한다.

의료데이터의 활용을 위해서는 의료법, 생명윤리법 등 관련 법률들에 저촉되지 않도록 데이터에 대한 범주를 명확히 정립하여야 한다.

디지털 헬스케어의 기술과 법 제도의 차이로 인해 발생하는 문제들은 해외에서도 중요 쟁점으로 보고 있다. 기술 발전으로 환자들은 그들이 필요로 할 때 자신의 건강 정보(health information)에 어디에 서든 접근할 수 있기를 원하며 Health Information Technology for Economic and Clinical Health Act(HITECH), the 21st Century Cures Act(Cures) 등 의료분야 법률은 특별한 노력 없이도 환자가 자신의 건강정보에 접근할 수 있도록 법을 개정하였다. 이는 미국 의료 분야에서도 개인정보자기결정권을 강화하는 방안이다. 환자 건강 데이터는 이해관계자들에게 공유하여 연구용 및 진료용으로 활용하며 데이터가 활용되기 위해서는 의료 시스템이 안전하다는 신뢰를 제공하고 활용의 투명성을 제공하는 것을 강조하고 있다. 민감정보가 포함된 의료데이터를 활용하는 것에 찬성하는 경향이 크며 이를 위해

의료법에서는 연구 목적의 의료정보 제고 규정은 존재하지 않으므로 가명처리시 개인정보 보호법 제28조의2(가명처리특례) 규정을 적용한다. 이때 의료법 규정이 배제된다. 반면, 여전히 의료법이 우선 적용된다면 사실상 의료정보에 대한 가명처리는 불가능해진다. 보건의료데이터 활용 가이드라인에 따르면 의료법이 우선적용된다고 규정하며 가명처리해 환자식별력이 없는 진료기록정보에는 예외적으로 정보 활용이 가능해진다. 가이드라인에 불구하고 여전히 두 법상 해석이 모호한 점이 있다. 가명처리를 위해 실명 환자 기록을 의료기관 내 데이터 부서에 제공 또는 의료기관 외 제3자에게 가명처리 위탁을 하는 경우 어느 법이 우선되는지 실명정보와 가명정보가 혼합되어 보관되는 경우 법적 근거가 없는 점도 있다. 의료정보에 대한 제3자 제공 항목에서는 생명윤리법과 개인정보 보호법이 부딪힌다. 인간대상연구에 이용된 의료정보의 경우 IRB심의와 연구대상자의 동의를 면제받을 수 있지만, 실제로 생명윤리법 제15조 동법 시행규칙 13조는 IRB면제 근거가 될 수 있을 뿐 동의 면제 근거가 되기 힘들다는 견해도 존재한다. 심의기준이 의료기관마다 달라질 수 있고 예측가능성이 낮아질 수 있어 수범자에게 혼란을 줄 수 있다. 보건의료데이터 특성을 고려하면서도 각 개별 법령간 모순과 모호함을 제거하는 방향의 입법조치가 필요하다는 의견이 있다.

환자 스스로 자기정보를 통제할 수 있도록 하고 데이터 활용목적을 공개하여 활용의 투명성을 제시하는 환자의 개인정보자기결정권을 강조하고 있다. 더불어 새로운 기술 발전이 반영된 법제도 개선 및 사회적 변화를 요구하고 있다.

3. 소결

데이터 3법의 개정으로 기업들이 AI, 빅데이터를 활용한 디지털 헬스케어 혁신의 전환점을 맞이하였다. 기존 「개인정보 보호법」 제15조(개인정보 수집 및 이용)와 제17조(개인정보 제공)에서는 동의 없이는 의료기관에 의료데이터 연계가 불가능하고 의료 산업과 관련한 세부 법안이 명확히 규정되지 않아 데이터 활용에 대한 법적인 이슈는 지속되고 있다. 「개인정보 보호법」에서 명시한 개인정보, 가명정보 등의 개념을 활용하여 병원의 의무기록을 포함해 민감 개인정보를 가명화하면 동의 없어도 데이터를 제공하고 활용할 수 있을지의 문제가 제기되며, 「개인정보 보호법」에 의거해서 개인정보를 가명처리하면 활용할 수 있도록 명시돼 있으나, 「의료법」에서는 개인 의료정보를 제3자에게 제공하거나 정보 누설을 엄격히 제한하며 연구 목적으로 의료정보 제공을 규정하고 있지 않다. 이는 특별법 우선 원리로 인해 「개인정보 보호법」보다 「생명윤리법」, 「의료법」이 우선 적용되어 보건의료 정보 활용에 제약이 발생할 수 있다.

특히 현행 의료법의 경우 '되는 것 빼고는 원칙적으로 안 되는' 대표적인 포지티브 규제 중 하나다. 의료인은 원칙적으로 그 의료기관 내에서 의료업을 해야 하고(제33조 제1항), 환자를 '직접 진찰한' 의사, 치과의사 또는 한의사가 아니면 진단서 등을 환자에게 교부하지 못한다(법 제17조 제1항). 또한 처방전을 작성해 환자에게 교부 또는 발송할 수도 없다(법 제17조의2 제1항).

의료법에서 '원격의료'라는 표현이 등장하나 이 원격의료는 의사와 의사 간 협업을 의미할 뿐 멀리서 환자를 진찰한다는 '비대면 진료'의 개념은 아니다. 법원은 의사가 원격지에 있는 환자를 진료하는 게 의료법 위반에 해당한다는 원칙을 견지하고 있다(대법원 2020. 11. 12. 선고 2016도309 판결 등). 다만 '진찰'은 문진 외에도 시진, 청진, 타진, 촉진 기타 각종의 과학적 방법을 써서 검사하는 여러 검진 방법을 포함한다고 보아(대법원 1993. 8. 27. 선고 93도153 판결 등), 전화 통화 등 비대면으로 의료행위가 이뤄졌더라도 의사가 스스로 진찰을 했다면 직접 진찰한 것으로 볼 수 있다고 판단하기도 했다(대법원 2013. 4. 11. 선고 2010도1388 판결, 대법원 2020. 5. 14. 선고 2014도9607 판결 등). 그러나 이는 어디까지나 개별 사례에서 예외의 범위를 해석한 것에 가까울 뿐 '비대면 진료＝의료법 위반'이라는 대원칙에 변경은 없고 헌법재판소 역시 다르지 않다(헌법재판소 2012. 3. 29. 선고 2010헌바83 전원재판부). 코로나 사태로 비대면 진료의 필요성이 강조되면서 감염병예방법이 개정돼 위기단계 '심각'이 유지되는 한 비대면 진료가 가능하다는 조항이 신설됐다. 현행 「개인정보 보호법」보다 「생명윤리법」, 「의료법」 등과 관련하여 해당 법률의 개정을 위한 노력을 하여야 한다.

Ⅳ. 비교법적 검토

1. 호주

국영기업이 개발·관리·운영하고, 정부에서 인증하여 공공 플랫폼으로 사용하는 대표적 국가로는 호주가 있다. 보건의료산업 분야의 국영기업 Healthdirect Australia(전신 National Health Call Center Network)는 무료 건강 정보에 대한 국민의 접근성을 향상시키기 위해 호주 연방－주정부 협의회(COAG: Council of Australian Gover－nments)[15]의 합의에 따라 2006년 8월에 설립되었다. 이 회사는 비대면 진료와 관련된 다양한 서비스를 제공하는 다수의 서비스들을 개발하고 제공한다. 이를 헬스 다이렉트(Healthdirect)라 하며 헬스 다이렉트는 사람들이 정보에 입각하여 건강에 대한 의사결정을 내릴 수 있도록 웹사이트, 애플리케이션, 전화 상담 등을 통해 건강 조언 및 정보에 대한 액세스를 제공하는 정부 지원 온라인 건강 서비스라고 할 수 있다. 이 중 Healthdirect Video call은 환자가 의사에게 전화 혹은 화상으로 진료, 재활치료, 심리 상담 등 일반 의료서비스를 받을 수 있도록 하는 비대면 진료서비스 플랫폼이며, 호주의 GP 및 전문의 등은 이 시스템을 무료로 사용할 수 있다.[16] 환자들은 이 플랫폼을 이용하여 온라인으로 약 처방도 받을 수 있고, 자택으로 약 배송도 받을 수 있다. Healthdirect Australia는 사이버보안 지침에 대한 호주 정부 정보보안 매뉴얼(ISM: Information Security Manual)[17]과 건강보험 이전 및 책임 법(HIPAA: Health Insurance Portability and Accountability Act 1996)에 따르고 개인정보를 보호하고 있다고 하였다. 특히 개인정보보호 및 보안 평가 수준인 Essential Eight Maturity

---

15 강원택, 호주연방제의 특성과 변화. 아시아리뷰 제2권 제1호, 서울대학교 아시아연구소, 2012, 30면.

16 Healthdirect Australia, Video Call.https://about.healthdirect.gov.au/video-call.

17 호주 사이버 보안 센터(ACSC: Australian Cyber Security Centre)에서 위험 관리 프레임워크를 사용하여 사이버 위협으로부터 정보와 시스템을 보호하기 위해 적용할 수 있는 사이버 보안 프레임워크에 대한 설명을 담고 있는 매뉴얼이다.

Model64)의 성숙도(Maturity) 레벨 2를 획득하였는데 이는 군사 등급 수준의 보안이다.[18]

2. 영국

민간기업이 개발·관리·운영하고, 정부에서 인증하여 공공 플랫폼 형태로 사용하고 있는 대표적 국가로는 영국이 있다. 영국의 비대면 진료 플랫폼인 GP at Hand는 영국 민간기업 바빌론(Babylon)에서 개발하였으며 영국 정부의 인증(계약)을 통해 사용을 승인받았고 2017년부터 운영 중이다. GP at Hand는 24시간 온디맨드(Ondemand)형 비대면 진료 플랫폼이며, 일차 의료서비스를 일반적으로 화상 또는 전화로 제공한다. 환자들이 앱을 접속하면 AI 챗봇 채팅 상담을 통해 비대면 진료로 연결해주거나 GP at Hand와 연결된 클리닉 중 한 곳과 대면 진료를 예약하도록 하고 있다. 환자가 원할 경우 처방전을 환자와 가까운 약국, 회사나 집으로 보내는 서비스를 제공하고 있고 약 배송도 가능하다. 바빌론은 영국의 의료 질 위원회(Care Quality Commission)에 의해 인증 및 규제를 받고 있으며, 데이터 보안을 위해 영국 일반 개인정보 보호법(GDPR: United Kingdom General Data Protection Regulation)[19] 및 NHS(National Health Service) 기준에 따라 합법적으로 정보를 처리해야 한다.[20] 또한, 영국 NHS Digital69

---

[18] ManageEngine, Complying with ACSC's Essential Eight Maturity Model. https://www.manageengine.com/essential-eight/.

[19] 2018년 5월 25일부터 EU 개인정보보호지침을 대체하여 적용되는 EU GDPR을 영국이 EU를 2020년 탈퇴하면서 영국 개인정보 보호법과 함께 영국의 현실에 맞게 수정한 일반 개인정보 보호법을 말한다.

[20] babylon GP at Hand, https://www.gpathand.nhs.uk/.

는 비대면 진료에 사용되는 디지털 건강 도구(비대면 진료 플랫폼 등)
가 DTAC(Digital Technology Assessment Criteria for Health and Social
Care)[21]의 임상적 안전성, 데이터 보호, 기술 보안, 상호 운용성 및 가
용성 및 접근성 표준을 충족해야 하도록 규정하고 있고, 바빌론도 이
에 맞도록 앱 운용을 하고 있다.

3. 미국

민간에서 비대면 진료 플랫폼을 개발하여 정부에 인증을 받지 않
고 자유롭게 관리 및 운영하는 국가들은 매우 많은데 대표적으로 미
국(teledoc), 일본(Clinics), 아일랜드(videodoc), 스웨덴(Livi), 프랑스
(Doctolib), 중국(Ping An Good Doctor) 등이 있다. 특히 미국에서는
비대면 진료 플랫폼을 민간에서 개발하고 운영 및 관리하고 있다. 대
표적인 플랫폼으로 텔라닥(teledoc)이 있다. 2002년 설립된 텔라닥은
미국 최초의 비대면 진료서비스 제공 플랫폼으로 미국 내에서 약 7
천만 명의 고객을 유치하고 있다. 텔라닥은 미국 비대면 진료 시장의
약 60%(2020년 기준)를 점유하고 Doctor) 등이 있다. 2002년 설립된
텔라닥은 미국 최초의 비대면 진료서비스 제공 플랫폼으로 미국 내
에서 약 7천만 명의 고객을 유치하고 있다. 텔라닥은 미국 비대면 진
료 시장의 약 60%(2020년 기준)를 점유하고 있고, 현재 3천 명이 넘는
의사와 450개 의료 전문 분야에서 활동하는 약 5만 5천 명의 전문가
네트워크를 보유하고 있다. 급성질환을 제외하고 대부분의 질환에
대해서 비대면 진료를 제공하고 있으며, 약 175개 국가에서 40개 언

---

21 DTAC는 건강과 사회복지를 위해 개발된 새로운 디지털 기술이 최소 기준 기준을
충족하는지 확인하는 데 사용하도록 설계된 디지털 기술 평가 기준이다.

스마트 치료의 공법학

어로 서비스를 제공하고 있다.[22] 최근 아마존과 손을 잡고 아마존의 AI 비서 알렉사가 탑재된 스마트 스피커 에코(Echo)시리즈를 통해 텔라닥의 비대면 진료서비스를 제공하기로 하였다.[23] 텔라닥 비대면 진료 이용 과정은 다음과 같다. 우선 환자가 웹사이트, 앱, 콜센터, AI 비서 등 다양한 채널을 통해 진료를 신청하면 보험 적용 여부, 성별, 사용 언어 등을 고려해 가장 적합한 의료진을 배정받고 10분 정도의 대기시간을 거쳐 진료를 받을 수 있다. 의사는 환자의 기본정보와 의무기록을 작성한 후 증상을 사진이나 영상으로 환자가 찍어서 전송하면 진료를 받을 수 있다. 진료 후 의사는 환자의 전자 건강기록을 업로드하거나 다른 전문의에게 보내고, 고객이 방문할 약국을 설정하면 해당 약국으로 전송한다. 텔라닥은 민간에서 개발된 비대면 진료 플랫폼이기 때문에 정부의 인증은 받지 않았지만, 개인의 의료정보가 이용되고 활용되는 데 있어서 미국 HIPAA 규정을 따라야 한다. 미국의 경우 비대면 진료의 경우 정보통신기술이 사용되기 때문에 개인 정보 유출 위험이 증대하자 프라이버시와 보안유지를 위해 HIPAA법, 의료정보기술법(Health Information Technology for Economic and Clinical Health Act, 이하 HITECH) 적용을 통해 개인정보보호의무와 관리 방안, 건강정보 이동권, 의료정보 유출 시 책임 방안 등을 마련하여 지키도록 함으로써 정부의 공식 인증 없이도 규제하고 있다.[24]

---

22 매거진 환경, 미국 원격의료 선두 주자 '텔라닥 헬스'. 2021.12.04. https://magazine.hankyung.com/business/article/202111304051b (최종방문일 2023. 11. 6.)

23 메디게이트. 텔라닥·아마존 원격의료 협업… 알렉사, 의사를 부탁해. 2022.03.08. https://www.medigatenews.com/news/2350618367 (최종방문일 2023. 11. 6.)

24 김재선, 앞의 논문, 40면.

4. 소결

미래의료에 있어 데이터의 중요성은 날로 높아지고 있다. 이러한 의료데이터를 효과적으로 활용하기 위하여 의료빅데이터 플랫폼의 개발이 선제되어야 한다. 해외에서 이용되는 비대면 진료 플랫폼은 ① 국영기업에서 개발 및 관리, 운영하고 정부로부터 인증을 받은 경우와 ② 민간이 개발, 관리 및 운영하되 정부가 인증하는 경우, ③ 민간이 개발, 관리, 운영을 하며 별도로 정부에서 인증을 하지 않는 경우로 나뉜다. 현재 국내에서 운영 중인 비대면 진료 플랫폼은 약 30여 개로 코로나19 이후 비대면 진료에 대한 수요가 증가하자 관련 서비스를 제공하는 업체들이 폭발적으로 증가한 상태이다. 닥터나우, 똑닥 등의 플랫폼이 있었으며 국내에서 운영 중인 민간 플랫폼은 분 민간에서 개발하고 관리하고 운영하는 플랫폼들로 이들에 대한 다양한 문제점들이 제기되고 있다. 약사법상 광고 금지 전문의약품 광고 범람, 의사의 진찰과 처방이 필요한 전문의약품을 환자가 직접 선택하도록 유도, 불법 의료광고 및 환자 유인행위, 의료서비스 및 의약품 남용 사례, 광고비를 낸 의료기관 과잉 노출, 환자 거주 지역 약국에서 조제 어려움(택배 혹은 퀵서비스 유도), 리베이트도 현행법상 처벌 대상이 의료인, 의료기관 종사자로 비대면 진료 플랫폼은 처벌 대상에서 제외된 부분 등의 문제가 제기된다. 또한 의료데이터와 관련된 개인정보와 관련하여 일부 플랫폼에서는 '개인민감정보보호법', '개인 민감정보보호지침'과 같은 현행 법률상 존재하지 않는 법을 근거로 비대면 진료 플랫폼 이용자들의 개인 민감정보를 수집하고 있는 것으로 나타났다.[25] 정부는 2022년 8월 25일 개최된 2022 미래의

---

[25] 의협신문, 개인민감정보보호법?… 이용자 속인 비대면 플랫폼 등장. 2022.10.21.

학포럼에서 정부는 비대면 진료 플랫폼을 정부에서 개발하여 공공플 랫폼을 운영하는 것은 시장 발전을 저해할 수 있기 때문에 이미 많은 업체가 운영 중인 상황에서 그것을 무시하고 정부가 나서기는 어렵 다는 의견을 제시한 바 있다.[26] 정부는 비대면 진료 플랫폼을 정부에 서 담당하도록 하기 위해 2022년 8월 19일 산업계와 간담회에서 비 대면 진료 플랫폼 인증제를 논의하였다. 이는 비대면 진료 플랫폼이 개인정보보호 등의 기준을 충족하면 정부로부터 인증을 받을 수 있 도록 하는 방식이다. 인증은 한국보건의료연구원(NECA)에서 담당하 는 방향으로 논의되고 있다. 또한 2022년 8월 4일 '한시적 비대면 진 료 중개 플랫폼 가이드라인'을 마련하고 발표하였다. 여기에는 한시 적 비대면 진료 중개 플랫폼 가이드라인의 정의 및 목적, 플랫폼의 의무, 플랫폼 업무 수행의 세부 준수사항이 담겨 있고 향후 의료법 개정안(발의안)이나 관련 가이드라인 지침을 통한 플랫폼의 의무 규 정, 업무 수행 준수사항에 관련 규정, 정부 인증 관련 규정 등이 필요 하다.

V. 결 론

1. 정보 주체의 동의 구체적인 범위 명시 검토

「개인정보 보호법」보다 「생명윤리법」, 「의료법」이 우선 적용되 어 보건의료 정보 활용에 제약이 발생할 수 있다. 현재 보건의료데이

---

https://www.doctorsnews.co.kr/news/articleView.html?idxno=146690 (최종 방문일 2023. 11. 6.)

26 2022 미래의학포럼, 발표 자료집, 2022.8.25.

터 활용 가이드라인에 규정된 부분을 보다 구체화하여 법률상으로 정보 주체의 인권 및 사생활 보호에 중대한 피해를 야기할 수 있는 정보를 제외하고는 본인의 동의를 받지 않아도 활용할 수 있도록 하고 데이터 활용의 혼란을 예방하기 위한 구체적인 가이드라인을 제시하여야 한다.

2. 사후철회 옵트아웃(Opt-out) 제도 도입

데이터의 활용에 개인의 사전동의 옵트인(Opt-in) 제도에서 사후철회 옵트아웃(Opt-out)과 같은 동의권을 확보하여야 한다. 국내 개인정보 수집의 경우 개인정보 보호법에 따라 정보 주체가 수집·이용·제공에 대한 동의를 먼저 해야만 개인정보를 처리할 수 있는 옵트인 제도를 채택하고 있어 의료 분야에서 데이터를 활용해 상업적·산업적 연구에 활용하는 것이 매우 어려운 구조이다. 이러한 문제를 해결하기 위해 민감하지 않은 정보나 가명정보로 처리된 것에 대해서는 정보 주체가 의료데이터 활용에 대한 거부 의사를 밝히지 않으면, 의료데이터를 수집·이용할 수 있는 옵트아웃제도를 생각할 수 있다. 호주의 경우 2018년 옵트인에서 옵트아웃으로 전환하였으며, 3개월의 기간 내에 옵트아웃을 신청하지 않을 경우 자동으로 개인 의료기록이 MHR시스템 내에 업로드되어 보건의료의 공익적 목적을 위해 데이터 활용이 가능하다.[27] 영국 또한 NHS Digital에서 의료데이터의 수집·보유·관리 등을 담당하는 옵트아웃제도를 실시하고 있다. 국내에서 옵트아웃 제도를 도입한다면 일반 대중 및 환자들이 이해하기 쉽도록 수립되어야 하며, 옵트아웃을 실시하기 전에 필요한 정

---

27 최선미, 김경진, 앞의 논문, 28면.

스마트 치료의 공법학

보를 정확하게 전달하여 현명한 결정을 내릴 수 있도록 구체적인 정책 제언이 요구된다. 이를 고려하여 가명정보를 활용하기 위한 제도적 개선이 요구된다.

3. 비대면 의료에 대한 명확한 기준 제안

코로나가 장기화되면서 비대면 진료가 한시적으로 허용되었다. 웨어러블 기기를 통해 측정된 의료데이터를 환자 진료에 활용하는 것이 허용되며 혈압, 혈당, 고지혈증 등 만성질환뿐만 아니라 알츠하이머 등과 같은 질병도 디지털 헬스케어 제품을 통해 예측 및 진단할 수 있게 되었다. 하지만, 코로나 사태가 진정되면서 비대면 진료는 의료법상 원칙적으로 금지되었고, 이에 대한 논의가 필요하다. 「의료법」 제34조(원격의료)에 따르면, 의료인은 컴퓨터·화상통신 등 정보통신기술을 활용하여 먼 곳의 의료인에게 의료지식이나 기술을 지원하는 것이라고 명시하고 있다. 이는 의료인과 의료인 간에만 의료데이터를 주고받을 수 있다는 뜻으로 해석할 수 있다. 즉, 환자가 의료인에게 디지털 헬스케어 제품을 통해 생성된 데이터를 전송하는 것은 원격 의료라고 해석될 수 없으므로 만약 사고가 발생한다면 책임 및 법적 보호를 받기 어려울 수 있다. 이러한 점을 고려하여 비대면 진료 허용 기간과 만성질환, 전염성 질환 등으로 한정하고 의료사고 발생 시 책임소재와 관련된 규정, 비대면 진료에 대한 구체적인 명시가 요구된다.

4. 소결

미래 의료는 유전자 데이터, 생체 시그널 등을 디지털화하고 병원이 갖고 있는 EMR 데이터와 맞춰 진단을 내리는 형태로 발전할 것으로 예상된다. 진료데이터, 환자 생체 바이오 데이터 등을 모으는 추세로 가게 될 것이다. 이러한 데이터가 모이면 특정 바이탈 사인이 나올 때 위험을 경고하고 선제적으로 예방할 수 있다. 이렇듯 디지털 헬스케어는 국민의 생명과 건강에 직결되는 분야로, 건강보험 지속 가능성과 의료서비스의 질적 우수성, 접근성 제고 등을 통해 국민 건강증진 및 의료의 형평성 유지에 기여하는 방식으로 활용되어야 한다. 앞서 언급한 바와 같이 미래 의료에 있어 데이터의 중요성은 날로 높아지고 있지만, 현재 개인정보보호의 수집, 처리, 보호를 둘러싼 복잡한 법체계가 충돌하고 있으며, 보건의료 활용에 관한 세부 규정 미비로 데이터 활용에 대한 제약이 존재하고 있다. 실제로 보건의료 빅데이터의 활용을 통해서 정보의 주체인 환자에게 주는 편익이 무엇인지, 의료서비스 사각지대 해소에 어떤 도움이 되고, 건강보험 지출 증가를 억제하는데 어떤 역할을 할 수 있는가에 대한 구체적인 고민과 사회적 공감대의 형성을 하여야 한다. 의료빅데이터 플랫폼을 이용한 의료정보의 활용과 이를 통한 개인 건강기록 데이터의 이용을 통한 개인정보자기결정권의 행사 및 맞춤형 의료서비스 제공을 할 수 있으며 소외 지역과 노인 및 장애인 등 디지털 기기를 이용하기 어려운 사람들이 소외되지 않도록 대형병원과 지역병원 간의 연계를 통한 플랫폼 활성화, 디지털 교육의 활성화 부분을 고려하여야 한다. 비대면 진료와 의료빅데이터 플랫폼 관련 국회 입법안은 2021년부터 계속해서 발의되고 있다. 최혜영 의원은 '의료법 일부개정법률안'을 발의하며 코로나19 국면하에서 한시적으로 운영되던 비대면 진료를 정착시키고 관리하기 위한 방안을 포함하였다. 특히 비대면 진료 대상을 섬·벽지 거주자, 교정시설 수용자, 군인 등 의료기관 이용이 어려운 자, 고혈압·당뇨병 등 보건복지부령으로 정하는 만성 질환자와 정신질환자, 수술 후 관리환자 및 중증·희귀 난치질환자 등 지속적 관리가 필요한 환자로 규정하였고 비대면 진료 시 의료진의 책임의 범위 및 의료사고 피해보상, 비대면 진료 규정 위반에 따른 시정명령 및 개설 허가 취소 등 제반 사항을 규정하였다. 의료인 간 의료지식 공유는 '원격 협진'으로 의사와 환자 간 지속적 관찰과 상담 교육, 진단 및 처방을 실시하는 의료행위는 '비대면 진료'로 용어를 구분하여 정의하였다.

그 외에도 옵트아웃 방식의 비대면 진료에 대한 초진을 하는 강훈식 의원 대표 발의 입법안도 국회에 발의 중이다. 비대면 진료 범위를 포지티브 규제가 아닌 네거티브 규제방식으로 규제하고 있으며 기본적으로 의원급 의료기관만 실시할 수 있도록 하여 비대면 진료 플랫폼을 의료법으로 규정하고 법적 지위를 부여하며 정부 신고 절차를 거친 플랫폼의 경우만 비대면 진료 중개 사업을 할 수 있게 하고 정부가 우수 플랫폼을 평가·선정하는 기업 인증제 도입 조항도 담고 있다. 비대면 진료는 의사, 치과의사, 한의사만 시행할 수 있도록 하고 대면 진료 원칙을 법에 포함하였다. 다만 보건복지부령으로 정한 환자에게 비대면 진료를 할 수 있도록 하였고 비대면 진료 중단 사유에 대한 구체적 규정을 두었다. 비대면 진료를 의원급 의료기관에서만 실시할 수 있도록 하되 다만 환자가 의료기관 이용이 제한되는 지역에 거주하는 등 복지부령으로 정한 경우 병원급 의원이라도 비대면 진료를 할 수 있도록 하였다. 국민의 보건권 등 의료접근성을 넓게 보장하고 의료정보와 관련된 민간정보의 개인정보자기결정권과 같은 기본권을 보장하여야 하며, 이와 관련된 의료법, 개인정보 보호법 등 관련 법률의 개정이 필요하다. 디지털 헬스케어 기반 수요자 중심의 안전한 건강관리 체계 구축을 위한 제도 정비와 관련 산업의 활성화를 통하여 국민의 기본권을 보장함과 동시에 우리나라 디지털 헬스케어 및 의료빅데이터 플랫폼 서비스의 글로벌 경쟁력을 확보할 수 있다.

참고문헌

국민건강보험공단, 「2020년 건강보험 주요 통계」.
「2022 미래의학포럼, 발표 자료집」, 2022.8.25.

강원택, "호주연방제의 특성과 변화", 아시아리뷰 제2권 제1호, 서울대학교
　　아시아연구소, 2012.
김기영, 디지털 헬스케어 규제 현황과 법적 과제, 신산업규제법리뷰 제23권
　　제3호, 2023.
김재선, "미국의 보건의료데이터 보호 및 활용을 위한 주요 법적 쟁점", 대
　　한의료법학회, 의료법학 제22권 제4호, 2021.
배현아, "전자화된 개인건강기록(Personal HealthRecord)의 법적 문제, IT
　　와 법 연구", 2016.
백경희, "디지털 헬스케어와 보건의료데이터에 대한 고찰", IP&DATA법 제
　　2권 제1호, 2022.
이한주, 엄주희, "포스트 코로나19시대에 디지털 헬스케어 발전의 법적 과
　　제: 비대면 의료를 중심으로", 한국의료법학회지 제30권 제2호,
　　2022.
최선미, 김경진, "데이터 3법 기반 디지털 헬스케어 산업에서 안전한 데이터
　　활용에 관한 연구", 2022.

Y. S. Choi. How digital health care isimplemented. Choi Yoon Sup's
　　Healthcare. 2017.
Paul Spradley, Telemedicine: The Law Is the Limit, TUL. J. TECH. &
　　INTELL. PROP, Vol.14, 2011.

사항색인

ㄱ

가상세계 **169**

개방형 표준
 (open standard) **171**

개인생활습관정보 **22**

개인정보 **116, 149**

개인정보 데이터 **11**

개인정보 데이터의 무결성 **11**

개인정보 데이터의 보안성 **11**

개인정보 데이터의
 완전성(integrity) **11**

개인정보 보호법 **24, 295**

개인정보자기결정권 **280, 281,
 287**

거울세계 **171**

건강과 관련한 권리 **77**

건강권 **13, 74, 77**

고독청(Ministry of Loneliness)
 58

과학적 진보의 혜택을 받을
 권리 **15**

광의의 복지국가 **41**

국가의 기본권 보호의무 **221**

국가의 생명보호의무 **76**

근로자퇴직급여보장법 **46**

근본규범(Grundnorm) **137**

(적극적인) 기본권 보호의무 **76**

ㄴ

낙태죄 **49**

노인장기요양보험법 **46, 49**

뇌자극기 CES **29**

ㄷ

대체불가 토큰(NFT) **192**

돌봄 **37, 39**

돌봄국가 **61**

디지털 건강카드(DMP) **256**

디지털 의료 공간 **250**

디지털 치료제(Digital
 Therapeutics) **81, 82, 214**

디지털 헬스 **7**

디지털 헬스 기술 **9, 12, 13**

디지털 헬스 서비스 **17**

디지털 헬스케어(digital health – care) 7, 66, 78, 79, 211, 222, 230, 233, 275, 276, 284, 286
디지털 헬스케어 산업 209
디지털 헬스케어의 개념 277
디지털치료기기에 대한
  허가·심사 가이드라인 92

ㄹ
라이프로그 30
라이프로깅 175
리셋 증후군 192
리스크국가 40

ㅁ
메타버스(Metaverse) 73, 162, 163, 165, 188, 199
메타버스 로드맵 167, 173
메타버스와 의료 178
메타버스의 유형 166
모바일 의료용 앱 안전관리
  지침 90
민감정보 113, 116, 149, 151, 152, 230
민주복지국가 43

ㅂ
반영권(penumbras) 118, 129
보건권 217, 284

보건의료 빅데이터 25
보건의료에 관한 권리 77
보통법(common law) 125
블랙박스(Boite noire) 267
비대면 의료 211, 212, 213, 217, 222, 297
비대면 진료 279

ㅅ
사물인터넷(IoT, Internet of
  Things) 162, 211
사생활의 비밀과 자유 118
사전동의 옵트인(Opt – in) 296
4차 산업혁명 72
4차산업혁명위원회 212
사회복지국가 43
사후철회 옵트아웃
  (Opt – out) 296
생명권 74
생애주기 51
소프트웨어 의료기기(SaMD) 93
수정헌법 118
스마트 의료 247
스마트 치료 81, 106, 242, 245, 246, 268
스마트 치료기기 17, 18, 25, 29
스마트 헬스케어 70

ㅇ

아동학대범죄처벌특례법 44

안전권 120

영적 안녕(spiritual well−being)
    100

예측프라이버시(predictive
    privacy) 127

오타와 헌장(Ottawa Charter for
    Health Promotion) 100

위기 임신 및 보호출산 지원과
    아동보호에 대한 특별법 52

위험국가 40

유럽의 일반정보보호규정(GDPR:
    General Data protection
    Regulation) 26

음성권 131

의료 공공성 218

의료기기산업법 87

의료기기 소프트웨어 허가·
    심사 가이드라인 89

의료데이터 277

의료데이터 가치 혁신 252

의료데이터 플랫폼 249

의료데이터 허브 246, 249

의료빅데이터 플랫폼 284

의료접근성 285

의학적 개입(Medical
    Intervention) 83

인간의 존엄성 137

인간의료보장 245

인격권 127, 132, 137, 146

인격권의 탈존재화 141

인격을 자유로이 발현할
    권리 129

일반적 행동의 자유 129

ㅈ

자기결정권 140

자신과 개인정보에 대한
    대리권(agency) 11

적법절차의 보장 124

전자약 9, 10, 17, 20, 22

전자약 디지털 헬스 3

정밀의료발전특별법 23

정보통신기술(ICT) 73, 105

정신건강(mental health) 95

정신건강복지법 96, 97

정신적·인지적 자유에 관한
    권리 16

존엄한 돌봄을 받을 권리 55

증강현실 173

지역사회통합돌봄 59, 60

집단프라이버시(group privacy)
    127

ㅊ

출생등록될 권리 50

ㅍ

평등권 14, 285

포용국가 40

프라이버시 16

프라이버시권 110, 118, 127,
    143, 145, 146

프랑스의 스마트 치료 271

ㅎ

행정법상 돌봄 58

헌법상 돌봄 51, 55

헌법상 복지국가 41

헌법적 도그마틱 43

헌법적 돌봄 51, 53

헬스 다이렉트
    (Healthdirect) 290

헬스케어 산업 183

호스피스 완화의료 57

혼자 있을 권리(the right to be
    let alone) 123

저자약력

엄주희

"헌법학자이자, 이 저술의 모태가 된 '스마트 치료의 법·사회·윤리적 연구' 프로젝트를 기획한 리더로서 프로젝트를 이끌고 있다. 연세대학교 법학박사 학위를 취득하고 현재 건국대학교 공법학 교수로 재직 중이다. 학술 우수성과의 공로로 2023년 12월 부총리 겸 교육부장관상을 수상했다. 주요 저술로 「헌법과 생명」, 「뇌 신경법학」, 「보건의료법윤리학(공저)」 등이 있다."

강명원

"프랑스 세르지 파리 대학교에서 법학박사 학위를 취득했고, 한국외대, 광운대, 성신여자대학교 등에서 헌법 강의를 하였다. 주로 국가권력 및 기본권에 관한 연구를 하고 있으며, 현재 국회 프랑스법 조사관으로 재직 중이다."

권수진

"이화여대에서 컴퓨터공학을 전공하였고, 제주대와 성균관대에서 법학으로 석사, 박사학위를 취득하였다. 공공기관에서 데이터, 가명정보 결합 관련 업무를 하였고, 현재 국회에서 법률자료조사관으로 근무 중이다."

김정수

"연세대학교 법학과를 졸업하고, 연세대학교 대학원에서 법학석사와 법학박사 학위를 취득하였다. 현재 연세대학교 법무대학원에서 객원교수로 헌법과 인권법 등을 강의하고 있으며, 서울시립대학교 법학연구소 전문연구원으로 재직 중이다."

박성민

"정책전문가이자 제도금융전문가이다. 고려대 법학석사, 서울대 정책학 박사를 취득했고, 지방회계통계센터 제도연구팀 팀장 등을 역임했다. 서울대, 이화여대, 건국대 등 여러 연구기관에서 정책과 사회과학적 연구와 관련하여 자문·컨설팅하며 연구한다."

박찬권

"헌법학자이자 법학 교수이다. 연세대학교 법학과를 졸업하고 동대학원에서 법철학으로 법학석사를, 헌법으로 법학박사 학위를 취득했다. 현재 고려사이버대학교 법학과 부교수로 재직 중이다."

이한주

"고려대학교에서 헌법학으로 석사와 박사학위를 취득했고, 현재 고려대학교 법학연구원 및 (사)한국의료법학연구소 책임연구원으로 재직하고 있다. 주요 관심분야는 원격의료 등 보건의료 문제에 대한 기본권 보장이다."

스마트 치료의 공법학

초판발행	2024년 8월 8일
지은이	엄주희 · 강명원 · 권수진 · 김정수 · 박성민 · 박찬권 · 이한주
펴낸이	안종만 · 안상준
편 집	사윤지 · 이승현
기획/마케팅	장규식
표지디자인	Benstory
제 작	고철민 · 김원표
펴낸곳	(주) **박영사**
	서울특별시 금천구 가산디지털2로 53, 210호(가산동, 한라시그마밸리)
	등록 1959. 3. 11. 제300-1959-1호(倫)
전 화	02)733-6771
f a x	02)736-4818
e-mail	pys@pybook.co.kr
homepage	www.pybook.co.kr
ISBN	979-11-303-4636-6 93360

정 가   27,000원

이 저서는 2022년 대한민국 교육부와 한국연구재단의 일반공동연구지원
사업의 지원을 받아 수행된 연구임(NRF-2022S1A5A2A03055583)